KB105772

의무론

정암고전총서 키케로 전집

의무론

키케로

임성진 옮김

아카넷

'정암고전총서'를 펴내며

희랍·로마 고전은 서양 지성사의 뿌리이며 지혜의 보고다. 그러나 이를 한국어로 직접 읽고 검토할 수 있는 원전 번역은 여전히 드물다. 이런 탓에 우리는 서양 사람들의 해석을 수동적으로 수용하는 처지를 완전히 극복하지 못하고 있다. 사상의 수입은 있지만 우리 자신의 사유는 결여된 불균형의 문제를 안고 있는 것이다. 이런 상황은 우리의 삶과 현실을 서양의 문화유산과 연관 지어 사색하고자 할 때 특히 심각한 문제를 야기한다. 우리 자신이 부닥친 문제를 자기 사유 없이 남의 사유를 통해 이해하거나 해결하는 것은 거의 불가능하기 때문이다. 우리의 문제에 대한 인문학적 대안이 때로는 현실을 적확하게 꼬집지 못하는 공허한 메아리로 들리는 것도 그런 이유 때문일 것이다.

한 공동체에서 살아가는 사람들이 자신들의 생각과 말을 나누며 함께 고민하는 문제와 만날 때 인문학은 진정한 울림이 있는 메아리가 될 수 있다. 이것은 우리가 우리의 현실을 함께 고민하는 문제의식을 공유함으로써 가능하겠지만, 그조차도 함께 사유할 수 있는 텍스트가 없다면 요원한 일일 것이다. 사유를 공유할 텍스트가 없을 때는 앎과 말과 함이 분열될 위험에 노출될 수 있기 때문이다. 이런 점에서 진정한 인문학적 탐색은 삶의 현실이라는 텍스트, 그리고 생각을 나눌 수 있는 문헌 텍스트와 만나는 이중의 노력에 의해 가능할 것이다.

현재 한국의 인문학적 상황은 기묘한 이중성을 보이고 있다. 대학 강단의 인문학은 시들어 가고 있는 반면 대중 사회의 인문학은 뜨거운 열풍이 불어 마치 중흥기를 맞이한 듯하다. 그러나 현재의 대중 인문학은 비판적으로 사유하는 인문학이 되지 못하고 자신의 삶을 합리화하는 도구로 전락하는 경향이 없지 않다. 사유 없는 인문학은 대중의 욕망을 충족시키기 위해 소비되는 상품에 지나지 않는다. 정암고전총서 기획은 이와 같은 한계상황을 극복할 수 있는 기본적인 토대를 마련하고자 하는 절실한 문제의식에서 시작되었다.

정암학당은 철학과 문학을 아우르는 서양 고전 문헌의 연구와 번역을 목표로 2000년 임의 학술 단체로 출범했다. 그리고 그 첫 열매로 서양 고전 철학의 시원이라 할 『소크라테스 이전 철학자들의 단편 선집』을 2005년도에 펴냈다. 2008년에는 비영리 공익 법인의 자격을 갖는 공적인 학술 단체의 면모를 갖추고 플라톤 원전 번역을 완결한다는 목표 아래 지금까지 20여 종에 이르는 플라톤 번역서를 내놓았다. 이제 '플라톤 전집' 완간을 눈앞에 두고 있는 시점에 정암학당은 지금까지의 시행착오를 밑거름 삼아 희랍·로마의 문사철 고전 문헌을 한국어로 옮기는 고전 번역 운동을 본격적으로 펼치려 한다.

정암학당의 번역 작업은 철저한 연구에 기반한 번역이 되도록 하기 위해 처음부터 공동 독회와 토론을 통해 이루어진다. 번역 초고를 여러 번에 걸쳐 교열, 비평을 하는 공동 독회 세미나를 수행하여 이를 기초로 옮긴이가 최종 수정하는 방식으로 진행된다. 이같이 공동 독회를 통해 번역서를 출간하는 방식은 서양에서도 유래를 찾기 어려운 시스템이다. 공동 독회를 통한 번역은 매우 더디고 고통스러운 작업이지만, 우리는 이 같은 체계적인 비평의 과정을 거칠 때 믿고 읽을 수 있는 텍스트가 탄생할 수 있다고 확신한다. 이런 번역 시스템 때문에 모든 '정암고전총서'에는 공동 윤독자를 병기하기로 한다. 그러나 윤독자들의 비판을 수용할지 여부는 결국 옮긴이가 결정한다는 점에서 번역의 최종 책임은 어디까지나 옮긴이에게 있다. 따라서 공동 윤독에 의한 비판의 과정을 거치되 옮긴이들의 창조적 연구 역량이 자유롭게 발휘될 수 있도록 노력했다.

정암학당은 앞으로 세부 전공 연구자들이 각각의 팀을 이루어 연구와 번역을 병행함으로써 아리스토텔레스 철학 원전, 키케로 전집, 헬레니즘 선집 등의 번역본을 출간할 계획이다. 그리고 이렇게 출간할 번역본에 대한 대중 강연을 마련하여 시민들과 함께 호흡할 수 있는 장을 열어 나갈 것이다. 공익법인인 정암학당은 전적으로 회원들의 후원으로 유지된다는 점에서 정암고전총서는 연구자들의 의지뿐만 아니라 시민들의 소중한 뜻이 모여 세상 밖에 나올 수 있는 셈이다. 이런 점에서 정암고전총서가 일종의 고전 번역 운동으로 자리매김되기를 기대한다.

정암고전총서를 시작하는 이 시점에 두려운 마음이 없지 않으나, 이런 노력이 서양 고전 연구의 디딤돌이 될 것이라는 희망, 그리고 새로운 독자들과 만나 새로운 사유의 향연이 펼쳐질 수 있으리라는 기대감 또한 적지 않다. 어려운 출판 여건에도 정암고전총서 출간의 큰 결단을 내린 아카넷 김정호 대표에게 경의와 감사의 뜻을 전한다. 끝으로 정암학당의 기틀을 마련했을 뿐만 아니라 앎과 실천이 일치된 삶의 본을 보여 주신 이정호 선생님께 존경의 마음을 표한다. 그 큰 뜻이 이어질 수 있도록 앞으로도 치열한 연구와 좋은 번역을 내놓는 노력을 다할 것이다.

2018년 11월
정암학당 연구자 일동

'정암고전총서 키케로 전집'을 펴내며

"철학 없이는 우리가 찾는 연설가를 키워 낼 수 없다(Sine philosophia non posse effici quem quaerimus eloquentem)."(『연설가』 4.14)

키케로가 생각한 이상적 연설가는 철학적 사유가 뒷받침된 연설가다. 정암학당 키케로 연구 번역팀의 문제의식 역시 여기서 출발한다. 당파를 지키고 정적을 공격하는 수많은 연설문, 연설문 작성의 방법론을 논하는 수사학적 저술, 개인적 시각에서 당대 로마 사회를 증언하는 사적인 편지 등 로마 공화정 말기를 기록한 가장 풍부한 문헌 자료를 남긴 키케로를 전체적으로 이해하는 토대는 그의 철학 저술이다.

키케로의 철학 저술은 그의 모든 저술을 이해하는 벼리가 될

뿐만 아니라, 로마 문명이 희랍 철학을 주체적으로 수용하게 되는 계기를 제공했다는 점에서 중요한 철학사적 의의를 지닌다. 기원전 1세기 전후로 본격화된 희랍 철학자들과의 교류를 통해 회의주의 아카데미아학파, 소요학파, 스토아학파, 에피쿠로스학파, 견유학파 등의 학설이 로마에 소개되고 정착되었으며, 그 과정에서 키케로는 당시 로마 사회의 지적 요구와 실천적 관심을 반영한 철학책들을 라틴어로 저술했다. 그의 철학 저술은 희랍 철학이 로마라는 새로운 용광로에서 뒤섞이고 번역되어 재창조되는 과정을 생생하게 보여 준다.

키케로의 철학 저술에 담긴 내용은 비단 철학에 국한되지 않는다. 정치가로서 탁월한 그의 역할에 비례하여 로마법에 대한 해박한 지식이, 로마 전통에 대한 자긍심과 희랍 문물을 로마에 소개하려는 열정에 의해 희랍과 로마 문학 작품의 주옥같은 구절들이 그의 저술 곳곳에 박혀 있다. 이에 정암학당 키케로 연구 번역팀은 고대 철학, 법학, 문학, 역사 전공자들이 한자리에 모여 함께 그의 작품을 연구하기 시작했고, 이는 이미 10년을 훌쩍 넘겼다. 서로 다른 전공 분야의 이해와 어휘를 조율하는 어려움 속에서도 키케로 강독은 해를 거듭하면서 점차 규모와 체계를 갖추게 되었다. 번역어 색인과 인명 색인이 쌓였고, 미술사를 포함한 인접 학문과의 연계와 접점도 확대되었으며, 이제 키케로의 철학 저술을 출발점으로 삼아 정암고전총서 키케로 전집을 선보인다.

키케로 전집 출간이라는 이 과감한 도전은 2019년 한국연구재단의 연구소 지원 사업을 통해 획기적으로 진척되었으며, 2020년 이탈리아 토리노 대학 인문학부와의 협약으로 키케로 저술과 관련된 문헌 자료 지원을 받게 되었다. 이 두 기관은 정암고전총서 키케로 번역 전집을 출간하는 데 큰 도움을 주었다. 그러나 이 도전과 성과는 희랍·로마 고전 번역의 토대가 되도록 정암학당의 터를 닦은 이정호 선생님, 이 토대를 같이 다져 주신 원로 선생님들, 20년에 걸친 플라톤 번역의 고된 여정을 마다하지 않은 정암학당 선배 연구원들, 그리고 서양 고대 철학에 대한 애정과 연구자들에 대한 호의로 정암학당을 아껴 주신 후원자들, 흔쾌히 학술 출판을 맡아 준 아카넷 출판사가 없었다면 불가능했을 것이다. 학문 공동체의 면모가 더욱 단단해지는 가운데 우리는 내일 더 큰 파도를 타리라.

2021년 9월

정암고전총서 키케로 전집 번역자 일동

차례

작품 내용 구분

일러두기

1 이 책은 라틴어 원전인 Marcus Tullius Cicero, *M. Tulli Ciceronis De Officiis*, ed. by Michael Winterbottom(Oxford University Press, 1994)을 옮긴 것이다. 그 밖에 참고한 현대어 번역본은 다음과 같다.

> Marcus Tullius Cicero, *On Duties*, trans. by M. T. Griffin, and E. M. Atkins(Cambridge University Press, 1991).
>
> _____, *On Duties*, trans. by Walter Miller(Harvard University Press, 1913).
>
> _____, *On Duties*, trans. by Benjamin P. Newton(Cornell University Press, 2016).
>
> _____, *On Obligations*, trans. by Patrick. G. Walsh(Oxford University Press, 2000).
>
> キケロ, 『キケロ-選集 9: 義務について』, 高橋宏幸 訳(岩波書店, 1999).
>
> 키케로, 『키케로의 의무론』, 허승일 옮김(서광사, 2006).

2 주석을 위해 참고한 책은 다음과 같다.

> Andrew R. Dyck, *A Commentary on Cicero, De Officiis*(University of Michigan Press, 1996).
>
> Marcus Tullius Cicero, *On Duties*, trans. by M. T. Griffin and E. M. Atkins(Cambridge University Press, 1991).
>
> _____, *M. Tullii Ciceronis de Officiis libri tres*, ed. by Herbert A. Holden(Cambridge University Press, 1899).
>
> _____, *On Duties*, trans. by Walter Miller(Harvard University Press, 1913).
>
> _____, *On Duties*, trans. by Benjamin P. Newton(Cornell University Press, 2016).
>
> _____, *On Obligations*, trans. by Patrick G. Walsh(Oxford University Press, 2000).
>
> キケロ, 『キケロ-選集 9: 義務について』, 高橋宏幸 訳(岩波書店, 1999).
>
> 키케로, 『키케로의 의무론』, 허승일 옮김(서광사, 2006).

3 소괄호 ( )는 내용을 보충해 추가한 부분이고, 중괄호 { }는 결락된 부분이며, 대괄호 [ ]는 삭제해서 읽을 부분이다.

4 고유명사는 굳어진 표현(예컨대 아테네)을 제외하면 원전대로 읽었다.

5 주석에서 『의무론』을 인용하는 경우, 저작명은 생략하고 구절만 표기했다(예를 들면 '1권 1'). 키케로의 다른 저작들을 언급하는 경우 저자는 생략하고 저작명만 표기했다(예를 들면 『연설가』 92). 그 밖의 저작들은 저자와 저작명을 함께 표기했다(예를 들면 플라톤의 『파이드로스』 250d).

6 문단을 구별하는 방식은 두 가지로, 자세히 나눈 것은 스콧의 방식이고, 넓게 나눈 것은 그뤼테르의 방식이다. 인용할 때는 주로 스콧의 방식을 따른다. 관례에 따라 그뤼테르의 방식은 로마숫자로, 스콧의 방식은 아라비아숫자로 표기했다.

1권

1 내 아들 마르쿠스[1]야, 너는 지난 1년 동안 크라티포스[2]의 강의를 그것도 아테네에서 듣고 있고, 스승은 지식으로, 도시는 본보기들로 너를 성장시킬 수 있으니, 너는 스승과 도시의 최고 권위 덕분에 틀림없이 철학의 지침들과 가르침들로 가득 차 있을 것이다. 그렇지만 나 자신이 나의 유익을 위해 철학에서뿐만 아니라 연설에서도 항상 희랍어와 라틴어를 함께 썼듯, 내 생각에는 너도 나처럼 두 언어를 동등하게 구사할 수 있도록 해야 한다. 나는 적어도 이 점에서 우리 나라 사람들에게 큰 도움을 준 것 같아서 희랍어에 무지한 자들뿐만 아니라 학식이 있는 자들도 배우고 판단하는 데 상당한 도움을 받았다고 생각한다. **2** 그러므로 너는 당대 제일의 철학자한테서 계속 배울 것이고 네가

원하는 한 계속 배우겠지만(물론 너는 네 성과에 스스로 만족할 때까지 계속 배우고 싶어 해야 할 것이다), 나와 소요학파[3] 둘 다 소크라테스[4]와 플라톤[5]을 추종하고자 하므로 네가 소요학파의 저술과 큰 차이 없는 나의 저술을 읽을 때, 나는 방해하지 않을 테니 내용에 대해서는 스스로 판단하되, 나의 저술을 읽음으로써 확실히 너의 라틴어는 더 풍성해질 것이다. 하지만 내가 거만하게 말한다고 여기지 않기를 바란다. 왜냐하면 나는 철학적 지식에서는 많은 사람의 우위를 인정하지만, 연설가 고유의 활동에, 다시 말해 알맞게, 분명하게, 멋지게 말하는 데 일생을 바쳤기 때문에, 이 활동에서는 내 권리를 주장해도 어느 정도 정당할 것이기 때문이다.

3 그러므로 내 아들 키케로야, 네가 나의 연설문들뿐만 아니라 그것에 거의 필적하는 나의 철학책들[6]도 열심히 읽기를 강력히 권한다. 왜냐하면 말의 힘은 연설문에서 더 크지만, 철학책의 절제 있고 한결같은 문체도 익혀야 하기 때문이다. 더구나 내가 알기로는 희랍인 중에서 연설과 철학 둘 다 애쓰고, 법정 연설의 문체와 철학적 논의의 차분한 문체를 모두 추구한 사람은 아무도 없었다. 그나마 팔레론의 데메트리오스[7]가 이런 부류에 가까울지도 모른다. 그는 치밀하게 논의하고, 박력은 부족하지만 듣기 좋게 연설해서 너는 그가 테오프라스토스[8]의 제자임을 알아볼 것이다. 반면 내가 두 방면의 문체에서 얼마나 많은 진전이

있었는지는 남들이 판단해야 하지만, 적어도 나는 둘 다 추구했다. **4** 물론 내 생각에는 플라톤도 법정 연설을 하고자 했다면 매우 권위 있고 매우 풍성하게 말했을 것이고, 데모스테네스[9]도 플라톤한테서 배운 것을 견지하여 글로 표현하고자 했다면 눈부시고 멋지게 해냈을 것이다. 자기 활동만 즐거워하고 상대방의 활동을 경시한 아리스토텔레스[10]와 이소크라테스[11]에 대해서도 나는 똑같이 판단한다.

II 나는 이번에는 어느 정도만 너에게 쓰고 나중에 많이 쓰기로 결심했기 때문에 가능하면 네 나이와 내 권위에 가장 알맞은 주제로 시작하고자 했다. 철학자들은 철학에서 중대하고 유익한 많은 문제를 정교하고 풍부하게 논의했지만, 그중 가장 널리 적용되는 것은 그들이 전수해 준 의무에 대한 지침들인 것 같다. 왜냐하면 공적인 일이든 사적인 일이든, 집 밖의 일이든 집 안의 일이든, 혼자 행동하든 다른 사람과 계약을 체결하든, 인생의 단 한순간도 의무에서 벗어날 수 없기 때문이다. 인생의 모든 훌륭함[12]은 의무를 수행하는 데 달려 있고, 추함은 의무를 무시하는 데 있다.

5 게다가 이 문제는 모든 철학자의 공통 문제다. 의무에 대한 지침들을 전수하지 않으면 누가 감히 자기를 철학자라고 말할 수 있을까? 그러나 최고선과 최고악을 제시할 때 의무를 완전히 없애는 일부 학파[13]가 있다. 왜냐하면 최고선을 덕과 아무 관련

이 없다고 규정하고 그것을 훌륭함이 아니라 자기 이익으로 평가하는 사람은, 만약 그가 일관된 입장을 고수하고 때때로 자기의 좋은 본성에 의해 제압되지 않으면 우정도 정의도 관후함도 실천할 수 없으며, 고통을 최고악으로 판단하는 사람은 결코 용감할 수 없고, 쾌락을 최고선으로 여기는 사람은 결코 절제할 수 없기 때문이다. 이 점은 논의할 필요가 없을 만큼 명백하지만 나는 다른 곳[14]에서 논의한 바 있다. 6 따라서 이 학파들이 일관성이 있기를 원한다면 의무에 대해 아무 말도 못 할 것이다. 오직 훌륭함만이 그 자체로 추구되어야 한다고 주장하는 사람들 또는 그 자체로 추구되어야 하는 것 중에서 훌륭함이 제일 많이 추구되어야 한다고 주장하는 사람들만이 의무에 대한 지침들, 즉 확고하고 흔들리지 않으며 자연과 일치하는 지침들을 전수할 수 있다.[15] 그래서 이것은 스토아학파,[16] 아카데미아학파,[17] 소요학파[18]의 고유한 지침이다. 왜냐하면 아리스톤, 퓌론, 헤릴로스의 견해는 오래전에 배척당했기 때문이다. 물론 그들이 선택의 여지를 남겨 두었더라면 의무에 대해 논의할 권리를 가졌을 것이고, 그 결과 의무가 무엇인지를 발견할 가능성이 있었을 텐데 말이다.[19] 따라서 나는 지금 이 문제에 대해 스토아학파를 주로 따르되, 그저 번역자로서 따르는 것이 아니라, 흔히 하던 대로 나의 판단과 재량에 따라 스토아학파의 원천으로부터 적정량을 적정한 방법으로 길어 올릴 것이다.

7 그러면 이제 모든 논의는 의무에 대해 이루어질 것이기 때문에, 나는 우선 의무가 무엇인지를 정의하고 싶다. 파나이티오스[20]가 이를 간과한 사실이 의아하다. 왜냐하면 어떤 주제에 대한 모든 체계적인 가르침은 논의 주제가 무엇인지를 이해하기 위해 정의(定義)에서 시작해야 하기 때문이다.

III 의무에 대한 모든 문제는 두 종류다. 하나는 최고선과 관련되고, 다른 하나는 모든 측면에서 일상적인 삶을 이룰 수 있는 지침들과 관계된다. 전자의 예로 '모든 의무는 완전한가?', '하나의 의무가 다른 의무보다 더 중요한가?' 같은 문제들이 있다. 반면 후자의 지침들의 전수와 관계되는 의무들은 최고선과 관련이 있지만, 이 사실은 명백히 드러나 있지 않은데, 왜냐하면 이 의무들은 일상의 가르침에 더 주목하는 것처럼 보이기 때문이다. 나는 이 책에서 이 의무들에 대해 설명해야 한다.

8 게다가 의무에 대한 다른 구분도 있다. 왜냐하면 '중간 의무'와 '완전 의무'가 있다고 말해지기 때문이다. 내 생각에 우리는 완전 의무를 '올바른 의무'라고 부를 수 있는데, 왜냐하면 희랍인들은 완전 의무를 '카토르토마(katorthōma)'라고 부르는 반면, 일상적인 의무를 '메손(meson)'[21]이라고 부르기 때문이다. 그들이 정의하기를 올바른 의무는 완전 의무인 반면, 중간 의무는 '그것이 왜 행해졌는지 그럴 법한 이유를 제시할 수 있는 것'이다.

9 따라서 파나이티오스가 생각하듯 행동을 결정할 때 필요한

숙고는 세 가지다. 우선 사람들은 숙고된 행위가 훌륭한지 추한지를 의심한다. 이를 심사숙고할 때 사람들의 마음은 자주 상반되는 두 가지 생각으로 분열된다. 그다음으로 사람들이 살펴보거나 상의하는 것은 자기가 숙고한 행위가 생활의 편의와 즐거움, 재력과 재산, 영향력, 권력(이것들로 자기 자신과 가족 및 친구들에게 도움을 줄 수 있다)에 도움을 줄 수 있는지 여부다. 이 모든 숙고는 유익을 고려한 것이다. 세 번째 종류의 의심은 유익해 보이는 것이 훌륭한 것과 충돌하는 것처럼 보일 때 생긴다. 왜냐하면 유익이 사람들을 자기 쪽으로 끌어당기고, 훌륭함 또한 사람들을 자기 쪽으로 도로 불러들이는 것처럼 보일 때, 마음은 숙고하는 와중에 분열되어 우유부단해지기 때문이다.

10 구분할 때 뭔가를 빠뜨리는 것은 아주 큰 결함인데도, 파나이티오스의 구분은 두 가지를 간과했다. 왜냐하면 우리는 보통 어떤 행위가 훌륭한지 추한지뿐만 아니라, 두 가지 훌륭한 행위가 제시되었을 때 어느 것이 더 훌륭한지, 마찬가지로 두 가지 유익한 행위가 제시되었을 때 어느 것이 더 유익한지도 숙고하기 때문이다. 그래서 파나이티오스가 세 가지라고 생각했던 분류는 우리가 발견하듯 다섯 부분으로 구분해야 한다. 따라서 먼저 훌륭함에 대해 논의하되 두 부분으로 나누어 논의하고, 그다음으로 유익에 대해서도 같은 방식으로 논의하며, 마지막으로 훌륭함과 유익의 비교에 대해 논의해야 한다.[22]

IV 11 최초에 자연[23]은 모든 종류의 생물에게 자기 자신, 즉 자기의 목숨과 신체를 보호할 능력, 해로워 보이는 것들을 피할 능력, 먹이나 피신처 등 생활에 필요한 모든 것을 찾고 마련할 능력을 주었다. 게다가 모든 생물은 공통적으로 생식을 위한 교접 욕구와 자기 새끼들을 향한 어느 정도의 애착을 지닌다. 그러나 인간과 짐승은 이 점에서 매우 다르다. 즉, 짐승은 감각의 자극을 받는 만큼만 현재 눈앞에 있는 것에 반응할 뿐 과거나 미래는 거의 감지하지 못하는 반면, 인간은 이성을 지니기 때문에 이성을 통해 결과를 통찰하고, 사태의 원인을 알며, 사태 이전의 사건, 말하자면 선행 사건을 모르지 않고, 유사한 것들을 비교하며, 현재의 사건과 미래의 사건을 연결하고 결합하므로 자신의 인생 역정을 쉽게 파악하고, 삶을 영위하는 데 필요한 것들을 준비한다. **12** 또한 자연은 이성의 힘으로 인간들이 언어와 생활을 공유하는 사회를 이루도록 서로 어울리게 하고, 무엇보다도 자식들을 향한 각별한 애정을 인간에게 심어 주며, 인간들이 모임과 집회를 갖고 거기에 참석하고 싶어 하도록 부추긴다. 자연은 또 이런 이유 때문에 인간이 오직 자기 자신만을 위해서가 아니라 자기의 처자식을 비롯한 자기가 소중히 여기고 보호해야 하는 다른 사람들을 위해서도 넉넉한 양의 편의품과 생필품을 마련하는 데 힘쓰도록 부추긴다. 더 나아가 이러한 배려는 인간의 영혼을 일깨우고, 과업의 성취를 위해 영혼을 더 위대하게 만든다.

13 무엇보다도 인간에게 고유한 것은 진리 추구와 탐구다. 따라서 우리는 필수적인 일과 걱정거리에서 벗어난 다음에야 뭔가를 보고 듣고 배우기를 열망하며, 숨겨진 것 또는 경이로운 것을 인식하는 것이 행복한 삶을 위해 필요하다고 여긴다. 그리하여 우리는 진실하고 단순하며 순수한 것이 인간 본성에 가장 알맞은 것이라고 이해한다. 진리를 보려는 이런 욕망과 최고 지위를 향한 어떤 욕구가 결합한 결과, 자연에 의해 잘 형성된 영혼은 지침을 주는 사람 또는 가르침을 주는 사람 또는 유익을 위해 정의롭고 합법적인 명령을 내리는 사람에게만 복종하려고 할 것이다. 이로부터 영혼의 위대함과 인간사에 대한 경시가 생겨난다.

14 실로 자연과 이성의 힘은 작지 않다. 왜냐하면 인간이라는 동물만이 질서가 무엇인지, 적합한 것이 무엇인지, 행위와 말에 어떤 한도가 있는지를 감지하기 때문이다. 따라서 다른 어떤 동물도 눈으로 본 것들의 아름다움과 매력과 부분들의 조화를 감지하지 못한다. 자연과 이성은 이것과 유사한 것을 눈에서 영혼으로 옮기면서 아름다움과 한결같음과 질서가 계획과 행위에서 훨씬 더 많이 유지되어야 한다고 생각하고, 부적합하거나 유약하게 행위하지 말라고, 또 모든 의견과 행위에서 제멋대로 생각하거나 행위하지 말라고 경고한다.

이런 것들로부터 우리가 찾는 훌륭함이 주조되고 형성된다. 훌륭함은 널리 알려져 있지 않아도 훌륭한 것이고, 우리가 참되게 말하듯 아무도 칭송하지 않아도 본성상 칭송받을 만한 것이다.

V 15 내 아들 마르쿠스야, 너는 훌륭함의 형상 자체, 말하자면 그 얼굴을 보고 있다. 플라톤이 말하듯 그것을 눈으로 식별할 수 있었더라면 이는 지혜에 대한 놀라운 사랑을 불러일으켰을 것이다.[24] 그러나 훌륭한 것 각각은 네 가지 부분 중 하나에서 생긴다. 훌륭함은 진리에 대한 분명한 인식과 통찰, 인간 사회의 보호와 각자에게 자기 것을 부여함과 계약에 대한 신의의 준수, 고상하고 굽힐 줄 모르는 영혼의 위대함과 강인함, 모든 행위와 말의 질서 및 한도(이것에 적도와 절제가 포함된다)와 관련이 있다.[25]

이 네 가지가 서로 긴밀하게 연결되고 얽혀 있더라도 각각의 의무는 이 네 가지 중 하나에서 생긴다. 예컨대 내가 제일 먼저 설명한 부분, 즉 지혜와 현명함[26]을 포함하는 부분에 진리 탐구와 발견이 있다. 이것이 '지혜'라는 덕의 고유한 임무다. **16** 각각의 경우에 가장 진실한 것이 무엇인지를 통찰하는 사람일수록, 또 그 이유를 정확하고 신속하게 알고서 설명할 수 있는 사람일수록, 마땅히 더 현명하고 지혜로운 사람이라고 여겨진다. 그러므로 진리는 지혜가 취급하고 관여하는 재료처럼 지혜 아래에 놓여 있다. **17** 반면 나머지 세 가지 덕은 삶을 영위하는 데 필요한 것들을 마련하고 유지하는 데 없으면 안 되는 것들을 겨냥한다. 인간 사회와 유대가 보존되도록, 영혼의 탁월함과 위대함이 빛나도록 말이다. 영혼의 탁월함과 위대함은 재력을 늘리고 자기 자신과 가족과 친구들을 위해 유익을 얻을 때도 빛나기는 하지만, 바로 이것들을 경멸할 때 훨씬 더 빛난다. 게다가 질서, 한결같음, 절도 등은 정신 활동뿐만 아니라 어떤 행위 또한 필요로 하는 부류와 관련이 있다. 왜냐하면 일상적인 활동에 어느 정도 한도와 질서를 부여하면 우리는 훌륭함과 적합함을 보존하게 될 것이기 때문이다.

VI 18 우리는 훌륭함의 본성과 힘을 네 부분으로 구분했는데, 그중 진리 인식인 첫 번째 부분이 인간 본성과 가장 관련이 깊다. 왜냐하면 우리 모두는 인식과 지식에 대한 욕망으로 이끌리고 인도되며, 인식과 지식의 측면에서 탁월한 것을 아름답다고 생각하는 반면, 잘못과 오류를 범하는 것, 무지한 것, 속는 것을 나쁘고 추하다고 여기기 때문이다. 이런 종류의 본성적이고 훌륭한 것에서 우리는 두 가지 잘못을 피해야 한다. 첫 번째 잘못은, 인식되지 않은 것을 인식된 것으로 여겨 이에 경솔하게 동의하는 것이다. 이런 잘못을 피하고 싶은 사람은(모든 사람은 그래야 한다) 문제를 살펴보는 데 시간과 정성을 들일 것이다. **19** 두 번째 잘못은 어떤 사람들처럼 모호하고 어려우며 불필요한 것들에 너무 많은 열의와 노력을 쏟는 것이다. 이런 잘못들을 피한다면 훌륭하고 인식에 합당한 것들에 쏟은 관심과 노력은 마땅히 칭송받을 것이다. 예컨대 내가 듣기로 가이우스 술피키우스[27]는 천문학에서 관심과 노력을 쏟았고, 나 자신이 익히 알기로 섹스투스 폼페이우스[28]는 기하학에서, 많은 사람은 논리학에서, 더 많은 사람은 시민법에서 그랬는데, 이 학문들은 모두 진리 탐구와 관련이 있다. 그러나 이에 대한 열의로 인해 공무를 기피하는 것은 의무에 반한다. 왜냐하면 덕에 대한 칭송은 모두 행위에 달려 있기 때문이다. 그렇지만 행위는 자주 중단되고, 배움으로 돌아갈 기회가 여러 차례 주어진다. 게다가 쉼 없는 정신 활동 덕분에 우리는 노력하지 않아도 인식에 대한 열의를 계속 가질 수 있다. 그런데 모든 생각과 영혼 활동은 행복하게 잘 사는 삶과 관련된 것들 및 훌륭한 것들에 대한 계획의 수립에 열중하거나 지식과 인식에 대한 열의에 열중할 것이다.

이로써 나는 의무의 첫 번째 원천에 대해 말했다. **VII 20** 그다음으로 나머지 세 가지 원리 중 가장 널리 적용되는 것은 인간 상호 간의 사회, 말하자면 생활 공동체를 유지하는 원리다. 이 원리에는 두 부분, 즉 정의와 선행이 있다. 가장 빛나는 덕인 정의는 누군가를 '좋은 사람'[29]으로 부를 수 있는 기준이고, 정의와 결부된 선행은 '선심' 또는 '관후함'이라 불릴 수 있다.

정의의 첫 번째 임무는 불의를 당하지 않는 한 어느 누구도 다른 사람에게 해를 끼치지 않는 것이고, 두 번째 임무는 공공의 것은 공공을 위해, 개인의 것은 자기를 위해 사용하는 것이다. **21** 개인의 것은 자연적으로 주어진 것이 아니라, 과거에 빈 땅에 온 자들처럼 오랜 점유로 인해, 전쟁에서 점령한 자들처럼 승리로 인해, 법률, 협약, 협의, 추첨으로 인해 생긴 것이다. 그 결과 아르피눔 땅은 아르피눔인들의 것, 투스쿨룸 땅은 투스쿨룸인들의 것이라고 말해진다.[30] 개인 소유물의 분배도 마찬가지다. 그리하여 자연적으로 공공의 것이었던 것 중 일부가 각자 자신의 것이 되기 때문에 각자 자신의 몫으로 배정받은 것을 지녀야 한다. 그런데 누군가가 자기를 위해 남의 것을 탐낸다면 그는 인간 사회의 법을 위반하게 될 것이다. **22** 그러나 플라톤이 뛰어나게 썼듯 우리는 우리 자신만을 위해 태어나지 않았고, 조국도 친구들도 우리가 존재하는 데 일익을 담당하기 때문에,[31] 그리고 스토아학파가 주장하듯 땅에서 생겨난 모든 것은 인간이 사용하라고 창조되고, 인간은 서로 도움을 주고받을 수 있도록 인간을 위해 태어났기 때문에[32] 이 점에서 우리는 자연을 인도자로 삼아 따라야 한다. 즉, 우리는 의무들을 교환하고 주고받음으로써 공동의 유익을 중심에 놓아야 하고, 때로는 기술, 노동, 재력으로 인간 상호 간의 사회를 공고히 해야 한다. **23** 게다가 정의의 기초는 신의, 즉 약속과 합의의 한결같음과 진실함이다. 그리하여 우리는 단어의 어원을 열심히 찾아다니는 스토아학파를 과감하게 모방해서, 약속이 행해지기 때문에 '신의'라고 불리게 되었다고 믿자.[33] 어쩌면 누군가는 이를 너무 억지라고 여길지 모르지만 말이다.

반면 부정의의 종류는 두 가지인데, 하나는 불의를 저지르는 자들의 것이고, 다른 하나는 불의를 물리칠 수 있는데도 불의를 당하고 있는 이들한테서 불의를 물리치지 않는 자들의 것이다. 왜냐하면 분노나 어떤 격정의 부추김을 받아 누군가를 불의하게 공격하는 자는 동료에게 마치 폭력을 가하는 것처럼 보이는 반면, 불의를 막고 저항할 수 있는데도 그렇게 하지 않는 자는 부모, 친구들, 조국을 방기하는 것과 같은 잘못을 범하기 때문이다.

24 해를 끼치기 위해 고의로 저지른 불의는 종종 공포에서 야기된다. 다시 말해 다른 사람에게 해를 끼치려는 자가 다른 사람에게 해를 끼치지 않으면 자기가 뭔가 손해를 볼까 봐 두려워할 때 이런 불의는 야기된다. 그러나 대부분의 경우 사람들은 자기가 탐내는 것을 획득하기 위해 불의에 착수한다. 이런 잘못에서는 탐욕이 가장 맹위를 떨친다. **VIII 25** 게다가 부는 생필품의 획득뿐만 아니라 쾌락의 향유를 위해서도 추구된다. 그러나 더 큰 야망을 품은 자들의 금전욕은 영향력뿐만 아니라 은혜를 베푸는 데 필요한 재력도 목표로 한다. 예컨대 최근에 마르쿠스 크라수스[34]가 말했듯 국가에서 일인자가 되고 싶은 사람이 자기의 수입으로 군대를 유지할 수 없다면 충분한 돈을 가진 것이 아니다. 호화로운 가재도구와 우아하고 풍요로운 생활의 편의도 기쁨을 주며, 이것들에서 무한한 금전욕이 나온다. 가산의 증가는 어느 누구에게도 해를 끼치지 않는 한 비난받아서는 안 되지만, 불의는 항상 회피되어야 한다.

26 그러나 대부분의 사람은 특히 명령권, 공직, 영광에 대한 욕망에 빠질 때 정의를 망각하는 지경에 이른다. "왕권에는 신성한 유대도 신의도 없다"라는 엔니우스의 말[35]은 더 널리 적용된다. 왜냐하면 여러 사람이 두드러질 수 없을 때 경쟁은 대개 극심해서 '신성한 유대'를 보존하기가 매우 어렵기 때문이다. 가이우스 카이사르의 무모함[36]이 최근에 이를 보여 주었는데, 그는 스스로 망상에 사로잡혀 최고 지위를 얻고자 계획했고, 그 때문에 신들과 인간들의 모든 법을 유린했다. 그런데 이런 경우에 난점이 있는데, 이는 공직, 명령권, 권력, 영광에 대한 욕망이 대개 매우 위대한 영혼과 매우 빛나는 재능을 지닌 자들[37]에게 있다는 점이다. 따라서 이런 경우에 잘못을 저지르지 않도록 더욱 주의해야 한다.

27 모든 부정의에 있어 대개 짧고 일시적인 영혼의 어떤 격정으로 인해 저질러진 불의는 의도적이고 계획적으로 저지른 불의와 매우 다르다. 왜냐하면 어떤 갑작스러운 충동으로 인해 발생한 죄는 사전 계획과 준비를 한 후에 저지른 죄보다 가볍기 때문이다.

이로써 나는 불의를 저지르는 것에 대해 충분히 말했다. **IX 28** 반면 불의 방지를 소홀히 하고 의무를 방기하는 이유에는 보통 여러 가지가 있다. 사람들은 적대감이나 수고나 지출을 감당하고 싶어 하지 않거나, 무관심이나 나태함이나 무능력이나 자기

일에 대한 어떤 몰입이나 분주함으로 인해 자기가 보호해야 하는 자들을 방치한다. 따라서 플라톤이 철학자들에 대해 했던 말이 미흡한 것은 아닌지 주목해야 한다. *그가 말하기를 철학자들은 진리 탐구에 몰두하기 때문에, 또 대부분의 사람이 격렬하게 추구하고 서로 간에 칼부림하곤 하는 것들을 철학자들은 경시하고 아무것도 아닌 것으로 여기기 때문에 정의롭다.*[38] 철학자들은 한 종류의 정의를 지키는 데는, 다시 말해 불의를 저질러서 다른 사람에게 해를 끼치는 짓을 하지 않는 데는 성공하지만, 다른 종류의 불의에 빠진다. 왜냐하면 그들은 배움에 몰입하여 자기가 보호해야 하는 자들을 방치하기 때문이다. 따라서 플라톤이 생각하듯 철학자들은 강제로가 아니면 국사(國事)를 맡지 않을 것이다. 그러나 이런 일이 자발적으로 이루어지면 더 좋았을 것이다. 왜냐하면 옳은 행위는 자발적으로 이루어지는 경우에만 정의롭기 때문이다. **29** 게다가 가산을 지키려는 열의나 사람에 대한 어떤 혐오 때문에 자기 일만 한다고 말하면서 어느 누구에게도 불의를 행하지 않는 것처럼 보이는 사람들이 있다. 그들은 한 종류의 부정의에서 자유롭지만, 다른 종류의 부정의에 빠진다. 왜냐하면 그들은 사회생활에 아무 열의도 보이지 않고, 아무 노력도 하지 않으며, 아무 능력도 발휘하지 않아서 사회생활을 포기하기 때문이다.

30 우리는 두 종류의 부정의를 제시하고 나서 각각의 부정의

에 각각의 이유를 결합했으므로, 그리고 그 이전에 정의의 구성 요소들이 무엇인지를 정했으므로 각각의 상황마다 의무가 무엇인지를 쉽게 판단할 수 있을 것인데,[39] 우리가 지나치게 이기적이지 않은 한 그렇다. 실로 남의 일에 신경 쓰기는 어렵다. 테렌티우스[40]의 크레메스는 "나와 무관한 인간사는 없다고 생각하지만"[41] 우리는 멀리서 보는 것과 같은 남들의 행불행보다는 우리 자신의 행불행을 더 많이 지각하고 감지하기 때문에 우리 자신과는 다르게 남들을 판단한다. 그러므로 행위가 정당한지 부당한지를 의심하는 경우에 그 행위를 하지 말라고 하는 자들이 제대로 된 지침을 준다. 왜냐하면 정당함은 그 자체로 빛나지만, 의심은 불의를 저지를 생각이 있음을 드러내기 때문이다.

X 31 그러나 정의로운 사람, 즉 우리가 '좋은 사람'이라고 부르는 사람에게는 매우 합당해 보이는 것들이 뒤바뀌어 정반대로 되는 상황이 자주 발생한다. 예컨대 〔미친 사람한테도〕[42] 위탁물을 반환하거나 약속을 이행하는 등 진실과 신의에 관련된 것들을 어기고 안 지키는 것이 때때로 정의롭게 된다. 이 문제는 내가 처음에 제시한 정의의 기초에 비추어 판단하는 것이 알맞다. 정의의 기초는 첫째, 다른 사람에게 해를 끼치지 않는 것이고, 둘째, 공동의 유익을 지키는 것이다.[43] 이것들[44]이 상황에 따라 뒤바뀌면 의무도 뒤바뀌어 항상 동일하지 않다. **32** 사실 어떤 약속과 합의는 이행되면 약속받은 사람이나 약속한 사람에게

무익할 수 있다. 극(劇)을 통해 전해지듯 넵투누스[45]가 테세우스[46]에게 했던 약속을 이행하지 않았더라면 테세우스는 아들 히폴뤼토스[47]를 잃지 않았을 것이다. 극에 쓰여 있듯 세 가지 소원[48] 중 세 번째 소원은 분노한 테세우스가 히폴뤼토스의 죽음을 소원한 것이었다. 이것이 실현되자 그는 극도의 슬픔에 빠졌다.[49] 따라서 약속받은 사람들에게 불리한 약속들은 지킬 필요가 없다. 게다가 약속한 사람들의 손해가 약속받은 사람들의 이로움보다 더 크면 작은 이로움보다 큰 이로움을 우선시해도 의무에 반하지 않는다. 예컨대 네가 변호인으로 법정에 나가기로 누군가와 약정했는데 그사이에 네 아들이 중병을 앓기 시작했다면 네가 약속을 이행하지 않아도 의무에 반하지 않을 것이고, 약속받은 사람이 자기는 버림받았다고 불평할 경우 오히려 그가 의무를 저버리게 될 것이다. 게다가 공포 속에서 강요받아 체결한 약속이든, 간계에 속아 체결한 약속이든 지킬 필요가 없음을 누가 모르겠는가? 이러한 약속은 대부분 법무관 고시[50]에 의해, 일부는 법률들에 의해 무효다.

33 불의는 일종의 속임수, 다시 말해 지나치게 교활하고 악의적인 법 해석에 의해서도 종종 발생한다. 그리하여 '최고의 법은 최고의 불의'[51]라는 말이 이미 사람들의 입에 오르내리는 속담이 되었다. 국가 간에도 이런 잘못이 많이 저질러진다. 예컨대 적과 30일간 휴전을 맺고 나서 휴전 협약이 낮에만 유효하고 밤에는

유효하지 않다는 이유를 들어 밤에 들판을 약탈한 사람[52]이 이런 잘못을 저질렀다. 퀸투스 파비우스 라베오[53] 또는 다른 누군가(나는 들어서 알고 있을 뿐이다)의 사례가 사실이라면 우리 나라 사람의 행위조차 승인하면 안 된다. 라베오는 원로원에 의해 놀라인들과 네아폴리스인[54]들의 경계 분쟁 재정인(裁定人)으로 임명되어 분쟁 지역에 와서는 욕심부리고 탐내면서 행동하지 말라고, 또 전진하기보다 후퇴하기를 택하라고 양측에 따로따로 말했다. 양측이 그렇게 하자 그들 사이에 상당히 넓은 땅이 남겨졌다. 그래서 그는 양측이 주장한 대로 그들의 경계를 정한 다음, 그들 사이에 남겨진 땅을 로마 인민에게 귀속시켰다. 실로 이것은 기만이지 재정(裁定)이 아니다. 그러므로 어느 경우든 그러한 교활함은 피해야 한다.

XI 34 불의를 저지른 자들을 상대로도 지켜야 하는 어떤 의무들이 있다. 왜냐하면 복수와 처벌에는 한도가 있기 때문이다. 더욱이 불의를 저지른 자는 자기의 죄를 뉘우쳐 다시는 이런 짓을 하지 않고, 다른 사람들은 불의를 저지르기를 주저하게 만드는 것으로 충분할 것 같다.

국가 간에도 최대한 전쟁법들이 지켜져야 한다. 두 종류의 결전이 있는데, 하나는 논쟁을 통한 것이고, 다른 하나는 무력을 통한 것이다. 전자는 인간에게 고유하고, 후자는 짐승에게 고유하기 때문에 전자를 사용할 수 없는 경우에만 후자에 호소해야 한다. **35** 그래서 우리는 불의를 당하지 않고 평화롭게 살기 위해 전쟁을 수행해야 하지만, 승리를 쟁취한 후에는 전쟁에서 잔인하지도 않고 야만적이지도 않았던 이들의 목숨을 살려 주어야 한다. 예컨대 우리 조상들은 투스쿨룸인들, 아이퀴인들, 볼스키인들, 사비니인들, 헤르니키인들을 로마 시민으로 받아들인 반면,[55] 카르타고와 누만티아를 송두리째 파괴했다.[56] 나는 우리 조상들이 코린토스를 송두리째 파괴하지 않기를 바랐지만,[57] 내 생각에 그들에게는 특히 그곳의 장소적 이점 때문에 그렇게 할 이유가 있었다. 장차 그곳이 전쟁을 야기할 수 없도록 말이다. 실로 내 생각에는 음모의 여지가 없는 평화를 항상 눈여겨보아야 한다. 이 점에서 사람들이 내 말에 따랐더라면 우리는 최선의 공화국은 아니더라도 어떤 종류의 공화국을 가졌을 것이다. 하지만 지금 공화국은 없다.[58] 그리고 우리는 무력으로 정복당한 자들을 돌봐야 할 뿐만 아니라, 무기를 내려놓고 우리 장군들에게 보호를 호소하는 자들도 받아주어야 한다. 파성추가 그들의 성벽을 타격했더라도 말이다.[59] 이 점에서 우리 나라 사람들은 정의를 대단히 존중해서, 전쟁에서 정복당한 나라들이나 민족들에게 보호를 약속하고 그들을 받아 준 사람들이 우리 조상들의 관례에 따라 그들의 보호인이 되었다.[60]

36 전쟁법은 로마 인민의 군사제관법[61]에 매우 신성하게 기록되었다. 이에 따라 공식적인 배상 요구 후에 전쟁이 수행되지 않

으면, 또 사전 통고와 선전포고가 없으면 어떤 전쟁도 정의롭지 않다고 이해될 수 있다. 〔장군 포필리우스[62]가 속주를 통치하고 있을 때, 그의 군대에서 카토[63]의 아들이 신병으로 복무하고 있었다. 포필리우스는 일개 군단의 해산을 결정해서 그 군단에서 복무하던 카토의 아들도 전역시켰다. 하지만 전투에 강한 애착을 가지고 있던 아들이 군대에 남자 카토가 포필리우스에게 편지를 써서 보내기를, 아들이 군대에 남는 것을 포필리우스가 허락한다면 그에게서 두 번째 군복무 서약을 받아 달라고 했다. 왜냐하면 이전의 서약은 효력을 상실해서 아들이 적과 합법적으로 싸울 수 없었기 때문이다. 이처럼 전쟁을 일으킬 때 전쟁법은 매우 엄격하게 준수되었다.〕[64] **37** 노(老) 카토가 아들 마르쿠스에게 보낸 편지가 남아 있는데, 그는 아들이 마케도니아에서 치러진 페르세우스[65]를 상대로 한 전쟁에서 군 복무 중일 때 집정관[66]에 의해 전역했다는 소식을 들었다고 편지에 썼다. 그래서 그는 아들에게 전투에 참가하지 않도록 주의하라고 충고했는데, 왜냐하면 그가 말하듯 군인이 아닌 자가 적과 싸우는 것은 위법이기 때문이다.

XII 원래 명칭이 '페르두엘리스(perduellis)'인 사람이 '호스티스(hostis)'라고 불린 사실을 놓고 볼 때 끔찍한 대상이 부드러운 말로 완화된 점에 나는 주목한다. 왜냐하면 우리가 지금 '페레그리누스(peregrinus)'라고 부르는 사람을 우리 조상들은 '호스티스'라고 불렀기 때문이다.[67] "혹은 외국인(호스티스)과의 확정기일이 있는", "외국인(호스티스)을 상대로 소유권은 영구불변하다"라는 12표법[68]이 이를 보여 준다. 전쟁 상대를 그토록 부드러운 이름으로 부르다니 그보다 더 온화할 수 있을까? 하지만 오랜 시간이 경과하자 어느새 '호스티스'라는 이름은 아주 모진 이름이 되었다. 왜냐하면 그것은 '외국인'이라는 의미를 잃고, 고유한 의미인 '무장한 상대방'으로 전해 내려왔기 때문이다.

38 우리가 패권을 두고 결전하고 전쟁을 통해 영광을 추구할지라도 전쟁은 내가 좀 전에 말한[69] 정당한 이유들에 근거해서 치러져야 한다. 그러나 패권의 영광을 목표로 삼은 전쟁들은 덜 잔혹해야 한다. 우리는 시민과 다투는 방식을 적이냐 경쟁자이냐에 따라 달리하듯, 다시 말해 공직과 지위를 두고 경쟁자와 다투고, 목숨과 자존심을 두고 적과 다투듯, 둘 중 누가 패권을 차지하느냐가 아니라 누가 살아남느냐를 두고 켈티베리인들, 킴브리인들과는 적들과 싸우듯이 싸웠던 반면, 패권을 두고 라티니인들, 사비니인들, 삼니움인들, 카르타고인들, 퓌로스와 싸웠다.[70] "카르타고인들은 조약을 깨뜨렸고", 한니발은 잔인했지만, 나머지 사람들은 이들보다 정의로웠다.[71] 실제로 퓌로스는 포로 반환에 관해 훌륭하게 말했다.[72] "나는 나를 위해 금을 요구하지도 않고, 너희도 나에게 몸값을 치르지 않을 것이오. 우리 둘 다 전쟁을 사고파는 자가 아니라 전사로서, 금이 아니라 칼로 사생

결단합시다. 주인이신 운명의 여신이 너희와 나 둘 중 누가 지배하기를 원하는지 또는 무엇을 가져다주는지를 용기로 시험해 봅시다. 동시에 이 말도 들으시오. 전운(戰運)[73]이 애지중지한, 용기를 지닌 자들의 자유를 애지중지하기로 나는 결심하오. 그들을 선사하니 데려가시오. 위대한 신들의 뜻에 따라 허락하오."[74] 이것이 실로 왕다운 생각, 아이아코스[75]의 혈통에 합당한 생각이 아니겠는가!

XIII 39 개인이 상황에 이끌려 적에게 뭔가 약속을 했을지라도 신의를 지켜야 한다. 예컨대 제1차 카르타고 전쟁에서 카르타고인들의 포로가 된 레굴루스[76]는 포로 교환을 위해 로마로 보내졌을 때 되돌아오겠다고 서약했지만, 로마에 도착하자 먼저 원로원에서 포로 반환에 반대하는 의견을 피력했고, 그다음으로 친척들과 친구들이 만류하는데도 적과의 신의를 저버리지 않고 처벌받으러 돌아가는 편을 택했다.

40 게다가 제2차 카르타고 전쟁에서 한니발은 칸나이 전투[77] 이후 열 명의 포로를 로마로 보냈다. 그들은 포로 반환에 성공하지 못하면 돌아오겠다고 서약한 상태였다. 감찰관들[78]은 그들이 서약을 어겼기 때문에 그들 모두를 남은 생애 동안 인두세 납부 시민[79]으로 만들었다. 감찰관들은 또 서약을 기만해서 죄를 지은 자도 마찬가지로 인두세 납부 시민으로 만들었다. 왜냐하면 그는 한니발의 허락을 받고 진영 밖으로 나갔다가 잠시 후 뭔가를

잊어버렸다는 구실로 돌아온 다음에 진영 밖으로 다시 나가서, 이로써 자기는 서약에서 벗어났다고 생각했는데, 서약을 문구대로 보면 그렇더라도 실제로는 서약에서 벗어나지 않았기 때문이다. 그러니 신의에 대해서는 어떤 말을 하는지가 아니라, 어떤 의도가 있는지를 항상 생각해야 한다.

우리 조상들은 적에 대한 정의의 가장 좋은 본보기를 제공했다. 퓌로스의 탈주병이 퓌로스 왕에게 독을 써서 그를 죽이겠다고 원로원과 약속했을 때, 원로원과 집정관 가이우스 파브리키우스[80]는 그를 퓌로스 왕에게 인도했다. 이처럼 우리 조상들은 먼저 침공한 강력한 적일지라도 범죄를 저질러 그를 살해하는 것을 인정하지 않았다.[81]

41 이로써 전쟁의 의무에 대해 충분히 말했다. 그런데 우리가 가장 천한 사람들을 상대로도 정의를 지켜야 한다는 점을 기억하자. 가장 천한 신분과 운명은 노예들의 것이다. 노예들을 임금노동자처럼 대하라고 명령하는 자들은 좋은 지침을 준다.[82] 노예들에게 노동을 강제하되 정당한 대가를 주어야 한다.

반면 불의는 두 가지 방식, 즉 폭력과 기만에 의해 행해지는데, 기만은 여우의 것처럼, 폭력은 사자의 것처럼 보인다. 둘 다 인간과 매우 무관하지만, 기만이 더 증오받아 마땅하다. 그런데 모든 부정의 가운데 가장 치명적인 것은 남을 속일 때 자기를 좋은 사람처럼 여기게 하는 자들의 부정의다.

정의에 대해서는 충분히 말했다. **XIV 42** 그다음으로 앞서 제시했듯[83] 선행과 관후함에 대해 말해야 한다. 이보다 인간 본성에 더 적절한 것은 없지만, 많은 주의가 요구된다. 첫째, 자기에게 선심이 베풀어진다고 생각할 사람들에게도 그 밖의 사람들에게도 선심이 해가 되지 않도록 주의해야 하고, 둘째, 자기의 재력 이상으로 선심을 베풀지 않도록 주의해야 하며, 셋째, 각자의 가치에 맞게 선심을 베풀도록 주의해야 한다. 왜냐하면 이것[84]이 정의의 기초이며, 정의에 준거해서 온갖 선심을 베풀어야 하기 때문이다.

누군가에게 이로움을 주려는 것처럼 보이지만 그에게 해가 되게끔 은혜를 베푸는 자들은 선행을 베푸는 자나 관후한 자가 아니라 해로운 아첨꾼으로 판단해야 한다. 그리고 어떤 이들에게 관후하기 위해 다른 이들을 해치는 자들은 남의 재산을 자기 것으로 착복하는 것과 같은 부정의를 저지른다. **43** 그런데 어떤 이들에게 후히 베풀기 위해 다른 이들한테서 뭔가를 빼앗는 많은 사람, 특히 영예와 영광을 욕망하는 사람들이 있다. 그들은 어떤 방법을 써서라도 자기 친구들을 부유하게 만들면 자기가 선행을 베푸는 자로 여겨지리라 생각한다. 그러나 이는 의무와는 너무 동떨어져서 이보다 더 의무에 반대되는 것은 없다. 따라서 우리는 관후함을 발휘할 때 친구들에게 이로움을 주고 어느 누구에게도 해를 끼치지 않도록 주의해야 한다. 그래서 루키우스 술라[85]와 가이우스 카이사르가 정당한 주인들로부터 돈을 빼앗아 다른 사람들에게 넘긴 일이 관후하다고 여겨지면 안 된다.[86] 왜냐하면 정의롭지 않으면 관후하지도 않기 때문이다.

44 두 번째 주의점은 자기의 재력 이상으로 선심을 베풀지 않는 것이다. 가진 재산에 비해 후하게 선심을 베풀려는 자들은 우선 가까운 친척들에게 불의를 행함으로써 죄를 짓는다. 왜냐하면 그들은 가까운 친척들이 제공받거나 유증받는 것이 더 마땅한 재산을 다른 사람들에게 넘기기 때문이다. 그다음으로 그러한 관후함에는 후히 베푸는 데 필요한 재산을 충분히 갖기 위해 불의를 통해 재산을 강탈하고 빼앗으려는 욕망이 스며 있기 마련이다. 우리가 또 목격할 수 있듯 대부분의 사람은 본성적으로 관후한 것이 아니라 어떤 영광에 이끌려 관후하며, 선행을 베푸는 자로 보이기 위해 진심에서 우러나기보다는 과시에서 비롯된 것처럼 보이는 많은 행동을 한다. 그러나 그러한 가장은 관후함이나 훌륭함보다는 허영에 가깝다.

45 세 번째로 제시할 점은 선행을 베풀 때 가치에 맞게 선별하는 것이다. 이때 우리는 선행을 받을 사람의 성품, 그가 우리를 대하는 마음, 그의 공동체와 사회생활, 그가 이전에 우리의 유익을 위해 행한 의무들에 주목해야 할 것이다.[87] 그가 이 모든 요건을 충족하는 것이 바람직하지만, 그렇지 않으면 그가 더 많은, 더 중요한 요건을 갖출수록 더 중시될 것이다.

XV 46 우리와 함께 사는 사람들은 완벽하고도 명백히 지혜로운 사람들이 아니라 덕과 유사한 것만 지녀도 뛰어난 행동을 하는 사람들이기 때문에 내 생각에는 이 또한 이해되어야 한다. 즉, 우리는 덕이 어느 정도 드러나는 사람을 완전히 무시하면 안 되고, 게다가 더 온화한 덕들, 즉 적도, 절제 및 내가 이미 많이 언급한 정의를 더 많이 갖춘 사람일수록 더 존중해야 한다. 왜냐하면 완벽하지도 지혜롭지도 않은 사람의 용감하고 위대한 영혼은 보통 너무나 격앙된 반면, 오히려 저 덕들은 좋은 사람과 관련이 있어 보이기 때문이다. 선행을 받을 사람의 성품에 대한 논의는 여기까지다.

47 각자가 우리에게 보이는 호의에 관한 첫 번째 의무는 우리를 가장 사랑하는 사람에게 가장 많은 호의를 베푸는 것이다. 그렇지만 우리는 호의를 젊은이들처럼 사랑의 열정이 아니라 확고함과 한결같음으로 판단해야 한다.

그런데 우리가 은혜를 베풀어야 하는 것이 아니라 은혜에 보답해야 할 만큼 이미 혜택을 받았다면 더 많은 주의를 기울여야 한다. 왜냐하면 은혜에 보답하는 것보다 더 긴요한 의무는 없기 때문이다. **48** 헤시오도스가 명령하듯[88] 쓰려고 빌린 것을 가능하면 빌린 것보다 더 많이 돌려주어야 한다면, 요청하지도 않은 선행을 받았을 때 우리는 도대체 뭘 해야 할까? 받은 것보다 훨씬 더 많이 산출하는 비옥한 들판을 본보기로 삼아야 하지 않을까?

우리에게 이로움을 가져다줄 것으로 기대되는 사람들을 위해 주저하지 않고 의무를 수행한다면 이미 이로움을 가져다준 사람들은 어떻게 대해야 할까? 관후함에는 두 가지가 있는데, 하나는 선행을 베푸는 것이고, 다른 하나는 선행에 보답하는 것이다. 우리가 선행을 베풀지 말지는 우리에게 달려 있지만, 불의를 저지르지 않고 보답할 수 있는데도 보답하지 않는 것은 좋은 사람에게 허용되지 않는다. **49** 게다가 선행을 받았을 때 선행을 선별해야 한다. 의심의 여지 없이 선행이 클수록 선행을 베푸는 사람에게 더 많이 보답해야 한다. 그렇지만 이 경우에 각자가 어떤 마음과 열의와 호의를 지니고서 선행을 베풀었는지를 가장 먼저 헤아려야 한다. 왜냐하면 많은 사람은 누구에게나 닥치는 병 때문에, 또는 돌풍과 같은 영혼의 어떤 갑작스러운 충동 때문에 판단 없이 무분별하게 많은 행동을 하기 때문이다. 이런 선행들을 사려 깊게 판단해 한결같이 베풀어진 선행들만큼 중요하다고 여겨서는 안 된다. 그러나 선행을 베풀고 은혜에 보답할 때, 다른 조건들이 같다면 최우선 의무는 각자가 필요로 하는 만큼 각자에게 도움을 주는 것이다. 하지만 대부분의 사람은 이와 반대로 행동하는데, 왜냐하면 그들은 가장 많은 선행을 베풀 것으로 기대하는 사람을 최대한 도와주기 때문이다. 그가 그들의 도움을 필요로 하지 않는데도 말이다.

XVI 50 가까운 사이일수록 선심을 더 많이 베풀면 인간 사회와 그 유대는 더 잘 보존될 것이다. 그러나 인간 공동체와 사회의 자연적인 기원이 무엇인지를 좀 더 깊이 있게 고찰해야 할 것 같다. 최초의 기원은 인류 사회 전체에서 식별된다. 인류 사회를 결속하는 것은 이성과 언어인데, 이것들은 가르침, 배움, 대화, 토론, 판단을 통해 인간들을 서로 어울리게 하고, 일종의 자연적인 사회에서 인간들을 결속한다. 그리고 우리는 이성과 언어의 측면에서 짐승들의 본성과 매우 다르다. 우리는 종종 말, 사자와 같은 짐승들이 용기를 지닌다고는 말해도 정의와 공정과 선의를 지닌다고 말하지는 않는다. 왜냐하면 짐승들에게는 이성과 언어가 없기 때문이다. **51** 그리고 인류 사회는 모든 인간을 아우르는 가장 규모가 큰 사회다. 이 사회에서는 인간의 공동 사용을 위해 자연이 산출한 모든 것을 계속 공유해야 한다. 법률들과 시민법에 따라 분배된 것들은 바로 그 법률들이 규정한 대로 소유해야 하지만, 그 밖의 것들은 "친구들의 것은 모두 공유된 것이다"[89]라는 희랍인들의 속담대로 있어야 한다. 모든 인간이 공유하는 것들은, 엔니우스가 하나의 사례로 제시했지만, 무수히 많은 사례에 적용될 수 있는 부류로 보인다. "길을 잃고 방황하는 자에게 친절하게 길을 가르쳐 준 사람은 자신의 등불로 남의 등불을 켜 주는 것처럼 행동한다. 남의 등불을 켜주었는데도 자신의 등불은 줄지 않고 빛난다."[90] 엔니우스는 이 하나의 사례만으로도 충분한 지침을 주는데, 그것은 낯선 사람일지라도 손실 없이 제공할 수 있다면 뭐든지 주라는 것이다. **52** 이로부터 '흐르는 물의 사용을 금하지 마라', '불을 붙이고 싶은 자가 불을 붙이도록 허용하라', '조언을 구하는 자에게 믿음직한 조언을 해 주어라'와 같은 일반적인 지침들이 나온다. 이런 지침들은 받는 자들에게 유익하고, 주는 자에게 부담스럽지 않다. 따라서 우리는 이런 지침들을 따르고 항상 공동의 유익을 위해 뭔가 기여해야 한다. 그러나 각자의 재산은 얼마 안 되지만 재산이 필요한 사람들의 수는 무한하므로, 모두에게 베풀어지는 관후함은 "자신의 등불은 줄지 않고 빛난다"라는 엔니우스의 마지막 말에 비추어 제한되어야 한다. 우리가 가족과 친구들에게 관후할 기회가 있도록 말이다.

XVII 53 인간 사회에는 여러 단계가 있다. 저 무한정한 사회[91]에서 벗어나면 그에 가장 가까운 사회는 종족과 민족과 언어가 같은 사회인데, 이것들이 인간들을 매우 강하게 결속한다. 이보다 친밀한 사회는 같은 나라의 사회인데, 왜냐하면 시민들 사이에 서로가 공유하는 많은 것들, 즉 광장, 신전, 주랑, 도로, 법률, 권리, 법정, 투표, 게다가 사교, 친목, 여러 사람 간에 체결된 계약과 거래가 있기 때문이다. 이보다 더 긴밀한 결속은 친족 사회다. 이처럼 사회는 인류의 무한정한 사회에서 출발해서 작고 좁은 사회로 종결된다. **54** 그런데 생물이 생식욕을 갖는 것은 생물의 공통된 본성이기 때문에 최초의 사회는 부부간에 있고,

그다음 사회는 부모와 자식 간에 있으며, 그다음으로 모든 것을 공유하는 가정이 있다.[92] 가정은 도시의 근간, 말하자면 국가의 묘판(苗板)이다. 그다음에 형제간의 결속, 또 그다음에 사촌과 육촌 간의 결속이 생긴다. 그들이 더 이상 한 가정 안에 수용될 수 없으면 식민시로 이주하듯 분가한다. 그다음에 혼인과 인척 관계가 생겨 친척들이 훨씬 더 많아진다. 이러한 번식과 자손이 국가의 기원이다.[93] 게다가 혈연관계는 호의와 애정으로 사람들을 결속한다. **55** 왜냐하면 조상의 기념물을 똑같이 갖고, 제사를 똑같이 지내며, 공동의 묘지를 갖는 것은 중요한 의미가 있기 때문이다.

그러나 모든 사회 중에서 가장 뛰어나고 가장 견고한 사회는 같은 성품의 좋은 사람들이 친구 관계로 결속된 사회다.[94] 왜냐하면 내가 자주 언급하는 훌륭함을 우리가 다른 사람 안에서 볼지라도 훌륭함은 우리를 움직여 그것을 가진 것처럼 보이는 사람과 친구로 만들기 때문이다. **56** 모든 덕이 우리를 덕으로 이끌어서 덕을 가진 것처럼 보이는 사람들을 좋아하게 만든다 해도 정의와 관후함이 이를 가장 많이 해낸다. 게다가 서로 닮은 좋은 성품들보다 더 사랑스럽고 친밀한 것은 없다. 왜냐하면 관심사와 취향이 같은 사람들은 누구든 자기 자신 못지않게 상대방한테서도 기쁨을 느껴, 피타고라스[95]가 우정에서 원하듯 여럿이 하나가 되기 때문이다.

서로 선행을 주고받으면서 성립되는 공동체도 중요하다. 선행이 상호 간에 마음에 드는 것인 한, 선행을 주고받는 사람들은 견고한 사회 안에서 결속된다.

57 그러나 네가 이성적인 마음을 갖고 모든 것을 살펴보면 모든 사회 중에서 가장 중요하고 소중한 사회는 국가와 우리 각자 간에 있는 사회다. 부모도 소중하고, 자식들, 친척들, 친구들도 소중하지만, 오직 조국만이 우리 모두에게 소중한 모든 것을 포함하고 있다. 자신의 죽음으로 조국에 이로움을 준다면 조국을 위해 죽기를 망설이는 좋은 사람이 과연 있을까? 그래서 온갖 범죄로 조국을 유린하고, 조국을 송두리째 파괴하는 데 전념하거나 전념했던 자들[96]의 야만성은 그만큼 더 혐오스럽다.

58 우리가 누구를 위해 의무를 가장 많이 이행해야 하는지를 비교하고 대조해 보면 첫 번째 대상은 조국과 부모인데, 그들이 우리에게 가장 많은 선행을 베풀었기 때문이다. 두 번째 대상은 자식들과 가족 전체인데, 그들은 오직 우리만 바라보고 다른 보호 수단을 지닐 수 없기 때문이다. 세 번째 대상은 사이좋게 지내는 친척들인데, 우리는 이들과 대개 운명조차 공유한다. 그러므로 삶을 유지하는 데 필요한 수단들은 무엇보다도 내가 좀 전에 언급한 자들 덕분에 있지만, 공동생활과 공동의 생활 방식, 조언, 대화, 격려, 위로가, 때로는 질책도 우정 속에서 가장 활발히 이루어진다. 그리고 우정은 서로 닮은 성품들이 결합할 때 가

장 즐겁다.

XVIII 59 이 모든 의무를 이행할 때 각자에게 가장 필요한 것이 무엇인지, 또 각자가 우리의 도움 없이 무엇을 성취할 수 있고 무엇을 성취할 수 없는지에 주목해야 할 것이다. 이로써 우리는 친밀의 정도가 상황의 정도와 같지 않고, 한 사람보다 다른 사람에게 먼저 이행해야 하는 의무들이 있다는 사실을 알게 될 것이다. 예컨대 작물을 수확할 때는 형제나 친구보다 이웃을 더 빨리 도와주어야 하지만, 법정에서 소송할 때는 이웃보다 친척과 친구를 변호해야 한다. 따라서 모든 의무를 이행할 때 이 같은 점들을 두루 고려해야 한다. 〔그리고 습관을 들여 실행해야 한다.〕[97] 우리가 의무들을 정확히 계산해서 더하고 뺀 나머지의 합계가 얼마인지 알 수 있고, 이로부터 각자에게 얼마나 많은 빚을 졌는지를 알도록 말이다. **60** 그러나 의사, 장군, 연설가는 기술의 지침들을 아무리 많이 획득해도 경험과 훈련 없이는 크게 칭송받을 만한 것을 성취할 수 없는 것처럼, 나 자신이 전하듯, 의무의 준수에 관한 지침들이 전해지더라도 '의무'라는 중요한 주제는 경험과 훈련도 필요로 한다.

이로써 나는 훌륭함(의무는 이것에 달려 있다)이 어떻게 인간 사회의 정의로운 것들에서 도출되는지를 충분히 말했다. **61** 그런데 훌륭함과 의무의 원천인 네 종류의 덕을 제시했지만, 위대하고 고매하며 인간사를 경멸하는 영혼의 행위가 가장 빛나 보인다는 점을 이해해야 한다. 그래서 비난할 때 너무나 명백하게 이런 말이 튀어나온다. "너희 청년들은 계집의 영혼을 지니고, 저 처녀는 사나이의 영혼을 지닌다",[98] 또 "살마키스의 자손이여, 그대의 전리품은 피땀 없이 획득되었다".[99] 반면 칭송할 때 우리는 위대한 영혼의 용감하고 탁월한 행위를 어떻게든 더 우렁찬 목소리로 칭송한다. 이런 까닭에 마라톤, 살라미스, 플라타이아, 테르모퓔라이, 레욱트라[100]는 연설가들을 위한 훈련장이 되었고, 또 이런 까닭에 우리의 코클레스,[101] 데키우스 부자,[102] 그나이우스 스키피오와 푸블리우스 스키피오,[103] 마르쿠스 마르켈루스,[104] 그 밖의 수많은 다른 사람들, 특히 로마 인민 자신은 영혼의 위대함이라는 면에서 탁월하다. 게다가 우리가 보는 입상들이 대개 군복을 입고 있다는 사실도 군사적 영광에 대한 로마인들의 열망을 보여 준다.

XIX 62 그러나 위험과 고난 속에서 드러나는 영혼의 고매함이 정의를 결여하고, 공공의 안녕이 아니라 자기의 이익을 위해 싸운다면 이는 잘못이다. 왜냐하면 이는 덕이 아니라 인간성을 완전히 몰아내는 야만이기 때문이다. 따라서 '용기'를 '공정을 위해 싸우는 덕'[105]이라고 말하는 스토아학파가 용기를 올바르게 정의한다. 그러므로 음모와 악의로 용기의 영광을 획득한 자는 어느 누구도 칭송받지 못했다. 왜냐하면 정의를 결여한 것은 어떤 것도 훌륭할 수 없기 때문이다. **63** 따라서 플라톤의 말은 훌륭한

데, 그는 "정의와 동떨어진 지식은 '지혜'라기보다는 '교활함'이라고 불려야 할 뿐만 아니라, 위험에 맞설 준비가 된 영혼도 공동의 유익이 아니라 자기 욕망의 충동에 따른다면 그 명칭은 '용기'보다는 '무모함'이어야 한다"[106]라고 했다. 따라서 우리는 용감하고 위대한 영혼을 지닌 사람들이 좋고 단순하고 진리를 사랑하고 절대 기만하지 않는 사람이기를 바란다. 왜냐하면 이런 것들이 정의에 대한 칭송의 핵심이기 때문이다.

64 그러나 이 영혼의 고매함과 위대함 속에서 최고 지위에 대한 집착과 과도한 욕망이 너무 쉽게 생기는 것은 유쾌하지 못하다. 플라톤의 저서에 따르면, 라케다이몬인들의 국민성이 승리욕으로 불타올랐듯,[107] 영혼의 위대함에서 탁월한 자일수록 모든 사람 중 일인자, 아니 유일한 지배자이기를 원한다.[108] 그러나 모든 사람을 몹시 능가하고 싶을 때, 정의의 가장 고유한 것인 공정을 보존하기가 어렵다. 그리하여 그러한 자들은 논쟁에서 지는 것도, 공적이고 합법적인 권력에 굴복하는 것도 용납하지 않고, 최고 권력을 획득하기 위해, 또 정의를 통해 다른 사람들과 동등해지기보다는 힘을 통해 다른 사람들보다 우월해지기 위해 국가에서 대개 뇌물 공여자와 파벌주의자가 된다. 그러나 이것[109]은 어려울수록 더 빛나는데, 왜냐하면 정의가 없어도 되는 때는 전혀 없기 때문이다. **65** 따라서 불의를 행하는 자들이 아니라 불의를 물리치는 자들을 용감하고 위대한 영혼의 소유자로 간주해야

한다. 참되고 지혜로운 영혼의 위대함은 인간 본성이 가장 많이 추구하는 훌륭함이란 영광이 아니라 행위에 있다고 판단하고, 일인자로 보이기보다는 실제로 일인자이기를 원한다. 그 때문에 무지한 대중의 변덕에 매달리는 자를 위대한 사람으로 간주해서는 안 된다. 그런데 드높은 영혼을 가진 사람일수록 영광에 대한 욕망 때문에 불의한 행동을 하고 싶은 충동에 더 쉽게 이끌린다. '영광'이라는 주제는 참으로 다루기 어렵다. 왜냐하면 고난을 감당하고 위험을 무릅쓰면서도 공적에 대한 보상과 같은 영광을 갈망하지 않는 자는 거의 없다시피 하기 때문이다.[110]

XX 66 일반적으로 용감하고 위대한 영혼은 특히 두 가지에서 식별된다. 그중 하나는 외적인 것들에 대한 경멸이다. 왜냐하면 용감하고 위대한 영혼을 가진 사람이 확신하듯, 오직 훌륭하고 적합한 것만을 경탄, 소망, 추구해야 하고, 사람이든 영혼의 격정이든 운명이든 어느 것에도 굴복해서는 안 되기 때문이다.[111] 다른 하나는 내가 앞서 말한 영혼의 상태에 있을 때, 위대하고 매우 유익한 일을 하면서도 동시에 대단히 힘들고 고난으로 가득 차 있으며 목숨뿐만 아니라 목숨과 관련된 많은 것을 위험에 빠뜨리는 일도 하는 것이다.

67 이 두 가지 가운데 모든 영예와 위대함, 게다가 유익은 두 번째와 관련되고, 위대한 사람을 만드는 원인과 이유는 첫 번째와 관련된다. 왜냐하면 첫 번째가 영혼을 탁월하게 만들고 인간

사를 경시하게 만들기 때문이다. 바로 이것은 두 가지에서 식별되는데, 하나는 훌륭한 것만이 좋다고 판단하는 것이고, 둘째는 영혼의 모든 격정에서 해방되는 것이다. 대부분의 사람이 특출나고 뛰어나다고 생각하는 것들을 하찮게 여기고, 견고하고 확고한 이성으로 이것들을 경시하는 것은 용감하고 위대한 영혼의 특징으로 간주되어야 한다. 그리고 혹독해 보이는 것들, 인간의 삶과 운명에서 다양하게 많이 나타나는 것들을 견뎌 내어 인간 본성의 상태에서도 이탈하지 않고 현자의 품위도 잃지 않는 것은 강인한 영혼과 위대한 지조의 특징으로 간주되어야 한다.

68 공포에 굴복하지 않는 자가 욕망에 굴복하는 것도, 고난에 지지 않는 모습을 보인 자가 쾌락에 지는 것도 일관성이 없다. 그러므로 이런 것들도 피해야 하고, 금전욕에서도 벗어나야 한다. 왜냐하면 부를 사랑하는 것만큼 옹졸하고 하찮은 영혼의 특징은 없고, 돈이 없으면 돈을 경시하고 돈이 있으면 선행과 관후함을 위해 돈을 쓰는 것보다 더 훌륭하고 위대한 일은 없기 때문이다. 내가 앞서 말했듯,[112] 영광에 대한 욕망도 주의해야 한다. 왜냐하면 그것은 위대한 영혼을 지닌 자들이 온갖 노력을 다해서 지켜야 하는 자유를 빼앗기 때문이다. 명령권도 추구해서는 안 되고, 오히려 이것을 때로는 거부하고 때로는 내려놓아야 한다. **69** 그다음으로 영혼의 모든 격정, 즉 욕망과 공포뿐만 아니라 슬픔, 과도한 쾌락, 분노에서도 자유로워야 한다.[113] 한결같

음뿐만 아니라 품위도 가져다주는 영혼의 평온과 평정을 갖도록 말이다.

내가 말한 평온을 추구해서 공직을 관두고 은퇴한 자들이 많이 있었고, 지금도 많다. 그들 중 매우 저명하고 최고 일인자인 철학자들도 있고, 인민의 품행도 인민 지도자들의 품행도 견딜 수 없었던 엄격하고 근엄한 자들도 있었다.[114] 그들 중 시골에서 전원생활을 하며 가산을 돌보는 데서 기쁨을 느낀 자들도 있었다. **70** 이들의 목표는 왕의 목표와 같았는데, 그것은 아무것도 부족하지 않고, 아무에게도 복종하지 않으며, 자유(이것의 특징은 원하는 대로 사는 것이다)를 누리는 것이었다. **XXI** 그래서 이 목표는 권력욕을 지닌 자들과 내가 언급한 은퇴자들에게 공통된 것이다. 다만 권력욕을 지닌 자들은 막대한 재력이 있으면 목표를 달성할 수 있다고 생각하는 반면, 은퇴자들은 얼마 안 되는 자기 재산에 만족하면 그럴 수 있다고 생각한다. 이 경우에 두 견해 모두 경시해서는 안 된다. 다만 은퇴자들의 삶은 더 수월하고 더 안전하며 타인에게 덜 부담되고 덜 성가신 반면, 국정을 수행하고 위대한 업적을 이루는 데 헌신한 자들의 삶은 인류에게 더 많은 이익을 가져다주고 명성과 위대함을 얻는 데 더 알맞다.

71 그 때문에 탁월한 재능을 갖추고서 학문에 전념한 사람들과, 건강이 나쁘거나 더 중요한 어떤 이유 때문에 국정에서 물러나 다른 사람들에게 국정 운영의 권한과 영예를 넘겨준 사람들

이 국정에 참여하지 않는 것은 아마도 용인되어야 할 것이다. 그러나 그럴 이유가 없는데도 대부분의 사람이 동경하는 명령권과 정무관직을 경멸한다고 말하는 자들이 있다면, 내 생각에 그들은 칭송받아서는 안 되고 오히려 비난받아야 한다. 그들이 영광을 경시하고 무가치하다고 생각하는 한 그들의 판단에 찬동하지 않기는 어렵지만, 그들은 고난과 성가심, 더 나아가 실패와 낙선이 초래한 일종의 오명과 불명예도 두려워하는 것처럼 보인다. 사실 상반되는 상황에서 한결같지 않은 사람들이 있다. 그들은 쾌락을 극도로 경시하지만 고통에 너무 취약하고, 영광을 무시하지만 불명예 때문에 좌절하는데, 이런 경우에서조차 거의 일관성이 없다.

72 그러나 공무 수행의 능력을 자연적으로 타고난 사람들은 절대 망설이지 말고 정무관직에 취임해서 국정을 수행해야 한다. 왜냐하면 그렇지 않으면 나라는 다스려질 수 없고, 영혼의 위대함은 드러날 수 없기 때문이다. 그런데 국정에 참여하는 자들은 철학자들 못지않게, 어쩌면 그들보다 더 내가 자주 언급한 영혼의 위대함[115]과 인간사에 대한 경멸을 보여 주어야 하고, 그들이 또 근심 걱정 없이 위엄 있고 한결같은 삶을 살고자 한다면 영혼의 평온함과 평정도 보여 주어야 한다. **73** 이는 철학자들이 하기가 더 쉽다. 왜냐하면 그들의 삶은 운명의 타격에 덜 노출되고, 부족한 것은 별로 없으며, 역경에 처해도 국정에 참여하

는 자들만큼 심하게 좌절하지는 않기 때문이다. 그러므로 이유 없이 영혼의 동요[116]와 성공에 대한 열망[117]이 퇴직자들보다 국정 수행자들에게 더 많이 생기지 않는다. 그래서 국정 수행자들은 영혼의 위대함을 더 많이 보여 주어야 하고, 근심 걱정에서 더 많이 벗어나야 한다.

공무를 맡는 사람은 공무가 얼마나 훌륭한 일인지를 고려해야 할 뿐만 아니라 성공할 능력도 갖추도록 해야 한다. 이 경우에 그는 소심함 때문에 쉽게 낙담하거나 욕망 때문에 자신을 과신하지 않도록 조심해야 한다. 요컨대 어떤 일이든 착수하기 전에 사전 준비를 철저히 해야 한다.

XXII 74 대부분의 사람은 군사(軍事)가 내정(內政)보다 더 중요하다고 생각하지만, 이 의견은 없어져야 한다. 왜냐하면 많은 사람은 종종 영광에 대한 욕망 때문에 전쟁을 추구하고,[118] 이런 일은 위대한 영혼과 재능을 지닌 자들의 경우에 대부분 생기는데, 그들이 군사적인 일에 적격이고 전쟁 수행을 욕망하면 더 그렇기 때문이다. 그러나 우리가 제대로 판단하자면 많은 경우 내정이 군사보다 더 중요하고 더 빛났다.

75 테미스토클레스[119]는 마땅히 칭송받고, 그의 이름은 솔론[120]의 이름보다 더 고명하며, 살라미스가 그의 매우 유명한 승리로, 다시 말해 최초로 아레이오스 파고스 의회[121]를 설립한 솔론의 계획보다 더 높이 평가받는 승리의 증거로 거론되더라도 솔론

의 계획이 그의 승리보다 뛰어나지 못하다고 판단해서는 안 된다. 왜냐하면 테미스토클레스는 나라에 이로움을 단 한 번 주었지만, 솔론은 영원히 줄 것이기 때문이다. 솔론의 계획으로 아테네인들의 법률과 조상 전래의 제도가 보존되었다. 그리고 테미스토클레스는 본인이 아레이오스 파고스 의회를 도왔다고 말할 수 없지만, 그 의회는 테미스토클레스에게 실제로 도움을 주었다고 말할 수 있다. 왜냐하면 솔론이 설립한 의회[122]의 계획[123]에 따라 전쟁이 수행되었기 때문이다. **76** 파우사니아스[124]와 뤼산드로스[125]에 대해서도 똑같이 말할 수 있다. 그들의 업적 덕분에 라케다이몬인들이 패권을 손에 넣었다고 생각되지만, 그들의 업적은 뤼쿠르고스[126]의 법률과 규율에 절대로 견줄 수 없다. 오히려 그들은 그의 법률과 규율 덕분에 복종을 더 잘하고 더 용감한 군대를 보유했다. 나는 어렸을 때 마르쿠스 스카우루스[127]가 가이우스 마리우스[128]보다 열등하다고 생각하지 않았고, 국정에 종사할 때는 퀸투스 카툴루스[129]가 그나이우스 폼페이우스[130]보다 열등하다고 생각하지 않았다. 왜냐하면 국내에 계획이 없으면 국외에서 병력은 보잘것없기 때문이다. 독보적인 사람이자 장군인 아프리카누스[131]는 누만티아를 멸망시켜 국가에 이로움을 주었지만, 같은 시기에 티베리우스 그라쿠스[132]를 살해한 사인(私人) 푸블리우스 나시카[133]보다 더 많은 이로움을 주지는 않았다. 이 사건[134]은 내정 문제에 한정되지 않고, 무력과 폭력이 동원되었기에 군사 문제와도 관련되지만, 바로 이 행위[135]는 군대 없이 내정의 조치로 이루어졌다.

77 이를 가장 잘 표현한 말이 이 시구인데, 내가 듣기로 이 시구는 사악하고 시샘하는 자들에게 공격받곤 했다. "무구는 토가에 복종하라. 월계관[136]은 칭송에 양보하라."[137] 다른 사람들을 생략하자면, 내가 국가를 통치하고 있었을 때 무구는 토가에 복종하지 않았는가? 국가가 그때보다 더 중대한 위험에 처한 적도 없었고, 더 평화로운 적도 없었다. 나의 계획과 용의주도함 덕분에 가장 무모한 시민들의 손에서 무기가 순식간에 미끄러져 땅에 떨어졌다.[138] 전쟁에서 이토록 위대한 업적이 있었는가? 이와 견줄 수 있는 개선식이 있었는가? **78** 내 아들 마르쿠스야, 나는 너에게 이런 나의 영광을 상속받고 이런 나의 행위를 본받으라고 자랑할 수 있다. 실로 전쟁과 관련된 칭송으로 넘쳐흐르는 사내인 그나이우스 폼페이우스는 많은 사람이 듣는 앞에서 나를 칭송했는데, 그는 내가 국가에 봉사하지 않아서 자기가 개선식을 거행할 장소를 확보하지 못했더라면 세 번째 개선식은 허사가 되었을 것이라고 했다.[139]

따라서 내정에 필요한 용기는 군사적 용기에 못지않다. 아니 오히려 군사적 용기보다 내정에 필요한 용기에 노력과 열의를 더 많이 쏟아야 한다.

XXIII 79 우리가 고상하고 위대한 영혼에서 찾고 있는 훌륭함은 일반적으로 신체적 힘이 아니라 영혼의 힘으로 획득된다. 그렇지만 일을 수행하고 고난을 견딜 때 신체가 계획과 이성에 복종할 수 있을 만큼 신체를 훈련하고 단련해야 한다. 그러나 우리가 열심히 찾고 있는 훌륭함은 전부 영혼의 돌봄과 사유에 달려 있다. 이 점에서 토가를 입고 국정을 맡은 자들은 전쟁 수행자들 이상으로 유익을 가져다준다. 따라서 국정을 맡은 자들의 계획에 따라 전쟁은 종종 회피되거나 종결되었고, 때로 개시되기도 했다. 예컨대 마르쿠스 카토의 계획에 따라 제3차 카르타고 전쟁이 개시되었고, 그의 사후에도 영향력이 발휘되었다.[140] **80** 그래서 결전을 위한 용기보다는 결정을 위한 이성[141]을 더 많이 추구해야 하나, 우리가 유익을 고려하기보다 전쟁을 회피할 목적으로 이런 추구를 악용하지 않도록 주의해야 한다. 게다가 오직 평화만을 추구한다고 여겨지게끔 전쟁을 치러야 한다. 그런데 용감하고 한결같은 영혼은 역경 속에서 동요하지 않고, 혼란에 빠져도 속담에서 말하듯 평정심을 잃지 않으며,[142] 침착하고 차분하며, 이성에서 벗어나지 않는다. **81** 이런 것들은 위대한 영혼의 특징인 반면, 사유로써 미래의 일을 예견하는 것, 좋은 쪽으로든 나쁜 쪽으로든 무슨 일이 생길 수 있는지, 어떤 일이 일어났을 때 무엇을 해야 하는지를 일찍 결정하는 것, 나중에서야 '나는 생각해 본 적이 없다'라고 말하지 않는 것은 위대한 재능의 특징이다. 이것들은 위대하고 고상하며 현명함과 슬기를 신뢰하는 영혼의 활동이다. 반면 아무렇게나 전열에 가담해서 적과 싸우는 것은 야만적이고 짐승과 같다. 그러나 상황이 다급하면 병력을 동원해서 결전해야 하고, 예속과 치욕보다 죽음을 택해야 한다. **XXIV 82**〔그런데 도시를 파괴하고 약탈할 때 맹목적이고 잔인한 행위를 하지 않도록 매우 조심해야 한다.〕[143]

혼란스러운 상황에서 죄인들을 처벌하고 다수를 보호하며, 어떤 운명에 처하든 올바르고 훌륭한 것들을 지키는 것은 위대한 사람의 특징이다. 내가 앞서 언급했듯[144] 내정보다 군사를 중시하는 사람들이 많이 있는 것처럼, 차분하게 숙고한 계획들보다 위험하고 성급한 계획들이 더 빛나고 더 위대하다고 여기는 사람들이 많음을 너는 알게 될 것이다. **83** 물론 우리가 소심하고 비겁하게 보일 만큼 위험을 피해서도 안 되지만, 아무 이유 없이 위험에 노출되는 것도 피해야 한다. 이보다 더 어리석은 짓은 없으니 말이다. 그 때문에 위험을 무릅쓸 때 의사들의 관행을 본받아야 한다. 의사들은 환자들의 병이 가벼우면 가볍게 치료하지만, 중병이면 위험하고 위태로운 치료법을 부득이 적용한다. 그래서 미친 사람은 잔잔한 바다에서 폭풍이 일기를 바라지만 현자는 수단과 방법을 가리지 않고 폭풍에 대처하는데, 문제 상황의 해결로 인한 이익이 망설임으로 인한 손해보다 클수록 더 그렇게 한다.

어떤 행위는 일을 맡은 자들에게 위험하고, 어떤 행위는 국가에 위험하다. 또 어떤 이들은 자기의 목숨을 잃을 위험을, 어떤 이들은 자기의 영광과 시민들의 호의를 잃을 위험을 무릅쓴다. 따라서 우리는 공동의 위험보다 우리 자신의 위험을 무릅쓸 각오를 해야 하고, 다른 이익들보다 명예와 영광을 위해 싸울 준비를 해야 한다. **84** 그러나 조국을 위해서는 돈뿐만 아니라 자기 목숨마저 바칠 준비가 되어 있지만, 국가가 요청하는데도 자기의 영광을 조금도 잃으려 하지 않는 사람들이 많이 있었다. 예컨대 칼리크라티다스[145]는 라케다이몬인들의 지휘관으로서 펠로폰네소스 전쟁에서 혁혁한 전과를 많이 올렸지만, 아르기누사이[146]에서 함대를 철수해서 아테네인들과의 싸움을 피해야 한다고 생각한 사람들의 조언을 따르지 않음으로써 일을 다 망쳤다. 그는 그들에게 "라케다이몬인들은 함대를 하나 잃어도 다른 함대를 마련할 수 있지만, 나 자신은 수치를 무릅쓰고 도주할 수 없다"라고 대답했다. 그러나 이는 라케다이몬인들에게[147] 큰 타격이 아니었다. 클레옴브로토스[148]가 사람들의 반감을 살까 봐 두려워 에파메이논다스[149]와 성급하게 싸웠을 때 치명적인 타격을 입었고, 그로 인해 라케다이몬인들의 패권은 몰락했다. 반면 퀸투스 막시무스[150]는 얼마나 훌륭히 행동했는가! 그에 대해 엔니우스는 "한 사람만이 지연 작전을 써서 우리 나라를 되찾았다. 그는 자신의 평판보다 나라의 안녕을 우선시했다. 그래서 이 사내의 영광은 지금도 빛나고 있고, 시간이 갈수록 더 빛날 것이다"[151]라고 했다. 이런 종류의 과오[152]는 내정에서도 피해야 한다. 왜냐하면 자기 생각이 아무리 좋아도 사람들의 반감을 살까 봐 두려워 자기 생각을 감히 말하지 못하는 사람들이 있기 때문이다.

XXV 85 국정을 맡을 사람들은 플라톤의 두 가지 지침을 철저히 지켜야 한다. 첫째 지침은 자신의 이익은 잊고 시민들의 유익에 기여하는 것은 뭐든지 해서 그들의 유익을 보호하는 것이고,[153] 둘째 지침은 국가의 일부만 보호하고 나머지는 방치하지 않도록 국가 전체를 보살피는 것이다.[154] 왜냐하면 국정 관리는 후견과 마찬가지로 수임자들의 유익이 아니라 위임자들의 유익을 위해 수행되어야 하기 때문이다. 그러나 일부 시민만 돌보고 나머지 시민은 돌보지 않는 사람들은 나라에 매우 치명적인 사태인 분쟁과 불화를 초래한다. 그 결과 어떤 이들은 민중파로, 어떤 이들은 귀족 추종자로 보이고, 극소수만 시민 전체를 생각하는 자로 보인다.[155] **86** 이런 이유로 아테네인들 사이에 큰 불화가 생겼고,[156] 우리 나라에서는 소요뿐만 아니라 파멸적인 내전도 일어났다.[157] 신중하고 용감하며 국가의 최고 지위에 합당한 시민은 이런 것들을 피하고 증오하며, 국가를 위해 자기 자신을 온전히 바치고, 재력도 권력도 추구하지 않으며, 국가 전체를 보호해서 모든 사람을 돌볼 것이다. 그는 또 누군가를 무고해서 증오나 반감을 사는 일을 하지 않으며, 정의와 훌륭함을 완전히 고수해서 그것들을 지키는 한 아무리 큰 손실이라도 감수하고 내가 말한 것들을 버리기보다는 죽음을 불사할 것이다. **87** 그런데 선거운동과 공직 쟁탈전은 확실히 매우 비참한 일이다. 이에 대해 플라톤은 자신의 저서에서 훌륭하게 말했다. "둘 중 누가 더 국가를 잘 운영하는지를 두고 서로 경쟁하는 자들은 누가 배를 가장 잘 조종하는지를 두고 다투는 선원들처럼 행동한다."[158] 그는 또 지침을 준다. "우리가 적으로 간주해야 하는 자들은 우리를 향해 무기를 든 자들이지, 자신의 판단에 따라 국가를 보호하려는 자들이 아니다."[159] 푸블리우스 아프리카누스와 퀸투스 메텔루스[160] 사이에 이 같은 의견 대립은 있었지만, 서로에게 원한을 품지는 않았다.[161]

88 정적들에게 격노해야 한다고 생각하고, 이를 위대한 영혼을 지닌 용감한 사람이 할 일이라고 여기는 사람들의 말에 귀를 기울여서는 안 된다. 왜냐하면 너그러움과 관용보다 더 칭송할 만한 것도 없고, 위대하고 뛰어난 사람에게 더 어울리는 것도 없기 때문이다. 참으로 법 앞에 평등한 자유로운 인민들 사이에서 친화력과 이른바 '관대한 마음'[162]을 발휘해야 한다. 우리가 불시에 찾아오는 사람들이나 뻔뻔하게 요청하는 사람들에게 분노하여 무익하고 미움을 사는 짜증을 내지 않도록 말이다. 그렇지만 국가를 위해 엄격한 조치(이것이 없으면 나라는 운영될 수 없다)를 취할 수 있다는 조건하에서 온화함과 관용을 받아들여야 한다. 반면 모든 처벌과 징계를 모욕적으로 내려서는 안 되고, 누군가

를 처벌하거나 말로 꾸짖는 사람의 유익이 아니라 국가의 유익을 위해 처벌하고 꾸짖어야 한다. **89** 게다가 처벌이 죄보다 크지 않도록, 그리고 같은 죄를 지었는데도 어떤 이들은 처벌받고 어떤 이들은 소환조차 되지 않는 일이 일어나지 않도록 주의해야 한다. 특히 처벌할 때는 분노를 금해야 한다. 왜냐하면 처벌하는 임무를 맡은 사람이 분노하면 지나침과 모자람 사이에 있는 중용을 결코 지킬 수 없기 때문이다. 중용은 소요학파가 주장하는데,[163] 그들이 분노를 칭송하고 그것을 자연이 준 유익한 선물이라고 말한 점을 제외하면 그들의 주장은 옳다. 참으로 어떤 경우에도 분노하지 말아야 하고,[164] 우리는 국정을 맡은 사람들이 분노가 아니라 공정에 따라 처벌하는 법률과 닮기를 열망해야 한다.

XXVI 90 우리의 뜻대로 일이 순조롭게 진행될 때 특히 오만, 불손, 거만을 피해야 한다. 힘겨운 상황뿐만 아니라 순조로운 상황에 대한 과도한 대처는 경솔함의 특징이다. 반면 평생 평정심을 유지하고 안색과 표정이 항상 같은 것은 굉장한 일인데, 우리가 듣기로는 예컨대 소크라테스와 가이우스 라일리우스가 이런 인물이었다.[165] 내가 알기로는 마케도니아인들의 왕 필리포스[166]는 업적과 영광에서는 아들[167]에 뒤지지만, 친근미와 인간미에서는 더 나았다. 따라서 아버지 필리포스는 항상 위대했고, 아들은 종종 매우 추했다. 그래서 우리가 우월할수록 더 겸손하라고 충고하는 사람들은 올바른 지침을 준 것 같다. 파나이티오스가 말하듯 그의 제자이자 친구인 아프리카누스[168]는 이같이 말하곤 했다. "말들이 잦은 전투 때문에 사나워지고 날뛰면 조마사(調馬師)에게 건네서 길들여지게 하듯이, 순조로운 상황으로 인해 제멋대로 행동하고 자기를 과신하는 사람들은 인간사의 무기력함과 운의 변덕을 통찰하도록 이를테면 이성과 학문의 연마장(練馬場)으로 끌려가야 한다." **91** 게다가 상황이 순조로울수록 친구들의 조언을 더 많이 따라야 하고, 그들의 말을 전보다 더 존중해야 한다. 순조로운 상황에서 우리가 아첨꾼들에게 귀를 기울이지 않도록, 또 그들이 우리에게 아첨하는 것을 용납하지 않도록 주의해야 한다. 그들이 아첨하면 우리는 우리 자신이 칭송받아 마땅하다고 생각하기 때문에 속기 쉽다. 그리하여 이런 잘못된 생각들로 기고만장한 자들이 극심한 오류에 빠져 추한 조롱거리가 될 때 무수한 잘못이 생겨난다.

92 이 정도면 충분하다. 그런데 국가를 다스리는 자들이 매우 위대한 업적을, 다시 말해 가장 위대한 영혼에 걸맞은 업적을 이룬다고 판단해야 한다.[169] 왜냐하면 국가 운영은 매우 광범위한 영향을 미치고, 무수히 많은 사람과 관련되기 때문이다. 그러나 은퇴 생활의 영위자 중 위대한 영혼을 지닌 자들이 현재도 많고 과거에도 많았다고 판단해야 한다. 이들 중 일부는 어떤 중요한 문제들을 탐구하거나 착수하고 자기 일에 전념하는 반면, 일부

는 철학자들과 국가 운영자들 사이에서 중간 입장을 취하고 가산을 돌보는 데서 기쁨을 느낀다. 그들은 온갖 수단을 동원해 가산을 늘리지도 않고, 자기 가족과 친구들이 가산을 사용하지 못하게 막지도 않으며, 오히려 필요하면 친구들과 국가에 가산을 나누어 준다. 가산은 첫째, 미움받는 추한 수익을 통해서가 아니라 정직하게 취해져야 하고, 둘째, 이용할 자격이 있는 한 최대한 많은 사람이 이용하게끔 제공되어야 하며, 셋째, 계산, 근면, 절약을 통해 늘려야 하고, 욕정과 사치보다 관후함과 선행을 위해 쓰여야 한다.

이런 지시들을 지키는 사람은 위대하게, 위엄 있게, 용감하게 살 수 있고, 더 나아가 솔직하게, 신의 있게, 진실로 사람들과 친하게 살 수 있다.

XXVII 93 그다음으로 훌륭함의 남은 한 부분에 대해 말해야 한다. 이 부분에서 식별되는 것은 염치, 일종의 삶의 장식인 절제와 적도, 영혼의 격정의 완전한 진정, 사물의 한도다. 라틴어로 '데코룸(decorum, 적합함)'[170]이라고 불릴 수 있는 것이 이 주제에 포함되는데, 이것은 희랍어로는 '프레폰(prepon)'이라고 불린다. **94** 이것의 본질은 훌륭함과 분리될 수 없다는 것인데, 왜냐하면 적합한 것은 훌륭하고, 훌륭한 것은 적합하기 때문이다. 그런데 훌륭함과 적합함의 차이가 무엇인지는 설명하기보다 직감하기가 더 쉽다. 왜냐하면 무엇이든지 간에 적합함은 훌륭함이 먼저 있어야 드러나기 때문이다. 따라서 이 대목에서 논의되어야 하는 훌륭함의 부분에서뿐만 아니라 앞서 논의된 세 부분[171]에서도 무엇이 적합한지가 드러난다. 이성과 언어를 현명하게 쓰는 것, 신중하게 행동하는 것, 모든 것에서 참된 것을 보고 지키는 것은 적합한 반면, 잘못 판단하는 것, 오류를 범하는 것, 잘못을 저지르는 것, 속는 것은 미친 것, 제정신이 아닌 것만큼 부적합하다. 그리고 정의로운 모든 것은 적합한 반면, 불의한 것은 추하고 부적합하다. 이 같은 논리가 용기에도 적용되는데, 왜냐하면 위대한 영혼이 사내답게 행한 것은 사내에게 합당하고 적합해 보이지만, 이와 반대인 것은 추하고 부적합하기 때문이다.

95 그래서 내가 말하는 적합함은 훌륭함 전체와 관계된다. 그것들의 관계는 긴밀해서, 적합함은 어떤 심오한 추론을 통해 식별될 필요 없이 명백하게 나타난다. 왜냐하면 적합한 어떤 것이 있고, 그것은 모든 덕에서 파악되기 때문이다. 그것은 덕과 실제로 분리된다기보다는 사유에 의해서 분리될 수 있다. 신체의 매력과 아름다움이 건강과 구분될 수 없듯, 우리가 말하는 적합함은 덕과 완전히 혼합되어 있지만 정신과 사유에 의해 구별된다.

96 적합함은 두 가지로 분류된다. 우리는 일반적인 의미의 적합함을 훌륭한 전체에 관련된 것으로 이해하고, 이것에 종속된 또 다른 적합함을 훌륭함의 각 부분에 관계된 것으로 이해한다. 전자의 적합함은, 인간 본성이 다른 생물들의 본성과 다르다는

점에서 인간의 탁월함과 일치한다고 정의되곤 한다. 반면 일반적인 것에 종속된 부분[172]은, 이를 정의하는 사람들이 주장하듯, 인간 본성과 일치하여 그 부분에서 자유인다운 모습과 함께 절도와 절제가 드러난다.

XXVIII 97 우리는 적합함이 이같이 이해된다는 사실을 시인들이 추구하는 적합함에서 짐작할 수 있다(이에 대해서는 다른 곳[173]에서 더 많이 논의되곤 했다). 각각의 인물[174]에게 어울리는 것이 행해지고 말해질 때 우리는 시인들이 적합한 것을 지킨다고 말한다. 예컨대 아이아코스나 미노스[175]가 "두려워하는 한에서 증오하게 하라" 또는 "아버지 본인이 자식들의 무덤이다"[176]라고 말한다면 이는 부적합해 보이는데, 왜냐하면 우리가 듣기로는 그들이 정의로운 사람들이었기 때문이다. 하지만 아트레우스[177]가 이렇게 말하면 박수가 쏟아지는데, 왜냐하면 그 말은 그 인물에게 어울리기 때문이다. 그러나 시인들이 각각의 인물에 비추어 각자에게 무엇이 적합한지를 판단하게 되더라도 자연 자체는 이미 우리에게 다른 생물들보다 훨씬 더 뛰어나고 탁월한 역할을 부여했다. **98** 그러므로 시인들은 매우 다양한 인물에게, 심지어 못된 자들에게 무엇이 어울리고 적합한지를 볼 것이지만, 자연은 우리에게 한결같음, 절도, 절제, 염치의 임무를 부여했기 때문에, 또 같은 자연이 우리에게 다른 사람들에 대한 처신을 소홀히 하지 말라고 가르치기 때문에 훌륭함 전체에 관련된 적합함뿐만 아니라 각 종류의 덕에서 보이는 적합함도 얼마나 널리 퍼져 있는지 명백하다. 신체의 아름다움은 사지를 적절히 배치해서 눈길을 사로잡고, 신체의 각 부분은 서로 멋있게 조화를 이루어 눈을 즐겁게 하듯, 삶 속에서 빛나는 적합함은 모든 말과 행위 안에 있는 질서, 한결같음, 절도 덕분에 우리와 함께 사는 사람들의 찬동을 얻는다.

99 따라서 우리는 가장 좋은 사람이든 그렇지 않은 사람이든 다른 사람들을 존중해야 한다. 왜냐하면 다른 사람이 자기를 어떻게 생각하는지를 무시하는 것은 거만한 사람의 특징일 뿐만 아니라 전적으로 방종한 사람의 특징이기 때문이다. 그런데 사람 간의 관계를 고려할 때, 정의와 염치는 다르다. 정의의 임무는 사람을 해치지 않게 하는 것이고, 염치[178]의 임무는 사람의 감정을 상하지 않게 하는 것이다. 여기서 적합함의 본질이 가장 잘 파악된다.

이상의 설명으로 우리가 말하는 '적합함'이 무엇인지 이해되었다고 나는 생각한다. **100** 그런데 적합함에서 도출되는 의무가 향하는 첫 번째 길은 우리가 자연과 일치하고 자연의 명령을 준수하도록 이끈다. 우리가 자연을 인도자로 삼아 따른다면 결코 길을 잃지 않을 것이고, 본래 예리하고 통찰력이 있는 것, 인간의 결속에 어울리는 것, 강력하고 용감한 것을 추구할 것이다.[179] 그러나 적합함의 본질은 특히 우리가 논의하고 있는 부분[180]에 있다. 왜냐하면 신체의 움직임은 자연에 알맞으면 칭찬받아야 하고, 영혼의 움직임은 자연에 어울리면 훨씬 더 칭찬받아야 하기 때문이다.

101 영혼의 힘과 본성은 두 가지다. 한 부분은 희랍어로 '호르메(hormē)'인 욕구인데, 사람을 이리저리 끌고 다닌다. 다른 부분은 이성인데, 무엇을 행하고 피해야 하는지를 가르치고 설명한다. 따라서 이성이 지휘하고 욕구가 복종하게 된다.[181] **XXIX** 그런데 모든 행위에 경솔함과 부주의가 없어야 하고, 그럴 법한 이유를 제시할 수 없는 것을 행해서는 안 된다. 왜냐하면 '그럴듯한 이유를 제시할 수 있는 것'이 사실상 의무의 정의이기 때문이다.

102 또한 욕구가 이성에 순종하게 하고, 욕구가 이성을 앞지르지도 않고 나태함이나 비겁함 때문에 이성을 버리지도 않게 하며, 욕구가 평정하고 영혼의 모든 격정에서 벗어나게 해야 한다. 그러면 한결같음과 절도는 완전하게 빛날 것이다. 사실 욕구가 너무 지나치면, 또 욕망에 의해서든 회피에 의해서든 욕구가 마치 날뛰는데도 이성에 의해 충분히 제압되지 않으면 욕구는 의심의 여지 없이 한계와 한도를 넘어선다. 왜냐하면 욕구는 순종하기를 그만두고 거부하며, 이성을 따르지 않기 때문이다. 욕구는 자연법에 의해 이성에 종속되었는데도 말이다. 욕구로 인해 영혼뿐만 아니라 신체도 동요한다. 이는 분노한 자들, 어떤 욕정이나 공포로 격동된 자들, 과도한 쾌락으로 기뻐 날뛰는 자들의

얼굴만 봐도 알 수 있다. 그들 모두의 안색, 목소리, 몸짓, 자세는 변한다. **103** 의무에 대한 서술로 되돌아가자면 이 모든 것들로부터 우리는 모든 욕구를 억제하고 진정해야 하며, 뭔가를 경솔하게, 아무렇게나, 사려 없이, 부주의하게 행하지 않도록 주의하고 조심해야 한다는 것을 깨닫는다.

자연이 우리를 낳았을 때 우리는 놀이와 농담을 위해 만들어진 것이 아니라 오히려 더 중요하고 위대한 어떤 활동과 진지함을 위해 만들어진 것으로 보인다. 물론 우리는 놀이와 농담을 향유할 수 있지만, 중요하고 진지한 일들을 충분히 하고 나서 잠과 그 밖의 휴식을 향유하는 것처럼 놀이와 농담을 향유할 수 있다. 농담 자체는 과도하거나 무절제하면 안 되고, 자유인답고 재치 있어야 한다. 우리가 소년들에게 모든 놀이가 아니라 훌륭한 행위에 어울리는 놀이만을 허락하듯, 농담 자체에도 뛰어난 재능의 빛이 나야 한다. **104** 일반적으로 두 종류의 농담이 있는데, 하나는 자유인답지 않고 뻔뻔하며 수치스럽고 음란하며, 다른 하나는 우아하고 세련되며 기발하고 재치 있다. 우리 나라의 플라우투스[182]와 아테네의 구(舊)희극[183]뿐만 아니라 소크라테스를 추종하는 철학자들의 책들[184]도 후자의 농담으로 가득 차 있고, 많은 사람의 많은 재치 있는 말도 그러한데, 예컨대 노(老) 카토의 '아포프테그마타(apophegmata, 잠언집)'[185]라는 제목의 모음집이 있다. 따라서 자유인다운 농담과 자유인답지 않은 농담은 쉽게 구별된다. 자유인다운 농담은 마음의 긴장이 풀릴 때처럼 시의적절하게 이루어지면 매우 진지한 사람에게 어울리는 반면, 자유인답지 않은 농담은 내용이 추하고 표현이 음란하면 자유인에게 어울리지 않는다. 놀이에도 어느 정도 한도가 있어야 한다. 우리가 감정을 지나치게 드러내지 않도록, 또 쾌락에 마음이 들떠 어떤 치욕에 빠지지 않도록 말이다. 우리의 연병장[186]과 사냥 활동이 놀이의 훌륭한 본보기를 제공한다.

　　XXX 105 인간의 본성이 가축들과 다른 짐승들의 본성보다 얼마나 뛰어난지를 분명하게 아는 것은 항상 의무에 대한 모든 탐구와 관련된다. 짐승들은 오직 쾌락만을 느끼고, 온갖 충동으로 인해 쾌락으로 이끌리지만, 인간의 정신은 배움과 생각으로 길러지고, 항상 뭔가를 탐구하거나 행하며, 보고 듣는 즐거움에 사로잡힌다. 더군다나 누군가가 쾌락 쪽으로 약간 기울어 있을지라도 가축들의 부류에 속하지 않는 한(말로만 사람일 뿐 실제로는 사람이 아닌 이들[187]이 존재한다), 짐승들보다 조금이라도 더 꼿꼿하다면 쾌락에 사로잡히더라도 염치 때문에 쾌락에 대한 욕구를 감추고 은폐한다. **106** 이로부터 육체의 쾌락은 인간의 우월성에 그다지 어울리지 않으며, 그것을 경시하고 거부해야 한다고 이해된다. 그러나 어느 정도 쾌락에 가치를 부여하는 자가 있다면 쾌락을 누릴 때 한도를 지키도록 주의해야 한다. 따라서 육체의 영양 공급과 관리의 기준은 건강과 체력이 되어야 하지 쾌락이 되어서는 안 된다. 게다가 우리가 우리 본성의 탁월함과 존엄함에 주목하고 싶다면 사치에 탐닉하는 것과 호사스럽고 유약하게 사는 것이 얼마나 추한지, 반면 절약하고 자제하며 엄격하고 술에 취하지 않게 사는 것이 얼마나 훌륭한지를 이해하게 될 것이다.

107 자연이 우리에게 이를테면 두 가지 역할을 부여했다는 사실도 이해해야 한다. 그중 하나는 우리 모두에게 공통된 역할인데, 이는 우리 모두가 이성도 지니고, 짐승들보다 뛰어나게 만드는 우월성도 지닌다는 사실에서 비롯된다. 이 역할에서 모든 훌륭함과 적합함이 유래하고, 이 역할로부터 의무를 찾아내는 방법도 모색된다. 반면 다른 하나는 각자에게 고유하게 부여된 역할이다. 신체 간에 큰 차이가 있듯(우리가 보듯 어떤 이들은 달릴 때 빠르고, 어떤 이들은 레슬링을 할 때 힘이 세며, 또 어떤 이들의 모습은 위엄이 있고, 어떤 이들의 모습은 우아하다), 영혼 간에는 훨씬 더 다양한 차이가 있다.

108 루키우스 크라수스[188]와 루키우스 필리푸스[189]는 재치가 많았고, 루키우스의 아들 가이우스 카이사르[190]는 부단히 노력해서 재치가 훨씬 더 많았다. 반면 동시대 사람인 마르쿠스 스카우루스[191]와 소(小) 마르쿠스 드루수스[192]는 유례없이 진지했고, 가이우스 라일리우스는 많이 유쾌했으며, 그의 친구 스키피오는 더 큰 야망을 품었고 더 엄격하게 살았다. 게다가 우리가 듣기로는 희랍인 중 매력이 있고 재치가 있으며 즐겁게 대화를 나누고 말

할 때마다 무지를 가장하는 사람, 다시 말해 희랍인들이 '에이론 (eirōn)'이라고 부르는 사람은 소크라테스인 반면, 피타고라스[193] 와 페리클레스[194]는 최고의 권위를 획득했지만 전혀 유쾌하지 않았다. 또 우리가 듣기로는 카르타고인들 중에서 한니발이, 우리 나라 지휘관 중에서 퀸투스 막시무스가 영리해서 쉽게 숨기고 침묵하며 위장하고 음모를 꾸미며 적의 계획을 간파했다. 희랍 인들은 이런 사람으로 누구보다도 테미스토클레스와 페라이의 이아손[195]을 내세웠고, 특히 지략이 뛰어난 영리한 행위로 솔론 의 행위를 내세웠는데, 솔론은 자기 목숨을 더 안전하게 하고 국 가에 큰 도움을 주기 위해 미친 척했다.[196]

109 이들과 매우 다른 사람들이 있는데, 그들은 단순하고 솔 직하며, 어떤 일도 몰래 하거나 속임수를 써서 하면 안 된다고 생각하고, 진리를 숭상하며, 기만을 적대한다. 또 다른 사람들도 있는데, 그들은 원하는 것을 성취하는 한, 무엇이든지 견뎌 내 고 누구든지 섬긴다. 우리가 보았듯 술라와 마르쿠스 크라수스 가 이런 사람이었다. 우리가 듣기로는 이런 자 중에서 지략이 매 우 뛰어나고 인내심이 매우 강한 자는 라케다이몬인 뤼산드로스 였고, 그와 정반대인 자는 뤼산드로스의 후임 제독인 칼리크라 티다스였다. 막강한 권력을 갖고 있지만, 대화할 때 평범해 보이 는 〔자〕[197] 사람도 있는데, 우리가 보았듯 카툴루스 부자[198]와 퀸 투스 무키우스〔만키아〕[199]가 이런 사람이었다. 내가 어른들한테

서 듣기로는 푸블리우스 스키피오 나시카[200]도 이런 사람인 반면, 나시카의 아버지, 다시 말해 파멸적인 시도를 했다는 이유로 티베리우스 그라쿠스를 처벌한 사람은 대화할 때 상냥하지 않았는데도, 〔매우 엄격한 철학자인 크세노크라테스조차 위대하지도 유명하지도 않았지만〕[201] 바로 그 사실 때문에 나시카의 아버지는 위대하고 유명했다. 본성과 성품은 무수히 많은 차이가 있어도 절대로 비난받아서는 안 된다.

XXXI 110 자기 것이 결함이 없고 자기에게 고유한 것인 한 각자 자기 것을 확고히 지녀야 한다. 우리가 찾고 있는 적합함을 더 쉽게 확보하도록 말이다. 우리는 보편적인 인간 본성과 맞서 싸워서는 안 되고, 이러한 본성을 유지하면서 우리 각자의 고유한 본성을 따라야 한다. 그러면 다른 사람들의 활동이 더 중요하고 더 좋더라도 우리는 각자의 본성을 척도로 삼아 각자의 활동을 평가할 것이다. 왜냐하면 본성에 맞서는 것도, 달성할 수 없는 것을 추구하는 것도 아무 소용이 없기 때문이다. 그리하여 적합함이 어떤 것인지가 더 분명해진다. 왜냐하면 속담에 이르듯 "미네르바 여신[202]이 원하지 않으면", 즉 본성이 반대하고 맞서면 적합한 것은 아무것도 없기 때문이다. **111** 적합한 뭔가가 있다면 확실히 그것은 인생 전체의 한결같음과 개별 행위들의 한결같음이다. 다른 사람들의 본성만 모방하고 자기의 본성을 소홀히 하면 이런 한결같음을 유지할 수 없을 것이다. 희랍어 단어들을 마구잡이로 섞어 써서 조롱받아 마땅한 어떤 자들[203]처럼 조롱받지 않으려면 우리에게 친숙한 말을 사용해야 하듯, 우리의 행위와 인생 전체에 전혀 맞지 않는 것을 들여와서는 안 된다.

112 이런 본성들의 차이가 큰 힘을 발휘한 결과, 때때로 자살해야 하는 사람이 있는가 하면 같은 상황에서 자살하면 안 되는 사람이 있다. 마르쿠스 카토[204]가 처한 상황과 아프리카에서 카이사르에게 항복한 다른 사람들의 상황이 서로 달랐을까? 다른 사람들이 자살했더라면 그런 행위는 아마도 그들 잘못으로 여겨졌을 것인데, 왜냐하면 그들의 삶은 덜 엄격하고 성격은 더 유했기 때문이다. 반면 카토는 믿기 어려운 엄격함을 타고난 데다가, 끊임없고 한결같이 엄격함을 굳세게 했고, 자기가 제안하고 지지한 계획을 항상 고수했기 때문에 참주와 대면하느니 차라리 죽음을 택해야 했다.[205] **113** 오뒤세우스[206]는 오랜 방랑 속에서 얼마나 많은 일을 겪었는가! 키르케[207]와 칼립소[208]가 여인으로 불려야 한다면 여인들을 섬겼고, 대화할 때마다 모두에게 상냥하고 즐거움을 주고자 했으며, 집에 돌아와서는 자기가 원한 바를 장차 이루기 위해 노예들과 하녀들의 모욕마저 참았다. 반면 이야기에 전해지는 기질을 지닌 아이아스[209]는 그런 일들을 견디느니 천 번이라도 죽음을 택했을 것이다. 이것들을 살펴보면서 각자는 무엇이 자기 것인지를 곰곰이 생각해 보고 이것의 절도를 지켜야 하지, 남의 것이 자기에게 얼마나 적합한지를 시험하

려 해서는 안 될 것이다. 왜냐하면 각자의 것일수록 각자에게 더 적합한 것이기 때문이다.

114 따라서 각자는 자신의 재능을 알아야 하고, 자신의 장단점에 대한 엄격한 심판인처럼 행동해야 한다. 배우들이 우리보다 더 현명한 것처럼 보이지 않게 말이다. 사실 배우들은 가장 좋은 극이 아니라 자기에게 가장 알맞은 극을 고른다. 목소리에 자신이 있는 배우들은 『에피고노이』[210]와 『메도스』[211]를 고르고, 동작에 자신이 있는 배우들은 『멜라니페』[212]와 『클뤼타임네스트라』[213]를 고르며, 내 기억에 루필리우스[214]는 항상 『안티오페』[215]를 고르고, 아이소푸스[216]는 어쩌다가 『아이아스』[217]를 고른다. 그러므로 연기자도 무대에서 이를 알고 있는데, 현자가 인생에서 이를 모르겠는가?

따라서 우리는 우리에게 가장 알맞은 일에 최대한 많은 공력을 들일 것이다. 그러나 언젠가 어쩔 수 없는 사정이 생겨 우리가 재능에 맞지 않는 일을 할 수밖에 없다면, 그 일을 적합한 방식으로 하지는 못해도 최대한 부적합한 방식으로 하지 않도록 최대한 신경 쓰고 준비하고 주의를 기울여야 할 것이다. 또 우리는 우리에게 부여되지 않은 장점을 추구하기보다는 단점을 피하는 데 힘써야 한다.

XXXII 115 내가 앞서 말한 두 가지 역할[218]에, 어떤 우연이나 상황이 부과한 세 번째 역할과 우리 자신의 판단에 따라 우리 자신에게 부여한 네 번째 역할이 추가된다. 왕권, 명령권, 귀족 신분, 공직, 부, 영향력과 이에 반대되는 것들은 우연에 달려 있고 상황의 조종을 받는 반면, 우리 자신이 맡고 싶은 역할은 우리의 의지에서 비롯된다. 따라서 어떤 이들은 철학, 어떤 이들은 시민법, 어떤 이들은 웅변에 전념하고, 덕 자체의 경우 각자가 저마다의 덕에서 탁월하기를 원한다. **116** 부친이나 조상이 어떤 분야에서 영광을 얻었다면 아들이나 후손도 대부분 같은 분야에서 탁월하다는 영예를 얻으려고 힘쓴다. 예컨대 시민법 분야에서 푸블리우스[219]의 아들 퀸투스 무키우스[220]가, 군사 분야에서 파울루스[221]의 아들 아프리카누스가 그러했다. 더 나아가 어떤 이들은 부친으로부터 물려받은 영예에다 자신의 영예도 덧붙인다. 예컨대 좀 전에 말한 아프리카누스는 전쟁의 영광 위에 웅변의 영광을 더했고, 코논[222]의 아들 티모테오스[223]도 이같이 했는데, 그는 전쟁의 영예에서 부친 못지않았고, 이 영예에 학식과 재능의 영광을 덧붙였다. 그러나 조상들을 더 이상 본받지 않고 자신만의 어떤 목표를 추구하는 사람들이 이따금 나타난다. 특히 이에 힘쓰는 사람들은 대부분 미천한 가문 출신이지만 위대한 목표를 지닌 자들이다.

117 따라서 무엇이 적합한지를 찾을 때, 우리는 이 모든 것을 마음에 두고 생각해 보아야 한다. 무엇보다도 우리가 어떤 인물과 어떤 사람이 되고 싶고, 어떤 종류의 삶을 살고 싶은지를 결

정해야 하는데, 이에 대한 숙고가 가장 어렵다. 왜냐하면 판단 능력이 가장 약한 시기인 청년기에 들어설 때, 각자 삶을 영위하는 방식을 자기가 가장 좋아하는 방식으로 정하기 때문이다. 따라서 무엇이 가장 좋은지를 판단할 수 있기도 전에 특정한 직업과 인생 진로에 빠져들게 된다. **118** 크세노폰의 저서[224]에서 프로디코스[225]가 헤라클레스에 대해 말하기를, 헤라클레스는 청년기, 다시 말해 각자가 어떤 인생길로 들어설지를 선택하라고 자연이 부여한 시기에 접어들자마자 외딴곳으로 가서 거기에 앉아 두 가지 길, 즉 쾌락의 길과 덕의 길을 본 다음 어느 길로 들어서는 것이 좋을지를 스스로 오랫동안 깊이 고민했다. 이런 일이 아마도 "유피테르[226]의 씨에서 탄생한"[227] 헤라클레스[228]에게는 가능했을지 몰라도 우리에게는 불가능한 일인데, 우리는 각자 본받고 싶은 사람들을 본받고, 그들의 활동과 목표에 이끌리기 때문이다. 게다가 우리는 대개 부모님의 지침에 물들어 그들의 습관과 생활 방식으로 인도된다. 어떤 이들은 대중의 판단에 휩쓸리고, 다수가 가장 아름답다고 여기는 것들을 매우 갈망한다. 그렇지만 몇몇 사람은 어떤 행운이 뒤따라서든 자신의 본성이 좋아서든 부모님의 지도 없이 올바른 인생길을 갔다.

XXXIII 119 탁월하고 위대한 재능 또는 뛰어난 배움과 학식 또는 이 두 가지를 모두 갖추고 나서 제일 먼저 따르고 싶은 인생 진로가 무엇인지를 숙고할 여유마저 있는 사람들의 부류는 매우 드물지만, 이런 숙고를 할 때 각자 자신의 본성에 맞게 모든 결정을 내려야 한다. 왜냐하면 앞서 언급했듯[229] 우리는 모든 행위에서 무엇이 적합한지를 각자의 타고난 방식에서 찾는 것처럼, 인생 전체를 결정하는 경우에는 이 일에 훨씬 더 주의를 기울여야 하기 때문이다. 우리 자신이 평생 일관성 있게 살고 의무를 수행하는 데 주저하지 않도록 말이다. **120** 그런데 이런 결정에 본성이 가장 큰 영향력을 행사하고 그다음은 운이기 때문에, 삶의 방식을 선택할 때 본성과 운을 모두 고려하되 본성을 더 중시해야 한다. 왜냐하면 본성이 훨씬 더 확고하고 한결같아서 운과 본성의 싸움은 때때로 사멸하는 것과 불멸하는 것의 싸움처럼 보이기 때문이다. 따라서 결함이 없는 자신의 본성에 맞게 인생 전체의 계획을 세운 사람은 한결같아야 한다. 이것이 가장 적합하기 때문이다. 혹시라도 삶의 방식을 선택할 때 자기의 잘못을 알아차린 경우가 아니라면 말이다. 이런 일이 생긴다면(이런 일은 생길 수 있다), 생활 방식과 목표를 바꾸어야 한다. 이것들을 바꾸는 데 상황의 도움을 받는다면 우리는 더 쉽고 편하게 바꿀 것이다. 그렇지 않으면 점차 단계적으로 바꾸어야 할 것이다. 우정이 별로 즐겁지도 않고 별로 마음에 들지도 않으면 우정을 갑자기 없애기보다는 서서히 줄여 나가는 것이 더 적합하다고 생각하는 현자들처럼 말이다.[230] 그런데 우리가 삶의 방식을 바꿨다면 어떻게 해서든 좋은 계획에 따라 그렇게 한 것으로 보여야 한다.

121 나는 좀 전에 우리가 조상들을 본받아야 한다고 말했지만 예외는 있다. 첫째, 조상의 단점을 본받아서는 안 된다. 둘째, 우리의 본성이 조상의 어떤 장점을 본받지 못하게 하면 본받을 필요가 없다. 예컨대 파울루스의 아들을 입양한, 대(大) 아프리카누스[231]의 아들[232]은 건강이 나빴기 때문에 부친이 조부[233]를 닮은 만큼[234] 부친을 닮을 수 없었다. 어쨌든 변론 활동을 할 수 없거나 연설로 인민을 사로잡을 수 없거나 전쟁을 수행할 수 없을지라도 자신의 능력으로 가능한 것들, 즉 정의, 신의, 관후함, 적도, 절제를 보여야 할 것이다. 자신의 결점이 눈에 덜 띄도록 말이다. 그러나 부친이 자식에게 물려주는 최고의 유산은 여느 상속재산보다도 고귀한 영광, 즉 덕과 업적의 영광이다. 반면 이에 먹칠하는 것은 죄악이자 악덕으로 판단되어야 한다.

XXXIV 122 나이에 따라 의무가 다르게 부과되어 청년의 의무와 노인의 의무가 다르기 때문에 이 구별에 대해서도 뭔가 말해야 한다. 젊은이의 의무는 어른들을 공경하고, 그들 중에서 그가 기댈 수 있는 슬기와 권위를 지닌 가장 인정받는 가장 좋은 자들을 선택하는 것이다. 왜냐하면 노인들은 현명함으로 젊은이의 경험 부족을 지도 감독해야 하기 때문이다. 게다가 젊은이들은 군사적인 의무와 시민의 의무를 매우 성실히 수행하기 위해 특히 욕정을 금하고, 노고와 인내로 심신을 단련해야 한다. 더군다나 마음의 긴장을 풀고 스스로 즐기고 싶을 때조차 무절제를 조심해야 하고, 염치를 망각해서는 안 된다. 이는 젊은이들이 자신들의 즐길 거리에 어른들도 함께하는 것을 마다하지 않는다면 더 쉽게 이루어질 것이다. **123** 반면 노인들은 신체적인 노고를 줄이는 대신 영혼 활동을 늘려야 하는 것처럼 보인다. 참으로 노인들은 조언과 현명함으로 친구들과 청년들, 특히 국가를 돕는 데 최대한 힘써야 한다. 그런데 노년에는 게을러지고 무기력해지는 것을 가장 주의해야 한다. 게다가 사치는 나이를 불문하고 추하지만, 노년에 가장 수치스럽다. 사치에 욕정의 무절제도 더해지면 악은 두 배가 되는데, 왜냐하면 노년은 그 자체로 수치를 당할 뿐만 아니라, 젊은이들의 무절제를 더 뻔뻔하게 만들기 때문이다.

124 정무관, 사인(私人), 시민, 외국인의 의무에 대해 말하는 것도 논의에서 벗어나지 않는다. 정무관의 고유한 임무는 자기가 나라를 대표하고 있다는 사실을, 또 나라의 위엄과 영예를 유지하고, 법률을 수호하며, 권리를 분배하고, 이 일들이 자기의 신의에 맡겨졌다고 기억해야 한다는 사실을 명심하는 것이다. 반면 사인은 동료 시민들과 동등하고 공평한 조건에서 살아야 하고, 굽신거리거나 비굴해서도 안 되고 우쭐해서도 안 되며, 그 다음으로 나랏일에서는 평온하고 훌륭한 것을 원해야 한다. 사실 우리는 이런 사람을 좋은 시민이라고 생각하기도 하고 그렇

게 부르곤 했다. **125** 그 밖에 외국인과 거류외인의 의무는 오직 자기 일만 하고, 남의 일은 캐묻지 않으며, 남의 나라 일에 참견하지 않는 것이다.

이런 식으로 우리가 역할, 상황, 나이에 적합한 것과 적절한 것이 무엇인지를 묻고 나면 의무들을 거의 다 찾아내는 셈이다. 그러나 모든 일을 수행하고 모든 계획을 세울 때 한결같음을 유지하는 일보다 더 적합한 것은 없다.

XXXV 126 이러한 적합함은 모든 행위와 말, 게다가 몸짓과 자세에서 식별되고, 이것은 세 가지, 즉 아름다움, 순서, 행위에 어울리는 장식에 있다. 이 세 가지는 말로 표현하기 어렵지만 이해만 되어도 충분할 것이다. 게다가 이 세 가지에는 우리 곁에서 우리와 함께 사는 사람들에게 인정받으려는 우리의 노력도 포함되어 있으므로 이것들에 관해서도 몇 마디 해야 한다.

최초에 자연 자체는 우리의 신체를 많이 고려했던 것으로 보이는데, 훌륭한 외형을 지닌 얼굴과 다른 신체 부위는 노출한 반면, 자연의 필요에 부응하기 위해 주어졌지만 볼품없고 추하게 보일 신체 부위는 가리고 숨겼던 것이다. **127** 자연의 이러한 섬세한 제작술을 인간의 염치가 본받았다. 왜냐하면 건전한 정신을 가진 모든 사람은 자연이 감춘 신체 부위들을 눈에 띄지 않게 하고, 가능한 한 은밀하게 자연의 필요에 대처하려고 애쓰기 때문이다. 그리고 필수적인 기능을 수행하는 신체 부위들도 그 부위들의 기능도 고유한 이름으로 불리지 않는다. 자연의 필요에 대처하는 일은 은밀히 이루어지면 추하지 않지만, 이를 발설하면 상스럽다. 따라서 이런 일을 대놓고 하는 것도 상스럽게 말하는 것도 몰염치하다.

128 우리는 견유학파[235]나 견유학파와 거의 다름없는 일부 스토아학파[236]의 말에 귀 기울여서는 안 된다. 그들은 우리가 실제로 추하지 않은 것들을 말로는 수치스럽다고 여기고, 실제로 추한 것들을 고유한 이름으로 부른다는 이유로 우리를 비난하고 조롱한다. 강도, 사기, 간통은 실제로 추하지만, 이를 입에 담는 것은 상스럽지 않은 반면, 자식을 만들려고 애쓰는 것은 실제로 훌륭하지만, 이를 입에 담는 것은 상스럽다. 그들은 같은 취지에서 염치를 부정하는 많은 주장을 펼친다. 그러나 우리는 자연을 따라야 하고, 눈과 귀에 거슬리는 모든 것을 피해야 한다. 선 자세, 걷는 자세, 앉은 자세, 비스듬히 누운 자세, 표정, 눈초리, 손동작은 적절함을 유지해야 한다. **129** 이 경우 특히 두 가지, 즉 유약하고 무른 것과 모질고 거친 것을 피해야 한다. 이 두 가지가 연기자들과 연설가들에게만 해당되고, 우리와 무관하다고 여겨서는 안 된다. 사실 배우들은 오랜 훈련으로 염치를 지녀 요포(腰布)를 착용하지 않으면 무대에 나가지 않는 것이 관례다. 왜냐하면 그들은 우연히 신체의 특정 부위가 노출되면 부적합한 모습을 보일까 봐 두려워하기 때문이다. 사실 성년이 된 아들과 아

버지가, 또 사위와 장인이 목욕을 함께 하지 않는 것이 우리의 관례다. 따라서 우리는 이런 종류의 염치를 견지해야 한다. 특히 자연 자체가 스승이자 인도자니까 말이다.

XXXVI 130 아름다움의 종류는 두 가지인데, 그중 하나는 우아함이고, 다른 하나는 품위다. 우리는 우아함은 여성적인 것으로, 품위는 남성적인 것으로 여겨야 한다. 그러므로 남성에게 어울리지 않는 모든 장식을 그에게서 제거해야 하고, 몸짓과 동작에서도 이와 유사한 잘못을 조심해야 한다. 훈련장[237]에서 배운 동작들은 종종 상당한 불쾌감을 주고, 연기자들의 어떤 몸짓은 엉뚱하다. 이 두 가지 경우 바르고 꾸밈없는 것들이 칭송받는다. 품위 있는 모습은 좋은 혈색으로, 혈색은 신체 단련으로 유지되어야 한다. 게다가 단정함도 보여 주어야 하는데, 불쾌하지도 않고 너무 유별나지도 않으며, 촌스럽고 미개해서 무시받지 않을 정도면 충분하다. 이와 마찬가지로 옷차림도 고려해야 하는데, 이 또한 대부분의 경우처럼 중용이 최선이다. **131** 게다가 우리는 여자같이 천천히 걸어서 축제 행렬의 가마처럼 느리게 가지 않도록, 또 급할 때 지나치게 서두르지 않도록 주의해야 한다. 서두를 때 숨은 가빠지고, 안색은 변하며, 얼굴은 일그러진다. 이것들은 우리가 한결같지 않다는 강력한 증거다. 그러나 영혼 활동이 자연을 등지지 않도록 훨씬 더 노력해야 한다. 우리는 이것을 두 가지 경우, 즉 격정과 낙담에 빠지지 않도록 주의하는 경우와 우리의 영혼이 적합함의 보존에 주목하는 경우에 달성할 것이다. **132** 게다가 영혼의 활동에는 두 가지가 있는데, 하나는 사유이고, 다른 하나는 욕구다. 사유는 주로 진리 탐구에 몰두하고, 욕구는 행동을 부추긴다. 따라서 우리는 가능한 한 최선의 것에 대해 생각하고, 욕구를 이성에 복종시켜야 한다.

XXXVII 말의 힘은 크다. 말에는 두 가지, 즉 논쟁과 대화가 있다. 논쟁은 법정, 민회, 원로원의 토론에서 사용되어야 하는 반면, 대화는 사교 모임, 논의, 친구들과의 모임에서 이루어져야 하고, 연회에서도 뒤따라 이루어져야 한다. 수사학 교사들이 만든 논쟁의 지침은 있지만, 대화의 지침은 없다. 대화에도 지침이 있을 텐데 말이다. 배우는 자들의 열의가 있는 곳에 선생들이 있기 마련인데, 대화를 배우는 데 힘쓰는 자들은 아무도 없고, 어디든 수사학 교사들을 추종하는 무리로 가득 차 있다. 하지만 단어와 문장에 대한 지침은 대화에도 똑같이 적용될 것이다.

133 말은 목소리로 드러나기 때문에 우리는 목소리에서 두 가지, 즉 분명한 목소리와 듣기 좋은 목소리를 추구해야 한다. 둘 다 본성상 타고나야 하지만, 분명한 목소리는 훈련을 통해, 듣기 좋은 목소리는 또박또박 부드럽게 말하는 사람들을 본받아서 좋아질 것이다. 카툴루스 부자는 배운 사람이었어도(다른 사람들도 배운 사람이었다) 세련된 문학적 취향을 지니고 있다는 생각은 들지 않았지만, 라틴어를 가장 잘 구사했다고 여겨졌다. 어조는 부

드러웠고, 발음은 모호하지도 귀에 거슬리지도 않게 너무 또렷하지도 않고 웅얼거리지도 않았으며, 목소리는 긴장되지도 않고 가라앉지도 않으며 날카롭지도 않았다. 루키우스 크라수스의 말이 카툴루스 부자보다 더 풍부하고 그들 못지않게 재치 있었지만, 카툴루스 부자는 크라수스 못지않게 말을 잘한다는 평판을 받았다. 그러나 아버지 카툴루스의 동생 카이사르는 해학과 재치에서 모든 사람을 능가해서, 법정 연설에서조차 대화체 말투로 다른 사람들의 논쟁을 압도했다. 따라서 우리가 매사에 무엇이 적합한지를 찾는다면 이 모든 것에 힘써야 한다.

134 그러니까 소크라테스 추종자들이 가장 탁월하게 하듯 대화는 부드러워야 하고 완고해서는 안 되며 기지가 있어야 한다. 대화자는 대화가 자기 소유물인 양 대화에서 다른 사람들을 배제하면 안 되고, 다른 경우에서처럼 일상적인 대화에서도 교대로 하는 것이 공정하다고 생각해야 한다. 무엇보다도 대화의 주제가 무엇인지에 주목해야 한다. 진지한 주제라면 대화는 진지해야 하고, 재미있는 주제라면 기지가 있어야 한다. 무엇보다도 대화 중에 어떤 성격적인 결함을 드러내지 않도록 조심해야 한다. 이런 일은 특히 대화 현장에 없는 사람들을 험담하기 위해 농담 삼아 하든 진지하게 하든 열을 올려 악담하고 모욕할 때 생기곤 한다. **135** 그런데 대화의 주제는 대개 가정일 또는 나랏일 또는 학문의 배움과 가르침이다. 따라서 말이 원래의 주제에서

다른 주제로 벗어나기 시작하더라도 대화 참여자들이 동의한다면 말을 원래의 주제로 되돌리는 데 힘써야 한다. 왜냐하면 우리는 같은 주제에 대해 언제나 같은 정도로 즐거워하지는 않기 때문이다. 우리는 대화가 얼마나 즐거운지에도 주목해야 한다. 그리고 이유가 있어서 대화를 시작했듯, 절도 있게 대화를 종료해야 한다.

XXXVIII 136 격정, 즉 이성에 불복하는 영혼의 과도한 동요를 피하라는 매우 올바른 지침이 우리에게 평생 주어지듯, 대화도 이러한 동요에서 자유로워야 한다. 분노가 표출되거나 어떤 욕망이나 나태함이나 무기력함 같은 뭔가가 보이지 않도록 말이다. 무엇보다도 우리는 함께 대화를 나누는 자들을 존중하고 좋아하는 사람처럼 보여야 한다. 질책이 필요할 때도 이따금 생기는데, 이때 우리는 아마도 더 격앙된 목소리와 더 모질고 준엄한 단어를 사용해야 하고, 심지어 화가 나서 그렇게 하는 것처럼 보여야 한다. 그러나 우리는 지지거나 절제하는 시술을 할 때처럼 어쩌다가 마지못해 이런 종류의 책망을 할 것이다. 불가피하지 않거나 다른 치료법을 발견한 경우 책망하면 안 된다. 그렇지만 분노는 멀리해야 한다. 왜냐하면 분노하면 어떤 일도 올바르고 신중하게 행할 수 없기 때문이다. **137** 그런데 많은 경우 우리는 엄격함을 보이면서도 모욕적인 언사를 피하기 위해 준엄하더라도 온화하게 책망할 수 있다. 게다가 우리는 질책에 담긴 혹독함조차 질책을 받는 자 본인을 위한 것임을 보여 주어야 한다. 가장 적대적인 자들과 벌이는 논쟁에서조차 우리 자신에게 어울리지 않는 말을 우리가 듣더라도 준엄하고 분노를 피하는 것이 옳다. 왜냐하면 어떤 격정에 사로잡혀서 한 행동은 일관성이 있을 수도 없고, 그 행동을 목격한 자들한테 인정받을 수도 없기 때문이다. 자화자찬도 추하고(거짓말일 때 특히 추하다), 청중의 조롱을 받아 가며 '허풍선이 병사'[238]를 흉내 내는 것도 추하다.

XXXIX 138 나는 이 주제에 대한 모든 것을 탐구하고 있기 때문에(적어도 이는 내가 원하는 바다), 고위직을 역임한 일인자가 어떤 집을 소유하는 것이 좋은지도 말해야 한다. 집의 목적은 사용에 있기에 이에 맞게 건축 설계를 해야 하지만, 집의 편의와 위엄에도 주목해야 한다. 내가 듣기로는 자기 가문에서 최초로 집정관이 된 그나이우스 옥타비우스[239]가 팔라티움 언덕에 화려하고 위엄으로 가득 찬 집을 지어 명예를 얻었다. 사람들은 공공연하게 그 집을 보러 갔고, 그 집은 신인(新人)[240]인 집주인이 집정관에 당선되는 데 큰 도움을 주었다고 여겨졌다. 스카우루스[241]는 그 집을 헐고 자기 집의 부속 건축물을 지었다. 그래서 옥타비우스는 최초로 자기 집에 집정관직을 가져다주었지만, 매우 위대하고 유명한 사람의 아들인 스카우루스는 증축된 집에 낙선뿐만 아니라 치욕과 재앙도 가져왔다. **139** 사실 집이 위엄을 가져다줄 수 있어도 오직 집을 통해서만 위엄을 추구하려고 해서는 안 되며, 집주인이 집에 영예를 주어야 하지 집이 집주인에게 영예를 주어서는 안 된다. 그리고 여타의 경우에 자기뿐만 아니라 남들도 고려해야 하는 것처럼 유명한 사람의 집인 경우 많은 손님을 영접하고 각계각층의 사람들을 받아들여야 하기에 넓은 공간에 신경을 써야 한다. 손님이 없어 적막하면, 특히 과거에 집주인이 다른 사람이었을 때 손님들이 자주 드나들었다면 큰 집은 종종 집주인에게 수치가 된다. 지나가는 자들이 "고택이여, 아아,[242] 그대는 그대를 지배하는 집주인과 얼마나 다른가!"[243]라고 말할 때, 이는 불쾌한 일이지만 이 시대에는 많은 집을 두고 이렇게 말할 수 있다.[244] **140** 그런데 특히 너 자신이 집을 짓는다면 비용과 웅장함이 한도를 넘지 않게 주의해야 한다. 이런 경우 하나의 선례만 있어도 큰 해악이 초래된다. 왜냐하면 대부분의 사람은 지도자들의 행위를 특히 나쁜 쪽으로 열심히 모방하기 때문이다. 예컨대 매우 위대한 사람 루키우스 루쿨루스[245]의 덕을 누가 모방했는가? 그러나 얼마나 많은 사람이 그의 별장의 웅장함을 모방했는가! 확실히 이런 것들에 한도를 정해 중용으로 되돌아가야 하고, 모든 생활 습관과 생활의 편의에도 똑같이 중용을 적용해야 한다.

  141 이 정도면 충분하다. 매번 행위를 할 때 세 가지를 지켜야 한다. 첫째, 욕구는 이성에 복종해야 하는데, 의무를 준수하는 데 이보다 더 적절한 것은 없기 때문이다. 둘째, 우리가 성취하

고 싶은 것이 얼마나 중요한지에 주목해서 필요한 만큼만 주의하고 노력해야 한다. 셋째, 우리는 자유인다운 모습과 위엄에 관련된 것들이 절도를 지키도록 주의해야 한다. 이 세 가지를 지키는 최고의 방법은 우리가 앞서 말한 적합함 자체를 지키고, 이를 넘어가지 않는 것이다. 그렇지만 이 세 가지 중에서 가장 중요한 것은 욕구가 이성에 복종하는 것이다.

XL 142 그다음으로 사물의 순서와 적절한 때에 대해 말해야 한다. 이 두 가지는 희랍인들이 '에우탁시아(eutaxia)'라고 부르는 지식에 포함되는데, 여기서 에우탁시아는 우리가 '적도(modestia)'라고 번역하는, '한도(modus)'를 포함하는 말이 아니라, '순서의 유지'로 이해되는 것이다.[246] 따라서 우리가 순서의 유지도 적도로 부르자면 스토아학파는 적도란 '행해지거나 말해진 것들을 제자리에 배열하는 지식'이라고 정의한다. 그리하여 순서의 의미와 제자리의 의미는 동일할 것 같다. 왜냐하면 스토아학파는 순서란 '사물을 알맞고 어울리는 자리에 배치하는 것'으로 정의하기 때문이다. 더욱이 그들은 행위의 자리를 적절한 때라고 말하며, 행위의 적절한 때는 희랍어로 '에우카이리아(eukairia)', 라틴어로 '오카시오(occasio)'라고 불린다. 그리하여 내가 말했듯 우리가 이해하는 적도란 '행위에 알맞은 적절한 때에 관한 지식'이 된다. **143** 이 정의(定義)는 내가 서두에 말한 현명함의 정의와 같을 수 있지만,[247] 이 대목에서 우리는 절도와 절제 및 이와 유사한 덕들에 대해 탐구하고 있다. 따라서 현명함에 고유한 것들은 그에 어울리는 자리에서 이미 말했으니 이제는 내가 오래전부터 말하고 있는 이 덕들에 고유한 것들, 즉 염치에 관련된 것들과 우리와 함께 사는 사람들의 찬동에 관련된 것들을 말해야 한다.

144 그렇다면 조리 있는 연설에서처럼 삶에서도 모든 것들이 서로 잘 어울리고 조화를 이룰 정도로 행위의 순서가 있어야 한다. 왜냐하면 진지한 일에서 연회에서나 어울리는 말을 꺼내거나 어떤 음란한 대화를 나누는 것은 추하고 매우 그릇되기 때문이다. 페리클레스와 장군직[248] 동료이자 시인인 소포클레스[249]가 공무 수행을 위해 만났는데, 우연히 잘생긴 소년이 지나갈 때 소포클레스가 "페리클레스여, 아름다운 소년일세"라고 말하자, 페리클레스는 "소포클레스여, 손동작뿐만 아니라 시선도 조심하는 것이 장군에게 적합하네"라고 옳게 말했다. 하지만 소포클레스가 운동선수를 심사할 때 같은 말을 했더라면 그에 대한 비난은 마땅하지 않았을 것이다. 이토록 자리와 적절한 때는 그 의미가 크다. 예컨대 변론할 예정인 어떤 사람이 여행이나 산책 중에 혼자 연습하거나 다른 뭔가를 더 골똘히 생각한다면 비난받지 않겠지만, 같은 행동을 연회에서 하면 적절한 때를 모르는 예의 없는 자라고 여겨질 것이다.

145 그러나 광장에서 노래를 부른다거나[250] 매우 엉뚱한 행동을 하는 것처럼 예의에 크게 어긋나는 행동은 쉽게 드러나고, 특

별한 충고와 지침을 요하지 않는다. 그러나 많은 사람이 알아차리지 못하고 사소해 보이는 잘못들을 피하는 데 더 주의해야 한다. 수금과 피리 연주에서 아무리 작은 불협화음이라도 전문가는 알아차리곤 하듯 삶에서 행여나 불협화음이 생기지 않도록 주의해야 한다. 아니, 행위의 조화가 소리의 조화보다 더 중요하고 더 좋은 만큼 훨씬 더 주의해야 한다.

XLI 146 따라서 음악가들의 귀가 수금의 아주 미세한 불협화음을 감지해 내듯 우리가 잘못들에 대한 예리하고 세심한 판단자이자 관찰자이고자 한다면 종종 사소한 부분에서 중요한 것들을 알아차릴 것이다. 우리는 시선, 눈썹의 찌푸림이나 폄, 슬퍼함, 기뻐함, 웃음, 말투, 침묵, 목소리의 높낮이 등으로부터 우리의 행위 중 무엇이 알맞게 행해지고, 무엇이 의무와 본성에 배치되는지를 쉽게 판단할 것이다. 이런 경우 우리 자신이 각 행위의 성격을 남들에 비추어 판단해서 남들에게 부적합한 것이 있으면 이를 피하는 것이 이롭다. 왜냐하면 우리는 자신의 잘못보다는 남들의 잘못을 어떤 식으로든 더 쉽게 알아차리기 때문이다. 따라서 선생들이 바로잡을 목적으로 학생들의 잘못을 흉내 내면 배우는 과정에서 학생들의 잘못은 매우 쉽게 고쳐진다.

147 망설이는 행위 중에서 선택할 때, 학식이 있는 사람들이나 경험이 풍부한 사람들에게 자문을 구하고, 그들이 각 종류의 의무에 대해 어떻게 생각하는지를 알아내는 것이 적절하다. 왜

냐하면 대부분의 사람은 자연 자체가 인도하는 곳으로 이끌리곤 하기 때문이다. 자문을 구할 때는 그들 각자가 무엇을 말하는지뿐만 아니라, 무엇을 생각하고, 그렇게 생각하는 이유가 무엇인지에도 주의해야 한다. 예컨대 화가들과 조각가들, 게다가 시인들마저 각자 자기 작품이 군중에게 평가받기를 바라는데, 여러 사람이 비난하는 것이 있으면 그것을 고치기 위해서다. 그리고 그들은 자기 작품에 어떤 잘못이 있는지를 스스로 알아내기도 하고, 남들한테 물어서 알아내기도 한다. 이와 마찬가지로 우리는 남들의 판단에 따라 수많은 행동을 하거나 하지 않거나 바꾸거나 고쳐야 한다.

148 그러나 관습과 나라의 제도에 따라 행한 것들에 대한 지침은 필요 없다. 왜냐하면 관습과 나라의 제도 자체가 지침이기 때문이다. 어느 누구도 소크라테스나 아리스티포스[251]가 관습과 나라의 관행에 어긋나는 것을 행했거나 말했기 때문에 자기도 이들과 똑같이 할 수 있다고 생각하는 오류에 빠져서는 안 된다. 그들은 위대하고 신적인 선성(善性)을 지녔기 때문에 이런 자유를 획득했다. 그러나 견유학파의 학설은 염치의 적이기 때문에 완전히 거부되어야 한다. 염치가 없으면 올바른 것도 훌륭한 것도 불가능하니 말이다.

149 게다가 우리는 훌륭하고 위대한 업적들로 인정받는 삶을 영위하는 사람들, 애국자로서 국가에 공훈을 세웠거나 세우는

사람들을 어떤 공직 또는 명령권을 지닌 사람들과 똑같이 존경하고 존중해야 하며, 더 나아가 노인을 공경하고, 정무관직을 맡은 이들을 따르며, 시민과 외국인을 구분하고, 외국인의 경우 그가 사적으로 왔는지 공적으로 왔는지를 구분해야 한다. 세부적인 논의를 생략하자면 요컨대 우리는 인류 전체의 공동 유대와 결속을 존중하고 지키며 보존해야 한다.

XLII 150 전문직과 그 밖의 생업 중 무엇이 자유인답고, 무엇이 비천하다고 여겨져야 하는지에 대해서 우리는 대략 들어서 알고 있다. 첫째, 세리나 고리대금업자의 생업처럼 사람들이 혐오하는 생업은 인정받지 못한다. 그다음으로 기술이 아니라 노동력을 파는 모든 임금 노동자의 생업은 자유인답지 않고 비천하다. 왜냐하면 그들의 경우 임금은 예속의 대가이기 때문이다. 상인들로부터 물건을 사들이자마자 파는 자들도 비천하다고 생각되어야 한다. 왜냐하면 그들은 거짓말을 상당히 많이 하지 않으면 아무 이득도 보지 못하기 때문이다. 실제로 기만보다 추한 것은 없다. 그리고 모든 수공업자는 비천한 기술에 종사한다. 왜냐하면 그들의 작업장에는 자유인에게 어울리는 것이 전혀 없기 때문이다. 쾌락에 봉사하는 기술들, 다시 말해 테렌티우스가 말하듯 "생선 장수, 백정, 요리사, 가금업자, 어부"[252]는 결코 인정받아서는 안 된다. 괜찮다면 여기에 향료 상인, 무용수, 모든 저속한 공연[253]을 더해라. **151** 반면 전문성을 더 요하거나 적지 않은 유익을 가져다주는 기술들, 예컨대 의술, 건축술, 훌륭한 것들의 교육은 그에 어울리는 신분의 사람들에게 훌륭한 것이다. 장사는 소규모라면 비천하다고 생각되어야 하지만, 대규모로 방대하게 이루어지고 사방에서 많은 것을 가져와서 기만 없이 많은 사람에게 나누어 주는 경우라면 무조건 비난받아서는 안 된다. 게다가 장사에 종사하는 사람이 자기의 수익으로 충분해서, 아니 만족해서 과거에 종종 바다에서 항구로 갔듯 이제는 항구에서 농토와 소유지로 간다면 장사는 최고로 칭송받아 마땅해 보인다. 하지만 소득을 가져다주는 모든 일 중 농사가 가장 좋고 가장 풍요로우며 가장 즐겁고 자유인에게 가장 어울린다.[254] 나는 이에 대해 『노(老) 카토 노년론』,[255]에서 충분히 언급했기 때문에 너는 거기에서 이 주제에 관한 것들을 알게 될 것이다.

XLIII 152 의무가 훌륭함의 부분들로부터 어떻게 도출되는지는 충분히 설명한 것 같다. 그러나 '두 가지 훌륭한 것 중에서 어느 것이 더 훌륭한가'와 같은 훌륭한 것들의 대결과 비교가 종종 생길 수 있는데, 이 주제를 파나이티오스는 간과했다.[256] 모든 훌륭함은 네 부분(첫 번째 부분은 인식, 두 번째 부분은 공동체 의식, 세 번째 부분은 영혼의 위대함, 네 번째 부분은 절도)에서 흘러나오기 때문에 의무를 선택할 때 종종 이 부분들을 서로 비교할 필요가 있다.

153 그렇다면 내 생각에는 인식에서 도출되는 의무보다는 공

동체 의식에서 도출되는 의무가 인간 본성에 더 알맞다.[257] 이는 다음의 논증으로 확증될 수 있다. 현자는 모든 것이 풍족하여 인식할 가치가 있는 모든 것을 스스로 매우 여유 있게 고찰하고 관조하며 살더라도 아무도 볼 수 없을 만큼 지나치게 고독하다면 죽음을 택할 것이다. 모든 덕 중 으뜸은 희랍인들이 '소피아(sophia)'라고 부르는 지혜다. 우리가 이해하기로 지혜는 희랍인들이 '프로네시스(phronēsis)'라고 부르는 현명함과 다른데, 현명함은 '추구해야 하는 것들과 회피해야 하는 것들에 대한 지식'인 반면, 내가 으뜸가는 덕이라고 말한 지혜는 '신적인 것들과 인간적인 것들에 대한 지식'으로서 신들과 인간들의 공동체 및 인간 상호 간[258]의 사회를 포함한다. 지혜가 최고의 덕이라면(확실히 그렇다), 공동체 의식에서 도출된 의무가 최고의 의무일 수밖에 없다.[259] 게다가 자연에 대한 인식과 관조는 실제 행위가 뒤따르지 않으면 어떤 식으로든 결함이 있고 불완전할 것이다. 그런데 실제 행위는 인간의 이익을 보호할 때 가장 잘 식별된다. 그래서 그것은 인류 사회와 관련된다. 그러므로 인식보다 행위를 높이 평가해야 한다.

154 가장 좋은 사람은 누구라도 실제로 이같이 판단하고, 이런 모습을 보여 준다. 자연에 대한 통찰과 인식을 강하게 열망하여 인식할 가치가 매우 높은 것들을 연구하고 관조하는 사람이 갑자기 조국이 위험에 빠져 위기에 처했다는 소식을 전해 들

었을 때 조국을 돕고 구원할 수 있다면 자기가 별의 개수를 세고 우주의 크기를 측정할 수 있다고 생각하더라도 이 모든 연구를 그만두고 포기하지 않겠는가? 그는 부모나 친구들이 처한 상황이나 위험에 대해서도 똑같이 행동할 것이다. **155** 이로부터 지식에 대한 열의와 의무들보다 정의에 대한 의무들을 중시해야 한다는 사실이 이해된다. 정의에 대한 의무들은 인간에게 가장 귀중해야 마땅한 인간의 유익과 관련되기 때문이다.

XLIV 그렇지만 전 생애와 열의를 사물의 인식에 바친 사람들일지라도 인간의 유익과 이익을 증진하는 것을 멀리하지 않았다. 왜냐하면 그들은 자기 나라에 더 유익하고 더 좋은 시민이 되도록 많은 사람을 교육했기 때문이다. 예컨대 피타고라스 학파인 뤼시스[260]가 테베인 에파메이논다스를, 플라톤이 시라쿠사인 디온[261]을, 많은 사람이 많은 사람을 교육했다. 나 자신도 국가에 뭔가를 기여했다면 나의 스승들과 그들의 학설[262]로부터 가르침을 받고 실력을 갖추고 나서 국정을 맡아 기여했다. **156** 학자들은 생전에 배움을 열망하는 자들을 눈앞에서 교육하고 가르칠 뿐만 아니라, 사후에도 저술을 통해 같은 일을 한다. 사실 그들은 법률, 관습, 국가의 규율에 관련된 어떤 주제도 간과하지 않았다. 그래서 그들은 우리를 위한 일에 자신의 여가를 바친 것 같다. 이처럼 학문과 지혜의 배움에 헌신한 그들 자신은 인간의 유익을 위해 무엇보다도 자신의 지성과 현명함을 바쳤다. 바로 이런 이유에서 말하지 않고 최대한 날카롭게 생각하는 것보다는 현명하게 말하는 한 풍부하게 말하는 것이 좋다. 왜냐하면 생각은 자신만을 향하지만, 말은 우리와 공동체 의식으로 결속된 자들에게 영향을 미치기 때문이다.

157 벌떼가 벌집을 만들기 위해 군집하는 것이 아니라 본래 군집하기 때문에 벌집을 만들듯 인간들도 본래 군집하기 때문에 벌보다 훨씬 더 행동하고 사유할 때 솜씨를 발휘한다. 따라서 인간의 보호, 즉 인류 사회의 유지에 달려 있는 덕이 사물의 인식과 무관하다면 인식은 고립되고 보잘것없어 보일 것이다. 마찬가지로 영혼의 위대함이 공동체 의식 및 인간의 결속과 동떨어진다면 그것은 잔혹하고 야만적일 것이다. 결과적으로 인간의 결속과 공동체 의식이 인식의 추구를 능가한다.

158 어떤 이들[263]의 주장, 즉 우리가 다른 사람들의 도움을 받지 못하면 우리의 본성이 필요로 하는 것들을 획득할 수도 없고 성취할 수도 없기 때문에 생활필수품을 마련하기 위해 인간들의 공동체와 사회가 시작되었다는 주장은 사실이 아니다. 이야기로 전해지듯 마법 지팡이[264]가 모든 생필품과 편의품을 우리에게 제공했더라면 최고의 재능을 지닌 사람은 누구든 만사를 제쳐두고 인식과 지식에만 전념했을 것이다. 그러나 이는 사실이 아니다. 왜냐하면 최고의 재능을 지닌 사람은 고독을 피해 동료 연구자를 찾아 때로는 가르치고 때로는 배우고 때로는 듣고 때로

는 말하고 싶어 하기 때문이다. 그러므로 인간의 결속과 사회의 유지에 이바지하는 모든 의무가 인식과 지식에 한정된 의무보다 우선시되어야 한다.

XLV 159 아마도 다음 질문은 인간 본성에 가장 알맞은 공동체 의식이 항상 절도와 적도보다 우선시되어야 하는지다. 나는 그렇게 생각하지 않는다. 왜냐하면 현자가 조국을 지키기 위한 일인데도 행하기를 마다할 만큼 역겹거나 수치스러운 행위들이 있기 때문이다. 포세이도니오스[265]는 그런 행위들의 사례를 수많이 수집했지만, 어떤 사례들은 너무 혐오스럽고 음란해서 언급하는 것조차 추해 보인다. 따라서 현자는 국가를 위해 그런 행위들을 하지 않을 것이고, 국가도 현자가 국가를 위해 그런 행위들을 하지 않기를 바랄 것이다. 그러나 이 문제는 쉽게 해소되는데, 왜냐하면 현자가 그런 행위들을 하는 것이 국가에 이익이 되는 상황은 생길 수 없기 때문이다.

160 그래서 의무를 선택할 때 인간 사회에 토대를 둔 의무가 우위에 있다는 점은 입증되었다고 여기자. 왜냐하면 신중한 행위가 인식과 현명함을 뒤따를 것이고, 그 결과 신중한 행위가 현명한 생각보다 더 가치 있기 때문이다.

이 정도면 충분하다. 주제 자체가 명백해졌기에 의무를 탐구할 때 어떤 의무보다 어떤 의무를 더 중시해야 하는지를 아는 것은 어렵지 않다. 게다가 공동체 자체에는 의무의 등급이 있어서 어떤 의무가 어떤 의무보다 더 우월한지를 이해할 수 있다. 첫째는 불멸의 신들에 대한 의무, 둘째는 조국에 대한 의무, 셋째는 부모에 대한 의무이고, 그다음으로 그 밖의 존재들에 대한 의무가 순차적으로 있다.[266]

161 이 문제를 간략하게 논의한 결과, 사람들이 흔히 어떤 행위가 훌륭한지 추한지를 의심할 뿐만 아니라, 제시된 두 가지 훌륭한 행위 중에서 어느 행위가 더 훌륭한지를 의심한다는 것도 이해할 수 있다. 내가 앞서 언급했듯[267] 이 주제를 파나이티오스는 간과했다.

이제 남은 문제로 계속 나아가 보자.

2권

Ⅰ 1 내 아들 마르쿠스야, 나는 1권에서 훌륭함으로부터, 다시 말해 각 종류의 덕으로부터 의무들이 어떻게 도출되는지를 충분히 설명했다고 생각한다. 그다음으로 생활의 편의, 사람들이 사용하는 것들의 획득 수단, 영향력, 재산과 관련된 종류의 의무를 탐구할 것이다. 내가 앞서 말했듯[1] 이와 관련된 질문은 무엇이 유익하고, 무엇이 유익하지 않은지, 또 유익한 것들 중에서 더 유익한 것이 무엇이고, 가장 유익한 것이 무엇인지다. 나는 이에 대한 논의를 시작하기 전에 나의 목표와 견해에 대해 몇 마디 할 것이다.

2 내 책들은 여러 사람에게 읽기뿐만 아니라 쓰기에 대한 열망도 불러일으켰지만, 나는 때때로 '철학'이라는 이름이 어떤 좋

은 사람들[2]에게 혐오를 불러일으킬까 봐, 또 그들이 내가 철학에 아주 많은 노력과 시간을 들인 데 놀랄까 봐 두렵다. 그런데 국가의 위임을 받은 자들이 국가를 통치하는 동안, 나는 나의 모든 관심과 생각을 국가에 바쳤다. 그러나 일인 지배자[3]가 모든 것을 장악했고, 내가 조언하거나 영향력을 행사할 여지가 전혀 없었으며, 결국 국가를 수호할 동지들인 매우 위대한 사람들[4]을 잃었을 때, 나는 저항하지 않았더라면 나를 짓눌렀을 괴로움에도 굴복하지 않았고, 학식이 있는 사람에게 어울리지 않는 쾌락에도 굴복하지 않았다. 3 국가가 처음 세워진 상태대로 존속했더라면, 또 국가가 개혁보다 전복을 열망하는 사람들[5]의 손에 떨어지지 않았더라면 얼마나 좋았을까! 왜냐하면 먼저 국가가 존속할 때 늘 그랬듯, 나는 집필보다 연설에 더 많은 노력을 들였을 것이고, 그다음으로 지금 집필 중인 책이 아니라, 종종 그랬듯, 나의 연설문을 집필했을 것이기 때문이다. 그러나 내가 평소에 나의 모든 관심과 생각과 노력을 쏟은 공화국이 완전히 사라졌을 때, 당연히 나의 법정 연설과 원로원 연설은 중단되었다. 4 그러나 나의 영혼이 아무것도 안 하고 있을 수는 없어서, 어릴 때부터 철학 공부에 몰두했던 나는 철학으로 복귀하면 가장 훌륭한 방식으로 괴로움을 잊을 수 있으리라 생각했다. 나는 젊었을 때 철학을 배우는 데 많은 시간을 쏟았지만, 공직 생활을 시작해서 나 자신을 온전히 국가에 바친 이후에는 친구들과 국가를 위해 쓰고 나서 남은 시간만 철학을 위해 썼다. 그러나 이 시간마저 모두 글을 읽는 데 썼을 뿐, 글을 쓸 여유는 없었다.

Ⅱ 5 따라서 내 생각에 나는 최악의 상황에서도 좋은 일을 했는데, 우리 나라 사람들에게 충분히 알려져 있지 않지만 인식할 가치가 매우 높은 것들을 집필했다. 신들께 맹세코 지혜보다 무엇이 더 바랄 만할까? 무엇이 더 뛰어날까? 무엇이 인간에게 더 좋을까? 무엇이 인간에게 더 합당할까? 따라서 지혜를 추구하는 자들은 철학자라고 불리며, 네가 '철학'이라는 말을 번역하고 싶다면 그것은 '지혜에 대한 열망'이다.[6] 게다가 옛 철학자들이 정의를 내렸듯[7] 지혜란 '신적인 것들과 인간적인 것들 및 그것들을 지배하는 원인들에 대한 지식'이다. 그런데 어떤 이가 지혜에 대한 열망을 비난한다면 도대체 무엇을 칭송해야 한다고 생각하는지 나는 이해가 안 간다. **6** 우리가 근심 걱정에서 벗어남과 영혼의 즐거움을 추구한다면 행복하고 좋은 삶을 지향하고 장려하는 뭔가를 항상 탐구하는 사람들의 열망에 비견될 만한 즐거움이 있을까? 또는 우리가 한결같음과 덕을 고려한다면 이것들을 획득하게 하는 학문은 오직 철학이거나 아예 없다. 매우 사소한 것들에 대한 학문이 있는데도 매우 중요한 것들에 대한 학문이 없다는 말은, 신중하게 말하지 않고 매우 중요한 일에서 과오를 범하는 사람들의 말이다. 게다가 덕에 대한 어떤 가르침이 있을 때, 이런 종류의 배움을 멀리한다면 이런 가르침을 어디에서 찾

을 것인가? 그런데 나는 철학을 권유할 때, 다른 책[8]에서 논의했듯 이 문제를 더 상세히 논의하곤 했다. 그러나 지금 나는 국가의 직책을 박탈당하고 나서 특히 철학 공부에 매진한 이유만을 설명해야만 했다.

7 그러나 사람들, 그것도 학식이 있고 박식한 자들이 나에게 반론을 제기한다. 그들은 내가 충분히 일관되게 행동한다고 생각하는지를 묻는데, 왜냐하면 나는 아무것도 파악할 수 없다고 말하면서도 그 밖의 주제들에 대해 논의하곤 했고, 지금은 의무의 지침들을 탐구하고 있기 때문이다. 하지만 내 견해가 그들에게 충분히 이해되었더라면 좋았을 것이다. 왜냐하면 우리는 불확실 속에서 방황하고 무엇을 따라야 할지 모르는 영혼을 가진 사람들이 아니기 때문이다.[9] 논의하는 방법뿐만 아니라 사는 방법마저 없어지면 정신, 아니 삶은 어찌 될까? 다른 사람들[10]이 어떤 것들은 확실하고 어떤 것들은 불확실하다고 말하듯 그들과 의견이 다른 우리는 어떤 것들은 그럴 법하고 어떤 것들은 그럴 법하지 않다고 말한다. **8** 그러면 내가 나에게 그럴 법하게 보이는 것들을 따르지 못하게 하고, 그럴 법하게 보이지 않는 것들을 거부하지 못하게 하며, 독단적으로 주장하는 오만함을 피하더라도 지혜와 가장 거리가 먼 경솔함을 피하지 못하게 하는 것은 무엇일까? 우리 학파는 모든 견해에 맞서 논의를 펼치는데, 그 이유는 찬반 양측에 근거해서 논쟁을 벌이지 않으면 그럴 법한 것

자체가 드러날 수 없기 때문이다. 그러나 나는 이 문제를 나의 『아카데미아학파』에서 충분히 상세하게 설명했다고 생각한다. 내 아들 키케로야, 네가 너의 뛰어난 학파의 창시자들과 거의 맞먹는 스승인 크라티포스 밑에서 아주 오래되고 매우 저명한 철학에 몰두하더라도 나는 네가 너희의 학설과 가까운 우리의 학설에 무지하지 않기를 원했다.[11]

그러니 이제 목표한 주제로 계속 나아가 보자.

III 9 나는 의무를 탐구하는 다섯 가지 분류를 제시했는데,[12] 그중 두 가지는 적합함과 훌륭함에 관계되고, 다른 두 가지는 생활의 편의, 즉 재산, 영향력, 재력에 관계되며, 다섯 번째는 내가 말한 것들이 서로 충돌하는 것처럼 보일 때 무엇을 선택할지 판단하는 것과 관계된다. 훌륭함의 부분은 이미 논의했으니, 나는 네가 이 부분을 매우 잘 알기를 바란다. 이제부터 내가 다루려는 주제는 '유익함'이라 불리는 바로 그것이다. 그런데 이 말의 용법은 왜곡되어 정도에서 벗어났고, 점차 훌륭함과 유익을 분리하면서 유익하지 않은 훌륭한 것과 훌륭하지 않은 유익한 것이 있다고 선언하기에 이르렀다. 이 용법이 인간 생활에 가장 큰 해악을 초래했다. **10** 최고 권위가 있는 철학자들은 뒤섞여 있는 이 세 가지 종류[13]를 이론적으로 상당히 엄밀하고 훌륭하게 구분한다. 그들[14]은 정의로운 것은 뭐든지 간에 유익하다고 생각하고, 마찬가지로 훌륭한 것은 뭐든지 간에 정의롭다고 생각한다. 따라서 훌륭한 것은 뭐든지 간에 유익하다는 결론이 나온다. 그런데 이를 제대로 통찰하지 못한 자들은 종종 약삭빠르고 교활한 자들을 경탄하고, 악의를 지혜라고 판단한다. 그러나 그들의 오류는 제거되어야 하고, 그들의 모든 생각은 자기가 원하는 바를 기만과 악의를 통해서가 아니라 훌륭한 계획과 정의로운 행위를 통해 성취할 수 있음을 알게 되리라는 희망으로 바뀌어야 한다.

11 인간 생활의 유지와 관련된 것 중 일부는 금, 은, 땅의 산물 등 무생물이고, 일부는 자기만의 충동과 욕구를 지닌 생물이다.[15] 생물 중 일부는 이성을 결여하고, 일부는 이성을 사용한다. 이성을 결여하는 것은 말, 소, 그 밖의 가축, 벌[16]인데, 노역을 통해 인간의 사용과 생활에 필요한 뭔가를 만들어 낸다. 반면 이성을 사용하는 것은 두 종류인데, 하나는 신이고, 다른 하나는 인간이다. 경건함과 고결함이 신들의 마음을 살 것이며, 신들과 가깝고 신들에 버금가는 인간들은 다른 인간들에게 가장 유익할 수 있다. **12** 해를 끼치고 방해가 되는 것들도 이와 마찬가지로 구분된다. 그러나 신들이 해를 끼친다고 생각되지는 않기 때문에 신들을 제외하면 인간들이 다른 인간들에게 가장 해가 된다고 여겨진다.

내가 무생물이라고 말한 것들은 대부분 인간의 노동에 의해 만들어졌는데, 수작업과 기술의 적용이 없었더라면 우리는 그것들을 가지지 못했을 것이고, 인간의 관리가 없었더라면 그것들을 향유하지 못했을 것이다. 왜냐하면 인간의 노력이 없었더라면 건강 관리, 항해, 농사, 농작물과 과일의 수확과 보관은 불가능했을 것이기 때문이다. **13** 더 나아가 우리에게 남아도는 것들의 수출도 우리에게 부족한 것들의 수입도 이 일들이 인간에 의해 수행되지 않았더라면 확실히 불가능했을 것이다. 같은 이유로 인간의 수작업과 노동이 없었더라면 우리가 사용하는 데 필요한 돌을 땅에서 파낼 수도 없었을 것이고, "깊숙이 숨겨진 철, 동, 금, 은"[17]을 채굴할 수도 없었을 것이다. **IV** 인간들이 안 좋은 일에 대처하기 위해 다른 인간들에게 도움을 청하는 법을 공동생활을 통해 배우지 않았더라면 추위의 위력을 물리치고 더위의 불쾌함을 누그러뜨리는 집이 처음에 인류에게 어떻게 주어질 수 있었고, 그 후에 폭풍이나 지진이나 노후화로 인해 무너졌을 때 어떻게 복구될[18] 수 있었을까? **14** 여기에 수도, 수로, 농지의 관개 시설, 방파제, 인공 항구를 덧붙여 보아라. 인간의 노동이 없었더라면 우리가 어떻게 이것들을 가질 수 있었을까? 이것들과 다른 많은 것들로부터 분명한 것은 인간의 수작업과 노동이 없었더라면 우리가 무생물에서 획득하는 수익과 유익을 전혀 얻을 수 없었으리라는 사실이다.

마지막으로 인간들이 서로 돕지 않았더라면 짐승들로부터 어떤 수익이나 어떤 편의를 획득할 수 있었을까? 각각의 짐승을 어떻게 이용할 수 있는지를 최초로 발견한 존재는 분명 인간이었다. 인간의 노동이 없었더라면 우리는 지금도 짐승들을 먹이지도 길들이지도 보호하지도 못했을 것이고, 짐승들로부터 새끼들을 때맞추어 얻지도 못했을 것이다. 게다가 인간들은 해로운 짐승들을 죽이고 쓸모 있는 짐승들을 포획한다.

15 그것들이 없었더라면 삶이 완전히 불가능했을 많은 기술을 내가 구태여 열거해야 할까? 그토록 많은 기술이 우리를 위해 쓰이지 않았더라면 환자들은 어떻게 치료받을 수 있었고, 건강한 사람들은 어떤 즐거움을 누릴 수 있었으며, 우리는 어떤 생필품이나 편의품을 지닐 수 있었을까? 많은 기술 덕분에 인간의 문명화된 삶은 짐승의 먹이 및 생활 방식[19]과 크게 다르다. 게다가 인간들이 결집하지 않았더라면 도시들은 건설될 수도 없었고 사람들로 북적일 수도 없었을 것이다. 그 결과 법률과 관습이 확립되었고, 그다음으로 권리의 공정한 분배[20]와 확고한 생활 규범이 확립되었다. 이것들 다음으로 영혼의 온화함과 염치가 따라 나왔다. 그 결과 삶은 더 안전해졌고, 우리는 주고받음으로써, 능력과 이익[21]을 교환함으로써 아무것도 부족하지 않았다.

V 16 나는 이 주제를 필요 이상으로 길게 다루었다. 파나이티오스가 길게 언급한 사실, 즉 인간들의 협력이 없었더라면 전시의 지휘관이든 평화 시의 일인자든 어느 누구도 국가를 위한 위대한 일들을 수행하지 못했을 것이라는 사실은 누구에게나 자명하다. 파나이티오스는 테미스토클레스, 페리클레스, 퀴로스,[22]

아게실라오스,[23] 알렉산드로스를 언급하며 다른 사람들의 도움이 없었더라면 이들이 대단한 업적을 이룰 수 없었을 것이라고 말한다. 하지만 그는 의심의 여지가 없는 사안에서 불필요한 증인들을 내세운다.

한편으로 인간들의 협동과 의견 일치를 통해 우리가 큰 유익을 얻지만, 다른 한편으로 인간이 다른 인간에게 초래한 재난이 가장 혐오스럽다. 다작을 남긴 위대한 소요학파 철학자 디카이아르코스[24]는 『인류의 멸망에 대하여』라는 책에서 홍수, 역병, 황폐, 심지어 짐승 떼의 갑작스러운 출현과 같은 원인들을 수집하고, 짐승 떼의 공격으로 인간의 어떤 종족들이 소멸했음을 일러 준 다음, 다른 모든 재앙보다도 인간들의 공격, 즉 전쟁과 소요에 의해 인간들이 얼마나 더 많이 사멸했는지를 비교해 보여 준다.

17 따라서 이 주제, 다시 말해 인간들이 다른 인간들에게 가장 많은 이로움을 주기도 하고 가장 많은 해를 끼치기도 한다는 것에는 의심의 여지가 없으므로 나는 사람들의 마음을 사서 덕을 발휘하게 하는 것을 덕의 고유한 특성이라고 규정한다. 그리하여 무생물과 짐승의 이용 및 취급을 통해 인간 생활에 유익해진 것들은 노동이 수반되는 기술들 덕분인 반면, 뛰어난 사람들의 지혜와 덕은 우리의 이익을 증진하려는 인간들의 협력을 불러일으킨다. **18** 그런데 덕 전체는 대개 세 가지로 이루어져 있다.[25] 그중 첫 번째는 각각의 경우에 무엇이 참되고 진실하며, 각각의

것과 무엇이 일치하고, 무엇으로 귀결되며, 각각의 것이 무엇에서 생겨나고, 각각의 것의 원인은 무엇인지를 통찰하는 것이다. 두 번째는 희랍인들이 '파테(pathē)'라고 부르는, 영혼의 혼란스러운 움직임들을 억제하고, 그들이 '호르마이(hormai)'라고 부르는 욕구들을 이성에 복종시키는 것이다. 세 번째는 우리와 함께 군집하는 사람들을 절도 있고 지혜롭게 대하는 것이다. 이는 우리가 그들과의 협력을 통해 우리의 본성이 원하는 것들을 충족하고 쌓아 올리기 위해서, 또 어떤 손해가 우리에게 가해지면 우리가 그들을 통해 이를 막아 내고, 우리에게 해를 끼치고자 시도한 자들에게 복수하며, 공정과 인간성이 허용하는 범위 안에서 그들을 처벌하기 위해서다.

VI 19 나는 우리가 인간들의 협력을 이끌어 내고 이를 유지하는 능력을 어떤 방법으로 획득할 수 있는지 말하기 전에 몇 마디 해야겠다. 순조로운 상황이든 힘겨운 상황이든 운의 힘이 크다는 것을 모르는 사람이 있을까? 우리는 운의 순풍을 이용하면 우리가 바라던 종착지에 도달하지만, 역풍이 불면 조난을 당한다. 어쨌든 운 자체는 비교적 드물기는 하지만 재난을 초래하는데, 첫째, 무생물로부터 돌풍, 폭풍, 난파, 붕괴, 화재를, 둘째, 짐승으로부터 습격, 물어뜯김, 공격을 초래한다. 내가 말했듯 이 재난들은 비교적 드물다. **20** 그러나 군대의 패망(최근에 있었던 세 차례 군대의 패망,[26] 종종 있었던 많은 군대의 패망), 장군의 참패

(최근에 있었던 매우 위대하고 특출난 사람[27]의 참패), 그 밖에 대중의 반감과 이로 인해 종종 공로가 있는 시민들의 추방, 파멸, 도주[28]가 발생하고, 이와 반대로 성공, 즉 공직, 명령권, 승리도 발생한다. 이것들은 모두 운에 좌우되지만, 인간들의 도움과 협력이 없었더라면 좋은 결과도 나쁜 결과도 가져올 수 없었을 것이다. 이를 알았으니, 우리는 우리의 유익을 위해 인간들의 협력을 어떻게 이끌어 내고 불러일으킬 수 있는지를 말해야 한다. 지금의 논의가 너무 길면 이를 '유익'이라는 주제의 중요성과 비교해 보아라. 아마도 너무 짧아 보일 것이다.

21 사람들은 누군가의 재산을 늘리고 영예를 높이기 위해 그에게 뭔가를 베푼다. 즉, 어떤 이유에서 그를 사랑할 때는 호의 때문에, 그의 덕을 우러러보고 그가 최고의 행운을 누릴 자격이 있다고 생각하면 명예 때문에, 그를 신뢰하고 그가 자신들의 이익을 잘 돌본다고 생각하기 때문에, 그의 영향력을 무서워하기 때문에, 반대로 왕이나 민중파가 뭔가를 후히 베풀겠다고 제안할 때처럼 그에게서 뭔가 받을 것을 기대하기 때문에, 마지막으로 보상과 뇌물에 이끌리기 때문에 베푼다. 이 마지막 동기는 이에 사로잡힌 자들과 이에 의지하려는 자들 모두에게 가장 천박하고 가장 추잡하다. **22** 왜냐하면 덕으로 성취되어야 하는 것이 돈으로 시도되는 상황은 나쁘기 때문이다. 그러나 때때로 돈의 도움을 받을 필요가 있으므로 돈을 어떻게 사용해야 하는지

를 말할 것이다. 하지만 그 전에 덕에 더 가까운 것들을 말할 것이다. 〔사람들은 여러 가지 이유에서 타인의 명령권과 권력에 복종하는데, 왜냐하면 호의에, 큰 선행에, 우월한 지위에, 자신들의 복종이 자신들에게 유익하게 되리라는 기대에, 강제로 복종을 강요당하지 않을까 하는 공포에 이끌리거나, 후히 베풂에 대한 기대와 약속에 매료되거나, 마지막으로 우리가 우리 나라에서 종종 목격하듯 뇌물로 매수되기 때문이다.〕[29]

VII 23 이 모든 동기 중에서 영향력을 유지하고 보전하기 위해서는 사랑받는 것보다 더 적절한 것은 없고, 두려움을 받는 것보다 더 부적절한 것도 없다. 엔니우스는 훌륭하게 말한다. "그들은 자기들이 무서워하는 자를 증오한다. 누구나 자기가 증오하는 자가 죽기를 바란다."[30] 어떤 영향력도 다수의 증오와 맞서 싸울 수 없다는 사실이 이전에 알려지지 않았지만 최근에 알려졌다.[31] 이 참주[32](우리 나라는 무력에 억눌린 채 그의 지배를 견뎌 냈고, 그가 죽었는데도 지금도 그에게 복종한다)의 죽음이 사람들의 증오가 얼마나 큰 파멸을 초래하는지를 보여 줄 뿐만 아니라, 그와 유사한 다른 참주들의 최후도 이를 보여 주는데, 그들 대부분은 그러한 죽음을 피하지 못했다. 왜냐하면 공포는 오랜 기간[33]을 지키려는 나쁜 수호자인 반면, 호의는 영원히 믿을 만한 수호자이기 때문이다. **24** 그러나 사람들을 힘으로 정복해서 명령권을 행사하는 자들은 참으로 무자비해야 할 것이다. 예컨대 주인들은 하인들을 다른 방식으로 통제할 수 없으면 그들에게 무자비해야 할 것이다. 그러나 자유로운 나라에서 자신을 공포의 대상으로 만드는 자들보다 더 미친 사람은 있을 수 없다. 왜냐하면 법률들이 어떤 이의 영향력에 파묻히더라도, 또 자유가 겁에 질리더라도, 이것들은 언젠가 무언의 판결이나 공직 선출을 위한 비밀투표[34]를 통해 다시 나타날 것이기 때문이다. 그러나 자유는 유지될 때보다 중단되었을 때 더 세게 물어뜯는다. 따라서 가장 널리 적용되고, 안전 보장뿐만 아니라 영향력과 권력 유지에도 가장 효과적인 방책을 수용하자. 즉, 공포를 멀리하고 사랑을 간직하자. 그러면 우리는 사적인 일에서든 공적인 일에서든 우리가 원하는 것들을 매우 쉽게 성취할 것이다.

자신이 공포의 대상이 되기를 원하는 사람들은 자신을 무서워하는 자들을 무서워할 수밖에 없다. **25** 어떤가? 우리는 노(老)디오뉘시오스[35]에 대해 어떻게 생각하는가? 그는 어떤 고통스러운 두려움에 사로잡혀 괴로워하곤 했을까? 그는 면도칼이 무서워서 작열하는 숯으로 자기 머리를 지지곤 했다.[36] 우리는 페라이의 알렉산드로스[37]에 대해 어떻게 생각하는가? 그는 어떤 마음으로 살았을까? 내가 읽은 글에서 그는 아내 테베를 몹시 사랑했지만, 연회를 마치고 아내의 침실로 갈 때마다 야만인, 그것도 기록에 따르면 트라키아 문신을 한 자에게 검을 뽑고 앞장서라고 명했고, 자신의 근위병 몇 명을 미리 보내 아내의 옷상자를 샅샅이 뒤져 옷가지 사이에 무기가 감추어져 있는지를 수색하게 했다. 아내보다 문신한 야만인 노예를 더 믿을 만하다고 생각한 그자는 가련하도다! 그의 판단은 틀리지 않았다. 왜냐하면 그는 첩이 있다고 의심한 아내의 손에 살해당했기 때문이다.[38]

공포의 압박하에 오래 지속될 수 있을 만큼 강력한 권력은 존재하지 않는다. **26** 그 증인으로 팔라리스[39]가 있는데, 그의 잔인함은 타의 추종을 불허하기로 악명이 높았다. 그는 내가 좀 전에 말한 알렉산드로스처럼 음모로 인해 죽은 것도 아니고, 우리의 이 사람[40]처럼 소수의 손에 죽은 것도 아니며, 아그리겐툼 주민 전체의 공격을 받아 죽었다. 어떤가? 마케도니아인들이 데메트리오스[41]를 버리고 일제히 퓌로스에게 가지 않았는가? 어떤가? 라케다이몬인들이 불의하게 지배하자 거의 모든 동맹군은 돌연히 그들에게 등을 돌리고 레욱트라 전투의 참패를 한가로이 구경하지 않았던가?

VIII 이런 경우에 나는 기꺼이 국내의 사례들보다 외국의 사례들을 떠올린다. 그렇지만 로마 인민의 지배가 불의가 아니라 선행을 통해 유지되는 한, 전쟁은 동맹시들을 위해 또는 패권을 두고 수행되었다. 그리하여 전쟁은 자비롭게 종결되거나 필요한 조치가 취해진 다음 종결되었다. 원로원은 왕들, 인민들, 민족들의 항구이자 피난처였고, 우리 나라의 정무관들과 장군들은 오직 한 가지 일, 즉 속주들과 동맹시들을 공정과 신의로써 지키는 일을 통해 최고의 칭송을 받기를 열망했다. **27** 따라서 세계에 대한 '지배'보다 세계에 대한 '보호'가 로마 인민의 지배에 대한 더 정확한 명칭일 수 있었다. 우리는 술라 이전에 이미 이런 관행과 규율을 점점 지키지 않았고, 술라의 승리 이후에는 이를 완전히 잃어버렸다. 왜냐하면 그가 동맹시들에게 저지른 짓은, 로마 시민들에게 그토록 잔인한 짓을 저지른 후에는 더 이상 불의로 보이지 않았기 때문이다. 그러므로 술라의 경우 훌륭하지 못한 승리가 훌륭한 명분[42]을 뒤따랐다. 왜냐하면 그는 광장에 창을 세우고 나서[43] 좋은 사람들과 부자들의 재산, 그리고 적어도 로마 시민들의 재산을 팔 때, 뻔뻔하게 자신의 전리품을 판다고 말했기 때문이다.[44] 그의 뒤를 이어 명분은 불경하고 승리는 훨씬 더 수치스러운 자[45]가 나타나 각 시민의 재산을 몰수하는 데서 그치지 않고 모든 속주와 지역을 파멸적인 상태에 빠뜨렸다.[46] **28** 따라서 이민족들[47]이 괴롭힘을 받고 사라졌을 때, 우리는 통치권을 상실한 본보기로 마실리아 모형[48]이 개선식에서 옮겨지는 모습을, 다시 말해 마실리아시를 상대로 거행되는 개선식을 보았다. 마실리아가 없었더라면 우리 나라 장군들은 알프스 너머의 전쟁 후에 개선할 수 없었는데도 말이다. 태양이 이보다 더 수치스러운 뭔가를 본 적이 있었더라면 동맹시들에게 가해진 그 밖의 많은 흉악한 짓을 언급했을 것이다. 따라서 우리는 마땅히 벌을 받고 있다. 왜냐하면 우리가 많은 이들의 범죄를 벌하지 않고 방관하지 않았더라면 한 사람[49]이 극도의 방종에 빠지는 일은 결코 없었을 것이기 때문이다. 그의 가산은 소수가 상속받았지만, 그의 탐욕은 많은 사악한 자들이 상속받았다.[50]

29 타락한 자들이 피로 물든 저 창을 기억하고 바라는 한 내전의 씨앗과 원인은 결코 없어지지 않을 것이다. 저 창을 푸블리우스 술라[51]는 자기 친척이 독재관일 때 휘둘렀는데, 36년 후에도 더 많은 범죄로 더럽혀진 창을 내려놓지 않았다. 또 다른 술라[52]는 이전에 독재관이 있을 때는 서기였고, 최근에 독재관이 있을 때는 도시 재무관이었다. 이로부터 이 같은 보상들이 약속되면 내전은 결코 종식되지 않을 것임을 깨달아야 한다. 그래서 도시의 집 벽들만은 무너지지 않고 남아 있지만(지금은 그것들마저 극악한 범죄를 무서워한다), 우리는 공화국을 완전히 잃었다. 원래의 주제로 되돌아가자면 우리는 애정과 사랑의 대상이 되기보다는 공포의 대상이 되기를 원했기 때문에 이러한 재앙에 빠졌다. 이러한 재앙이 부당한 지배 때문에 로마 인민에게 발생할 수 있었다면 우리 각자는 무슨 생각을 해야 할까?

호의의 힘이 크고, 공포의 힘이 약하다는 사실은 자명하기 때문에 그다음으로 우리는 우리가 원하는 바, 즉 명예와 신의를 겸비한 애정을 어떤 방식으로 가장 쉽게 획득할 수 있는지를 논의해야 한다. **30** 그러나 우리 모두가 애정을 똑같은 정도로 필요로 하지는 않는다. 왜냐하면 다수의 사랑을 받을 필요가 있는지 아니면 소수의 사랑을 받아도 충분한지는 각자가 계획한 삶에 따라 결정되어야 하기 때문이다. 따라서 우리를 사랑하고 우리의 인격을 존중하는 친구들과 믿음직한 친분을 맺는 것이 확실히 최우선적으로 필요한 일이어야 한다. 왜냐하면 이 한 가지는 매우 위대한 사람들과 보통 사람들 사이에 큰 차이가 없고, 이 한 가지를 양측 다 거의 똑같이 획득해야 하기 때문이다. **31** 아마도 모든 사람이 명예, 영광, 시민들의 호의를 똑같은 정도로 필요로 하진 않지만, 이것들이 누군가에게 생긴다면 다른 일뿐만 아니라 우정의 획득에도 상당한 도움이 된다.

IX 그러나 우정에 대해서는 『라일리우스 우정론』이라는 책에서 논의했으니 이제는 영광에 대해 논의해 보자. 영광에 대해서도 나의 두 권짜리 책[53]이 있지만, 영광은 더 중요한 일들을 처리하는 데 아주 큰 도움이 되기 때문에 여기서도 다루어 보자. 최고의 완벽한 영광은 세 가지 조건, 즉 대중의 사랑, 대중의 신뢰, 그리고 누군가가 명예를 누릴 자격이 있다고 여기며 경탄하는 대중의 생각에 달려 있다. 단순하고 간단하게 말하자면 이 세 가지는 개인으로부터 획득되는 것과 거의 같은 방식으로 대중으로부터도 획득된다. 그러나 대중에 접근하는 또 다른 방법이 있는데, 이는 우리가 마치 모든 사람의 마음속으로 스며들 수 있는 것과 같은 방법이다.[54]

32 내가 앞서 말한 세 가지 중에서 우선 호의에 관한 지침들을

살펴보자. 호의는 일차적으로 선행[55]을 통해 획득되지만, 이차적으로는 선행을 베풀려는 의지에 의해 촉발된다. 행여나 그 의지가 실현되지 않더라도 말이다. 그러나 대중의 사랑을 강하게 불러일으키는 것은 관후함, 선행, 정의, 신의를 갖고 있다는, 더 나아가 온화한 성품, 친화력과 관련된 모든 덕을 갖고 있다는 명성과 평판이다. 우리가 훌륭하고 적합하다고 말하는 것은 그 자체로 우리의 마음에 들고, 자신의 본성과 겉모습으로 모든 이의 마음을 움직이며, 내가 언급한 덕들을 통해 매우 찬란하게 빛나는 것처럼 보이기 때문에, 본성 자체에 의해 우리는 이 덕들을 갖고 있다고 믿어지는 사람들을 사랑할 수밖에 없다.[56] 바로 이것들이 우리가 사랑하는 가장 중요한 이유다. 그 밖에도 이보다 사소한 몇 가지 이유가 있을 수 있다.

33 그다음으로 우리가 정의와 결합된 현명함을 획득했다고 여겨진다면 신뢰를 받는 것은 두 가지에 의해 성취될 수 있다. 왜냐하면 우리는 우리보다 이해력이 좋다고 생각되는 사람들을, 또 미래를 예견할 수 있고, 문제가 생겨 위기에 빠졌을 때 문제를 해결하고 상황에 맞게 결정을 내릴 수 있다고 믿어지는 사람들을 신뢰하기 때문이다. 사실 사람들은 이런 현명함을 유익하고 참된 것이라고 여긴다. 반면 정의로운 (그리고 신의가 있는)[57] 사람들, 즉 좋은 사람들은 기만적이고 불의하다는 의심을 받지 않기 때문에 신뢰를 받는다. 그래서 우리는 이들에게 우리의 안

녕, 재산, 자식들을 맡기는 것이 가장 옳다고 생각한다. **34** 따라서 이 두 가지 중 정의가 신뢰를 얻는 데 더 강력하다. 왜냐하면 정의는 현명함 없이도 충분한 영향력을 갖지만, 현명함은 정의 없이는 신뢰를 얻는 데 무력하기 때문이다. 실로 두뇌 회전이 빠르고 영리한 자일수록 정직하다는 평판을 잃게 되면 반감을 더 많이 사고 의심도 더 많이 받는다. 그러므로 지성과 결합된 정의는 신뢰를 얻는 데 원하는 만큼의 힘을 지닐 것이다. 정의는 현명함 없이도 큰 힘을 발휘하겠지만, 현명함은 정의 없이는 무력할 것이다.

X 35 그러나 하나의 덕을 가진 사람이 모든 덕을 가지고 있다고[58] 모든 철학자가 인정하고 나도 종종 논의했는데도, 내가 지금 왜 현명하지 않은 사람이 정의로울 수 있는 것처럼 덕들을 갈라놓고 있는지를 누군가는 의아하게 생각할 것이다. 그런데 논의에서 진리 자체를 검토할 때 요구되는 정교함은 대중의 의견에 맞춰 모든 말을 할 때 요구되는 정교함과 다르다. 그러므로 여기서 나는 군중이 말하듯 어떤 이들은 용감하고, 어떤 이들은 좋으며, 어떤 이들은 현명하다고 말한다. 왜냐하면 우리가 대중의 의견에 대해 말할 때는 대중이 쓰는 익숙한 단어들을 써야 하기 때문이다. 이는 파나이티오스가 한 것과 동일한 방식이다.[59]

그러나 원래의 주제로 되돌아가자.

36 그러면 영광과 관련된 세 가지 중에서 세 번째는 사람들

의 경탄을 받고 명예를 누릴 자격이 있는 자라고 여겨지는 것이다. 일반적으로 사람들은 자신의 예상을 뛰어넘으면서 위대하다고 알아차린 모든 것에 경탄하며, 특히 개인한테서 어떤 예기치 않은 장점들을 알아볼 때 경탄한다. 따라서 사람들은 어떤 이들에게서 어떤 탁월하고 특별한 덕들을 본다고 생각하면 그들을 우러러보고 최고의 칭송으로 치켜세우는 반면, 덕도 없고 기개도 없으며 활기도 없다고 생각되는 자들을 경멸하고 경시한다. 사실 사람들은 자기가 나쁘다고 여기는 사람 모두를 경시하지는 않는다. 왜냐하면 사람들은 사악하고 악담하기 좋아하며 기만적이고 불의를 저지를 태세를 갖추었다고 생각하는 자들을 절대 경시하지 않으며, 다만 그들이 나쁘다고 여기기 때문이다. 그러므로 사람들은 내가 앞서 말했듯 일하지도 않고 부지런하지도 않으며 무관심한 자들, 속담에 이르듯 "자기한테도 남한테도 쓸모없는"[60] 자들을 경시한다. **37** 반면 사람들은 덕에서 타인을 능가하고, 온갖 수치뿐만 아니라 타인이 쉽게 저항할 수 없는 결함들에서도 벗어나 있다고 생각되는 자들을 경탄한다. 왜냐하면 가장 매혹적인 주인인 쾌락은 대다수 사람들의 마음을 덕에서 멀어지게 하고, 고통의 불길이 다가오면 대부분의 사람은 지나치게 공포에 떨기 때문이다. 삶과 죽음, 부와 가난은 모든 인간을 극심하게 뒤흔든다. 하지만 좋든 나쁘든 이것들을 고상하고 위대한 영혼을 지닌 사람들이 경멸할 때 {……},[61] 눈앞에 보이는 굉장하고 훌륭한 어떤 것들이 그들을 전부 자기 쪽으로 향하게 해서 사로잡을 때, 덕의 광채와 아름다움에 경탄하지 않을 사람이 있겠느냐? **XI 38** 그러므로 영혼의 이런 경멸은 큰 경탄을 불러일으킨다. 특히 정의는 누군가를 '좋은 사람'으로 부를 수 있는 유일한 덕으로서, 대중에게 뭔가 놀랄 만한 것으로 보인다. 이는 당연한데, 왜냐하면 죽음, 고통, 추방, 빈곤을 두려워하는 자 또는 죽음 등과 반대되는 것들을 공정보다 우선시하는 자는 정의로울 수 없기 때문이다. 그리고 사람들은 특히 돈에 무관심한 자에게 경탄하고, 이런 모습을 보인 자를 불로 검증된 자라고 여긴다.

그래서 영광 획득을 위해 제시된 세 가지를 모두 정의가 확보한다. 즉, 최대 다수에게 이로움을 주고자 하기 때문에 호의를 확보하고, 동일한 이유에서 신뢰도 확보하며, 탐욕으로 불타오른 대부분의 사람을 사로잡는 것들을 정의가 멸시하고 무시하기 때문에 경탄을 확보한다.

39 적어도 내 생각에는 모든 생활 방식과 인생 계획은 사람들의 도움을 필요로 한다. 무엇보다도 친밀한 대화를 나눌 수 있는 사람들이 있도록 말이다. 그러나 이는 자기가 좋은 사람이라는 인상을 주지 않으면 힘들다. 그러므로 은둔하거나 시골에서 생활하는 사람에게도 정의롭다는 평판은 필수 불가결하며, 이런 평판을 갖지 못해 불의한 자들이라고 여겨지면[62] 자기를 방어할 수단이 없어서 많은 불의를 당할 것이기 때문에 정의롭다는 평

판은 더욱 필수 불가결하다. **40** 게다가 판매자, 구매자, 임차인, 임대인, 거래 종사자들에게도 업무 수행을 위해 정의는 필수 불가결하다. 정의의 위력은 대단해서 악행과 범죄로 먹고사는 자들조차 한 조각의 정의 없이는 살 수 없다.[63] 왜냐하면 강도단의 일원이 동료의 물건을 훔치거나 빼앗으면 강도단에서조차 자기 자리를 잃고, 소위 '해적 두목'도 약탈물을 공평하게 분배하지 않으면 동료들에게 살해되거나 버림받기 때문이다. 더 나아가 강도들조차도 복종하고 준수해야 할 법률들이 있다고 말해진다. 따라서 테오폼포스[64]의 책에 나오는 일뤼리아인 강도 바르둘리스[65]는 약탈물을 공평하게 분배한 덕분에 큰 세력을 얻었고, 루시타니족 비리아투스[66]는 훨씬 더 큰 세력을 얻었다. 그는 우리의 군대와 장군들조차도 굴복시켰다. 그러나 '현자'라고 불린 가이우스 라일리우스가 법무관일 때 그를 쳐부수어 섬멸했고, 그의 난폭함을 제지하여 후임자들이 전쟁을 수월하게 치르게 했다.

따라서 정의의 위력이 강도들의 세력조차 강화하고 확대할 만큼 대단하면, 법률과 법정에서, 또 잘 수립된 국가에서는 얼마나 대단하게 여겨질까?

XII 41 적어도 내가 볼 때, 헤로도토스가 언급하듯[67] 메디아인들뿐만 아니라 우리 조상들도 정의를 누리기 위해 일찍이 성품이 좋은 자들을 왕으로 옹립했던 것 같다. 왜냐하면 처음에 대중이 더 강한 세력을 지닌 자들로부터 억압을 받아 뛰어난 덕을 가진 어떤 이에게 도움을 호소하자 그는 약자들을 불의로부터 막아 주었고, 공정을 확립하여 상류층과 하류층이 동등하게 재판을 받게 했기 때문이다. 법률을 제정한 이유도 왕을 옹립한 이유와 같았다. **42** 항상 공정한 재판이 추구되었는데, 왜냐하면 공정하지 않으면 재판이 아니기 때문이다. 정의롭고 좋은 한 사람이 공정한 재판을 보장했을 때 사람들은 이에 만족했지만, 이렇게 되지 않았을 때 모든 사람에게 항상 하나의 동일한 목소리로 말하는 법률들이 제정되었다.[68] 따라서 대중 사이에서 정의에 대한 좋은 평판을 지닌 사람들이 지배자로 선출되곤 했다는 사실은 명백하다. 이에 더해 그들도 현명하다고 여겨진다면 사람들은 그들의 주도하에 뭐든지 성취할 수 있다고 생각했다. 따라서 정의를 온갖 방식으로 실천하고 유지해야 하는데, 정의 그 자체를 위해서뿐만 아니라(그렇지 않으면 정의가 아니기 때문이다), 영광과 명예도 높이기 위해서다.

하지만 끊임없이 드는 비용, 다시 말해 필요 불가결한 비용과 자유인다운 삶을 위한 비용을 마련하는 데 필요한 돈을 버는 방법뿐만 아니라 투자하는 방법도 있듯이, 영광을 얻고 투자하는 방법도 있어야 한다. **43** 그러나 소크라테스가 훌륭하게 말했듯[69] 영광에 이르는 가장 가까운 길, 말하자면 지름길은 자기가 남에게 보이고 싶은 사람으로 실제로 되고자 노력하는 것이다. 그러나 가장(假裝), 공허한 과시, 거짓된 말과 표정으로 확고한 영광을 얻을 수 있다고 생각하는 자들이 있다면 그들은 크게 잘못 생각하는 것이다. 참된 영광은 뿌리를 내리고 가지를 뻗지만, 모든 거짓된 것은 마치 꽃처럼 빨리 시들고, 가장된 것은 오래 지속될 수 없다. 이것들 각각에 대한 증인은 아주 많지만, 간결한 논의를 위해 우리는 하나의 가문으로 만족할 것이다. 푸블리우스의 아들인 티베리우스 그라쿠스[70]는 로마의 역사가 기억되는 한 칭송받겠지만, 그의 아들들[71]은 살아서는 좋은 사람들에게 인정받지 못했고, 죽어서는 죽어 마땅한 자들로 분류되었다. 따라서 참된 영광을 얻고 싶은 사람은 정의의 의무들을 수행해야 한다. 이 의무들이 무엇인지는 1권에서 논의되었다.[72]

XIII 44 우리가 실제로 어떤 사람인지를 남에게 가장 쉽게 보이기 위해서는 우리가 남에게 보이고 싶은 사람으로 실제로 되는 것이 가장 효과적이다. 그럼에도 우리에게 몇 가지 지침이 있어야 한다. 어떤 이에게 어릴 때부터 명성을 떨치고 유명해질 이유가 있다면 그 이유를 부친한테서 물려받았든(내 아들 키케로야, 내 생각에 너한테 이런 일이 일어났다) 어떤 우연과 행운이 가져다주었든 간에 모든 사람이 그를 눈여겨보며, 그가 무엇을 행하고 어떻게 사는지를 유심히 관찰한다. 그는 너무나 밝은 빛 속에 노출된 것과 같아서 그의 어떤 말도 어떤 행위도 숨겨질 수 없다. **45** 반면 신분이 하찮고 미천한 탓에 사람들의 무관심 속에서 유년기를 보낸 자들은 청년이 되자마자 위대한 목표를 세운

다음 확고한 열의를 갖고 이를 성취하는 데 힘써야 한다. 그들은 더 굳센 마음을 갖고 이런 일을 할 것인데, 왜냐하면 그 나이에 시기를 받지 않고 오히려 호의를 받기 때문이다. 따라서 영광을 얻으려는 젊은이에게 첫 번째로 추천할 것은 가능하면 군사적인 일에서 영광을 얻는 것이다. 우리 조상들 가운데 많은 사람이 군사적인 일에서 돋보였는데, 왜냐하면 전쟁이 거의 끊이지 않고 수행되었기 때문이다. 그런데 네가 청년기에 직면한 전쟁에서 한쪽은 너무 많은 범죄를 저질렀고 다른 한쪽은 너무 불운했다.[73] 그럼에도 폼페이우스가 그 전쟁에서 너에게 〔다른〕[74] 기병대 지휘를 맡겼을 때,[75] 너는 말타기와 창던지기로써, 또 군 생활의 온갖 고난을 견딤으로써 매우 위대한 사내와 군대로부터 큰 칭송을 받았다. 그러나 너에 대한 칭송은 공화국과 함께 없어졌다. 그렇지만 지금 내 논의의 주제는 네가 아니라 영광이라는 일반적인 주제다. 그러니 남은 문제들로 계속 가 보자.

46 다른 경우에도 영혼 활동이 신체 활동보다 훨씬 더 중요한 것처럼, 우리가 재능과 이성으로 달성하려는 것들이 힘으로 달성하려는 것들보다 우리에게 더 많은 호감을 준다. 따라서 가장 먼저 추천하는 것은 적도이고, 그다음으로 추천하는 것은 부모님에 대한 효심과 자기 가족 및 친구들에 대한 호의다. 그러나 유명하고 지혜로우며 국사를 잘 돌보는 사람들을 찾아가면 젊은이들은 매우 쉽게, 매우 호의적으로 인정받는다. 젊은이들은 그

들과 자주 어울리면 자신들이 본받으려 택한 사람들과 닮게 되리라는 기대를 대중에게 불러일으킨다. **47** 푸블리우스 루틸리우스[76]는 젊을 때 푸블리우스 무키우스의 집에 자주 방문해서 청렴한 법 전문가라는 평판을 얻었다. 그러나 루키우스 크라수스는 매우 젊을 때 다른 사람의 도움 없이 혼자서 저명하고 영광스러운 고발 연설을 해서 최고의 칭송을 받았다.[77] 남들은 연설 훈련으로 칭찬받는 나이에 루키우스 크라수스는 우리가 데모스테네스에 대해 들은 것처럼[78] 집에서 칭찬을 받으며 연습할 수 있었던 연설을 이미 법정에서 매우 잘 해냈다.

XIV 48 말은 두 가지로 분류되는데, 하나는 대화이고, 다른 하나는 논쟁이다. 확실히 영광의 획득을 위해서는 논쟁이 더 강한 힘을 갖는 반면(왜냐하면 우리는 논쟁을 웅변이라고 부르기 때문이다), 상냥하고 붙임성 있는 대화가 사람들의 마음을 얼마나 많이 사는지는 말하기 어렵다. 필리포스가 알렉산드로스에게 보낸 편지, 안티파트로스[79]가 카산드로스[80]에게 보낸 편지, 안티고노스[81]가 아들 필리포스[82]에게 보낸 편지가 남아 있는데, 우리가 들은 것처럼 편지를 쓴 세 사람 모두 매우 현명했다. 그들은 그 편지들에서 친절한 말로 대중의 마음을 사로잡아 호의를 얻고, 병사들과 부드럽게 대화해서 그들을 달래라는 지침을 주었다. 그러나 대중 앞에서 논쟁을 통해 행해진 말은 종종 청중 전체의 칭송[83]을 불러일으킨다. 왜냐하면 풍부하고 지혜롭게 말하는 사람

은 크게 경탄받고, 청중은 그가 다른 사람들보다 더 잘 이해하고
더 지혜롭다고 여기기 때문이다. 말에 무게와 적도가 섞여 있으
면 이보다 더 경탄받을 만한 것은 없으며, 젊은이가 무게와 적도
를 지니면 더욱더 경탄받는다.

49 여러 종류의 이유에서 웅변은 필요하다. 우리 나라의 많은
젊은이는 심판인들 앞에서, 인민 앞에서, 원로원 앞에서 연사로
서 칭송받았는데, 그중 가장 경탄받는 곳은 법정이다. 법정 연설
은 두 가지, 즉 고발 연설과 변호 연설로 분류된다. 그중 변호 연
설이 더 칭송받지만, 고발 연설도 꽤 자주 인정받았다. 나는 좀
전에 크라수스에 대해 말했다. 젊을 때 마르쿠스 안토니우스[84]도
그와 똑같이 행했다. 푸블리우스 술피키우스[85]의 고발 연설도 그
의 웅변을 유명하게 했는데, 그가 소요를 일으킨 무익한 시민 가
이우스 노르바누스[86]를 법정에 소환했을 때 그랬다. **50** 그러나
고발 연설을 자주 해서는 안 된다. 내가 앞서 언급한 자들처럼 국
가를 위해, 두 루쿨루스 형제[87]처럼 복수를 위해, 내가 시칠리아
인들의 변호를 위해 했듯,[88] 또 율리우스가 사르디니아인들의 변
호를 위해〔마르쿠스 알부키우스의 변호를 위해〕[89] 했듯, 속주민
의 보호를 위해 고발 연설을 해야 한다. 마니우스 아퀼리우스[90]를
상대로 고발 연설을 했을 때 루키우스 푸피우스[91]의 활동도 널리
알려졌다. 따라서 고발 연설은 한 번만 하거나, 적어도 자주 해
서는 안 된다. 그러나 어떤 이가 고발 연설을 더 자주 해야 한다

면 국가를 위한 봉사로서 해야 한다. 국적(國賊)들에 복수한다고 해서 비난받는 경우는 흔치 않기 때문이다. 그렇지만 한도는 있어야 한다. 왜냐하면 많은 사람에게 시민권 박탈에 관한 소송을 제기하는 것은 모진 사람, 오히려 인간같지 않은 사람의 짓으로 보이기 때문이다. 자기를 '고발자'로 불리게 하는 것은 본인에게 위험할 뿐만 아니라 본인의 명성도 더럽힌다. 이런 일이 최고의 가문 출신이고, 특히 시민법에 정통한 아버지[92]를 둔 마르쿠스 브루투스[93]에게 일어났다. **51** 게다가 무고한 사람을 시민권 박탈에 관한 법정으로 소환하면 안 된다는 의무의 지침을 주의 깊게 지켜야 한다. 왜냐하면 이런 소환은 범죄와 직결되기 때문이다. 인간의 안녕과 보존을 위해 자연이 준 웅변을 좋은 사람들을 파멸시키고 멸망시키는 데 쓰는 것만큼 비인간적인 것이 있을까? 이는 피해야 하지만, 죄지은 자가 흉악하고 불경하지 않은 한, 때때로 그를 변호하는 데 양심의 가책을 느낄 필요는 없다. 이를 대중이 원하고, 관습이 허용하며, 인간성도 요청한다. 소송에서 진실을 추구하는 것이 항상 심판인의 임무이고, 진실이 아니더라도 진실에 가까운 것을 변호하는 것이 때로는 변호인의 임무다. 스토아 철학자들 가운데 가장 엄격한 파나이티오스가 이를 주장하지 않았더라면 특히 철학책을 쓰고 있던 나는 감히 이런 내용을 쓰지 못했을 것이다. 특히 변호 연설이 영광과 감사를 가져다주며, 어떤 강자의 권력에 의해 괴롭힘당하고 압박받는다고 여겨지는 사람을 도와주는 경우는 더 그렇다. 이런 일을 나는 다른 많은 경우에도 종종 했고, 젊었을 때는 독재자 루키우스 술라의 권력에 맞서 아메리아의 섹스투스 로스키우스[94]를 변호했다. 너도 알다시피 이 연설문[95]은 출간되었다.

XV 52 젊은이들의 영광 획득에 효과적인 의무들을 설명했으니, 그다음으로 선행과 관후함에 대해 말해야겠다.[96] 이것은 두 가지로 분류되는데, 궁핍한 자들에게 선심을 베푸는 수단은 봉사 아니면 돈이다. 돈을 베푸는 것이 (특히 부자에게) 더 쉽지만, 봉사하는 것이 더 고귀하고 빛나며, 용감하고 저명한 사내에게 더 어울린다. 왜냐하면 두 경우 모두 은혜를 베풀고자 하는 자유인다운 의지는 있지만, 돈은 금고에서, 봉사는 덕에서 나오기 때문이다. 그리고 가산에서 나오는 후히 베풂은 선심의 원천 자체를 고갈시킨다. 이처럼 선심에 의해 선심이 없어지는데, 왜냐하면 더 많은 사람에게 선심을 베풀수록 선심을 베풀 수 있는 대상이 더 적어질 것이기 때문이다. **53** 그러나 봉사, 즉 덕과 근면을 통해 선행을 베푸는 관후한 자들은 우선 더 많은 사람에게 이로움을 줄수록 선심을 베푸는 데 조력자가 더 많아질 것이고, 그다음으로 선행을 행하는 습관을 들임으로써 많은 사람에게 은혜를 베풀 준비를 마치 훈련인 것처럼 더 많이 할 것이다. 필리포스는 어떤 편지에서 아들 알렉산드로스가 후히 베풀어 마케도니아인들의 호의를 얻으려 했기 때문에 그를 잘 꾸짖었다. 필리포스가 말하기를 "가엾도다. 너는 어떤 생각에 이끌려 돈으로 매수된 자들이 너에게 충성하기를 기대했느냐? 마케도니아인들이 네가 자기들의 왕이 아니라 시종과 조달자(調達者)가 되기를 기대하게 만들려고 애쓰는 거냐?" 그는 아들을 "시종과 조달자"라고 잘 말했는데, 왜냐하면 이는 왕의 수치이기 때문이다. 그는 '후히 베풂'을 '매수'라고 부른 점에서 더 잘 말했다. 왜냐하면 후히 베풂을 받은 자는 더 나빠지고, 후히 베품을 늘 기대하는 일이 더 잦아지기 때문이다. 이것은 필리포스가 아들에게 준 지침이지만, 모두를 위한 지침이라고 생각하자. **54** 그러므로 의심의 여지 없이 봉사와 근면으로 이루어진 선심이 더 훌륭하고 더 널리 적용되며 더 많은 사람에게 이로움을 줄 수 있다.

그렇지만 때로는 후히 베풀어야 하고, 이런 종류의 선심을 완전히 거부해서는 안 된다. 나누어 주기에 알맞은 궁핍한 사람들에게 가산 중 일부를 종종 나누어 주되, 주의해서 절도 있게 나누어 주어야 한다. 왜냐하면 많은 사람[97]이 무분별하게 후히 베풀어 상속재산을 탕진했기 때문이다. 그런데 기꺼이 하던 일을 더 이상 할 수 없게 행동하는 것보다 더 어리석은 짓이 있을까? 게다가 후히 베풂에는 강탈이 뒤따른다. 왜냐하면 남에게 줘서 곤궁해지기 시작하면 남의 재산에 손댈 수밖에 없기 때문이다. 그래서 사람들은 호의를 얻기 위해 선행을 베푸는 자가 되려 하지만, 자기가 베푼 자들의 지지보다는 자기가 빼앗은 자들의 증오를 더 많이 받는다. **55** 그러므로 선심이 드러날 수 없을 만큼 가산을 감춰서도 안 되고, 모두에게 열려 있을 만큼 가산을 개방해서도 안 된다. 한도는 있어야 하되, 재력에 맞게 있어야 한다. 간단히 말해서 우리는 우리 나라 사람들이 매우 자주 사용해서 속담이 된 "후히 베풂은 밑 빠진 독에 물 붓기"라는 관용어를 기억해야 한다. 받는 데 익숙한 자들이 갈망하는 것을 받는 데 익숙하지 않은 자들도 갈망한다면 어떤 한도가 있을 수 있겠느냐?

XVI 일반적으로 후히 베푸는 자의 부류는 두 가지인데, 하나는 낭비하는 자이고, 다른 하나는 관후한 자다. 낭비하는 자는 연회, 고기 분배,[98] 검투사 시합, 호화로운 경기와 사냥 등 짧게만 기억에 남거나 전혀 기억에 남지 않을 것들에 돈을 낭비하는 반면, 관후한 자는 자기의 재력으로 강도한테 붙잡힌 자들의 몸값을 치르거나, 친구들의 빚을 떠안거나, 친구들의 딸들을 시집보낼 때 도와주거나, 친구들이 재산을 획득하고 증식하는 데 도움을 준다. **56** 따라서 나는 『부에 대하여』[99]라는 책에서 테오프라스토스의 생각이 무엇이었는지가 의아하다. 그 책은 많은 점에서 뛰어나지만 부조리한 점도 있는데, 그가 성대한 대중 공연 개최를 끊임없이 칭송하고, 그러한 지출 능력을 부의 결실이라고 생각한다는 점이 그렇다. 하지만 내가 몇몇 사례를 제시한 관후함의 결실이 내게는 훨씬 더 크고 확실해 보인다. 대중을 달래기 위한 돈 낭비에 놀라지도 않는 우리를 아리스토텔레스는 얼마나 심히 준엄하고 참되게 꾸짖던가! 그가 말하기를[100] "적에게 포위당한 자들이 1섹스타리우스[101]의 물을 1므나[102]에 사게 강제하면 처음에는 믿기 어려워 보여 우리 모두가 놀라지만, 심사숙고를 하고 나서는 긴급하다는 이유로 이를 용인한다. 그러나 우리는 엄청난 낭비와 무한한 지출에 별로 놀라지 않는다. 이는 긴급함의 해소에도 도움이 안 되고 품위를 높이지도 않으며, 대중의 즐거움은 일시적으로 짧게 추구되고, 매우 변덕스러운 사람, 쾌락에 물리면 바로 쾌락을 잊고 마는 사람만이 이런 즐거움을 추구하는데도 말이다." **57** 그의 결론도 훌륭하다. "이런 것들은 소년, 아녀자, 노예, 노예나 다름없는 자유인에게 즐거움을 주는 반면, 일어난 일을 확실한 판단으로 평가하는 신중한 사람한테서는 전혀 인정받을 수 없다."

하지만 내가 알기로 우리 나라에서는 좋았던 시절조차 조영관[103]인 귀족들한테 화려한 공연을 기대하는 것이 관례가 되었다. 따라서 별명도 '부자'이고 실제로도 부자인 푸블리우스 크라수스[104]가 조영관 직무를 매우 거창하게 수행했고, 얼마 후에 루키우스 크라수스가 모든 사람 가운데 가장 절도 있는 퀸투스 무키우스와 함께 매우 성대하게 조영관직을 수행했으며, 그다음으로 아피우스의 아들 가이우스 클라우디우스,[105] 그 후에 루쿨루스 형제,[106] 호르텐시우스,[107] 실라누스[108] 등 많은 사람이 그렇게 했다. 그러나 내가 집정관이었을 때 푸블리우스 렌툴루스[109]가 모든 전직 조영관을 능가했고, 그를 스카우루스[110]가 모방했다. 공연은 내 친구 폼페이우스가 두 번째 집정관이었을 때[111] 가장 성대했다. 이 모든 것에 대해 내가 어떻게 생각하는지를 너는 알고 있다. **XVII 58** 그렇지만 인색하다는 의심은 받지 않아야 한다. 매우 부유한 사람인 마메르쿠스[112]는 조영관직을 건너뛰었기에 집정관 선거에서 낙선했다. 그래서 인민이 뭔가를 베풀라고 요구하면 좋은 사람들은 이를 바라지 않아도 인정하는 경우 이를 해야 하는데, 나 자신이 한 것처럼[113] 재력에 맞게 해야 한다. 그리고 인민에게 후히 베풀어 더 중요하고 더 유익한 뭔가를 얻는 경우도 마찬가지다. 예컨대 오레스테스[114]는 최근에 재산의 10분의 1을 바친다는 명목으로 길에서 식사를 제공해서 큰 명예를 얻었다. 마르쿠스 세이우스[115]도 곡물가가 비쌀 때 인민에게 1모디우스[116] 당 1아스[117]에 곡물을 제공했기 때문에 비난받지 않았다. 실제로 그는 조영관 시절에 추하지도 않고 막대하지도 않게 지출을 해서 오랫동안 지속된 큰 증오에서 벗어났다. 그러나 최고의 명예는 최근에 내 친구 밀로[118]가 얻었다. 그는 국가(그 존립은 나의 안전에 달려 있었다)를 위해 검투사들을 고용해서 푸블리우스 클로디우스[119]의 온갖 시도와 광기를 저지했다.

59 따라서 필요하거나 유익한 경우 후히 베풀 이유가 있다. 그런데 후히 베풀 때는 중용이 최고의 척도다. 퀸투스의 아들 루키우스 필리푸스는 위대한 재능을 지녔고 특별하게 유명한 사람이

었는데, 공연을 개최하지 않았는데도 최고의 지위에 다 올랐다고 자랑하곤 했다. 코타[120]와 쿠리오[121]도 같은 말을 했다. 나도 어느 정도는 같은 자랑을 할 수 있다. 왜냐하면 내가 공직자 적격 최저 연령일 때 만장일치로 선출되었던(이런 일은 내가 좀 전에 언급한 사람 중 어느 누구에게도 생기지 않았다)[122] 공직들의 높은 지위에 비해 조영관 시절의 지출은 매우 적었기 때문이다.

60 성벽, 부두, 항구, 수도, 그 밖에 국가에 유익한 모든 것을 위한 지출이 더 바람직하다. 눈앞에 있는 것, 말하자면 손에 쥐고 있는 것이 더 많은 즐거움을 주지만, 후손들은 저것들에 더 많이 감사한다. 나는 폼페이우스를 생각해서[123] 극장, 주랑, 새로 지은 신전에 대한 비난을 삼가지만 학식이 깊은 자들은 이것들을 인정하지 않는데, 이들 가운데는 내가 이 책에서 번역까지 하지는 않지만 그래도 많이 따르고 있는 파나이티오스도 있고, 저 유명한 프로필라이아[124]에 엄청난 돈을 쏟아부었다는 이유로 희랍의 지도자 페리클레스를 비난한 팔레론의 데메트리오스도 있다. 하지만 이 주제 전체에 대해서는 내가 저술한 『국가론』에서 상세히 논의했다.

따라서 이러한 후히 베풂은 모두 그 자체로 결함이 있지만 때에 따라 필요하며, 필요할 때에도 재력에 맞게 중용을 지켜야 한다.

XVIII 61 관후함에서 비롯되는, 두 번째 종류의 후히 베풂의 경우 우리는 상황이 다르면 다르게 반응해야 한다. 불운에 시달리는 사람의 상황은 역경에 처하지 않고 더 좋은 것을 추구하는 사람의 상황과 다르다. **62** 아마도 불운에 시달리는 것이 마땅한 사람들을 제외하면 불운에 시달리는 사람들에게 더 많은 선심을 베풀어야 할 것이다. 그렇지만 우리는 파멸을 피하기 위해서가 아니라 더 높은 단계로 오르기 위해 도움받으려는 사람들에게 결코 인색해서는 안 된다. 오히려 도움받기에 알맞은 사람을 선택할 때 주의를 기울여 판단해야 한다. 엔니우스가 훌륭하게 말하기를 "내 생각에 좋은 행위라도 시기가 나쁘면 나쁜 행위다."[125]

63 감사할 줄 아는 좋은 사람에게 베풀면 그 사람뿐만 아니라 다른 사람들로부터도 결실을 거둔다. 사실 무분별하지 않은 한 관후함은 매우 감사한 것이고, 대부분의 사람은 관후함을 더 열렬하게 칭송하는데, 왜냐하면 매우 위대한 사람의 친절은 모두의 공동 피난처이기 때문이다. 따라서 우리는 최대한 많은 사람에게 선행을 베풀도록 노력하고, 선행에 대한 기억을 자식들과 후손들에게 전하여 그들도 고마움을 잊지 않게 해야 한다. 왜냐하면 모든 사람은 선행을 망각한 사람을 증오하고, 그러한 불의가 관후함을 제지하기 때문에 자기도 불의를 당한다고 생각하며, 불의를 행하는 사람을 빈자들의 공동의 적으로 간주하기 때문이다.

몸값을 치르고 포로들을 예속에서 벗어나게 하거나 빈자들을 부유하게 만드는 것과 같은 선심은 국가에도 유익하다. 우리 신분[126]이 이런 선심을 베풀곤 했다는 사실이 크라수스의 연설문[127]에 풍부하게 기술되어 있음을 우리는 알고 있다. 나는 이러한 선심을 베푸는 관행을, 공연을 후히 베푸는 것보다 훨씬 더 선호한다. 전자는 신중하고 위대한 사람들에게 어울리는 반면, 후자는 이를테면 인민의 아첨꾼들, 즉 쾌락으로 대중의 경박함을 간지럽히는 사람들에게 어울린다.

64 줄 때는 아낌없이 주고, 갚으라고 요구할 때는 가혹하지 않으며, 온갖 거래, 매매, 임대차, 이웃과의 토지 경계 문제에서 공정하고 까탈스럽게 굴지 않으며, 많은 사람에게 자기의 권리를 크게 양보하고, 가능한 만큼 소송을 삼가거나, 어쩌면 그 이상으로 소송을 삼가는 것이 알맞은 행동일 것이다. 왜냐하면 자기의 권리를 약간 포기하는 것은 때때로 관후할 뿐만 아니라 이따금 이익도 가져다주기 때문이다. 그러나 가산을 고려하되(가산이 사라지도록 방치하는 것은 수치이다), 인색하고 탐욕스럽다는 의혹은 받지 말아야 한다. 확실히 돈의 가장 큰 성과는 상속재산을 잃지 않고 관후함을 베풀 수 있는 것이다.

테오프라스토스도 환대를 제대로 칭송했다. 적어도 내 생각에 고명(高名)한 사람들의 집은 고명한 손님들에게 열려 있는 것이 매우 적합하다. 우리 도시에서 외국인들이 이런 관후함의 수혜를 받는 것도 국가에 영예를 가져다준다. 게다가 명예롭게 큰 권력을 행사하고 싶은 사람들에게는 손님들로 외래 민족들 사이에서 인기를 얻고 영향력을 행사하는 것도 굉장히 유익하다. 테오프라스토스가 쓰기를 키몬[128]은 아테네에서 같은 구민(區民)인 라키아다이 사람들[129]도 환대했다. 그는 자신의 별장에 묵는 라키아다이 사람에게 뭐든지 제공하는 것을 새로운 관행으로 정하고 나서 집사들에게 그렇게 하라고 명했다.

XIX 65 후히 베풂이 아니라 봉사[130]에서 비롯되는 선행이 때로는 국가 전체에, 때로는 각 시민에게 베풀어진다. 누군가의 권리를 지키는 것, 조언을 통해 돕는 것, 이런 지식으로 최대한 많은 사람에게 도움을 주는 것은 영향력과 인기를 늘리는 것과 밀접한 관련이 있다. 따라서 조상들의 많은 뛰어난 업적 중 하나는 매우 훌륭하게 제정된 시민법에 대한 인식과 해석을 항상 최고의 명예로 여긴 점이었다. 현재의 혼란스러운 시대 이전에는 국가 지도자들이 이를 독점했지만, 지금은 이런 지식의 광채가 공직과 위엄 있는 모든 지위와 마찬가지로 사라져 버렸다. 이런 일은 더 개탄스러운데, 왜냐하면 이런 일이 공직의 측면에서 모든 전임자와 동등하지만, 지식의 측면에서 그들을 쉽게 능가한 사람[131]이 살았던 시기에 일어났기 때문이다. 따라서 이런 봉사는 많은 사람의 감사를 받으며, 선행을 통해 사람들이 우리에게 신세를 지게 하는 데 적절하다.

66 이 기술과 밀접한 관련이 있는 것은 더 무게 있고 더 많은 인기를 끌며 더 영예로운 웅변술이다. 청중의 경탄을 받거나 궁

핍한 자들에게 희망을 주거나 변호를 받는 이들의 감사를 받을 때 무엇이 웅변보다 더 뛰어나겠는가? 그러므로 우리 조상들은 평화 시에 최고 지위를 〔또한〕[132] 웅변에 부여했다. 따라서 어떤 사람이 말을 잘하고 수고를 마다하지 않으며 조상 전래의 관행에 따라 기꺼이 무보수로[133] 많은 사람을 변호한다면 선행과 보호를 행할 기회가 그에게 널리 열려 있다. **67** 지금의 논의 주제는 이 대목에서도 웅변의 소멸은 아니더라도 웅변의 중단을 한탄하라고 내게 충고했다. 내가 나를 위해 뭔가 불평하는 것처럼 보이는 데 개의치 않는다면 말이다.[134] 그렇지만 우리는 어떠한 연설가들이 사라졌는지, 기대할 만한 연설가가 얼마나 적은지, 능력 있는 연설가가 얼마나 더 적은지, 뻔뻔한 연설가가 얼마나 많은지를 알고 있다.

모두, 아니 다수는 법에 정통하지도 않고 말을 잘하지도 않지만 지지를 부탁해서, 심판인들과 정무관들에게 추천해서, 남의 재산을 지켜 주어서, 조언하거나 변호하는 사람들에게 부탁해서 봉사를 통해 다수에게 이로움을 줄 수 있다. 이를 행하는 사람들은 최고의 감사를 받으며, 그들의 활동은 매우 널리 전파된다. **68** 물론 남을 돕고 싶을 때 남의 기분을 상하게 하지 않게 주의하라는 충고는 자명하기에 말할 필요도 없다. 사실 사람들은 종종 감정을 상하게 하면 안 되는 자들의 감정을 상하게 하거나, 감정을 상하게 하면 손해를 끼치는 자들의 감정을 상하게 한다.

모르고 하면 부주의이고, 알고 하면 무분별이다. 본의 아니게 누군가의 감정을 상하게 하면 그에게 어째서 그런 행위가 불가피했는지, 어째서 달리 행할 수 없었는지를 가능한 한 변명해야 한다. 그리고 침해된 것으로 보이는 것은 다른 봉사와 의무를 통해 보상해야 한다.

XX 69 사람들을 도울 때 흔히 성품이나 처지를 고려하는데, 선행을 베풀 때 그 기준은 사람들의 처지가 아니라 성품이라고 말하기 쉽고, 흔히들 그렇다고 말한다. 이 말은 훌륭하다. 하지만 봉사할 때 좋은 처지에 있는 권력자의 감사보다 궁핍하지만 매우 좋은 사람의 형편을 먼저 생각하는 자는 도대체 누구인가? 왜냐하면 대개 더 빨리 더 쉽게 보답할 것 같은 사람에게 우리의 마음이 더 쏠리기 때문이다. 하지만 사태의 본질이 무엇인지 각별히 주목해야 한다. 확실히 궁핍한 사람이 좋은 사람이라면 보답할 수 없을지라도 적어도 감사하는 마음을 가질 수 있다. 누군가가 잘 말했다. "어떤 이가 돈이 있으면 아직 돈을 갚지 않은 것이고, 돈을 갚았으면 돈이 없겠지만, 감사에 보답했으면 여전히 감사하는 마음이 남아 있고, 감사하는 마음이 있으면 감사에 보답한 셈이다." 하지만 자기가 부유하고 명예로우며 행복하다고 생각하는 자들은 자기에게 선행이 베풀어지는 것을 원하지 않고, 오히려 아무리 큰 선행을 받았더라도 자기가 선행을 베풀었다고 여기며, 자기에게 어떤 선행을 요구하거나 기대하는 것은 아닌지 의심하고, 자기가 보호를 받았거나 피호민이라고 불리는 것은 죽음과 다를 바가 없다고 생각한다. **70** 반면 빈자는 뭐든지 베풀어지면 자기의 처지가 아니라 자기 자신이 주목받았다고 생각한다. 그래서 그는 자기에게 베푼 사람뿐만 아니라 자기에게 뭔가를 베풀 것으로 기대되는 사람들(사실 그는 많은 사람의 도움이 필요하다)에게도 감사할 줄 아는 자로 보이고자 힘쓰며, 어쩌다가 보답하면 자기의 보답을 과장하지 않고 오히려 겸손하게 말한다. 그리고 또 주목해야 하는바, 만약 네가 부유하고 좋은 처지에 있는 사람을 변호한다면 당사자만 너에게 감사하거나 어쩌다가 그의 자식들이 감사하나, 네가 궁핍하지만 정직하고 절도 있는 사람을 변호한다면 신분은 하찮지만 정직한 사람(인민 대부분이 그러하다) 모두가 너를 자기들을 위해 준비된 보호자로 여긴다.

71 그러므로 나는 좋은 처지에 있는 사람들보다 좋은 사람들에게 선행을 베푸는 것이 더 낫다고 생각한다. 물론 우리는 온갖 종류의 사람을 만족시킬 수 있도록 노력해야 하지만, 충돌이 발생하면 확실히 테미스토클레스를 권위자로 불러와야 한다.[135] 누군가가 딸을 가난하지만 좋은 사람에게 시집보내야 하는지 아니면 부유하지만 덜 훌륭한 사람에게 시집보내야 하는지 조언을 구하자 그는 "나는 사람이 부족한 돈보다는 돈이 부족한 사람을 택하겠소"라고 말했다. 그러나 세태는 부에 경탄해 타락하고 망

가졌다. 다른 사람의 막대한 부가 우리 각자와 무슨 관련이 있을까? 어쩌면 그것은 소유자에게 도움이 될지도 모른다. 항상 도움이 되는 것은 아니지만 도움이 된다고 해 보자. 참으로 그는 쓸 돈을 더 많이 가지겠지만, 어떻게 더 훌륭해지겠는가? 그가 또 좋은 사람이라면 그의 부는 그에게 도움이 되지 않아도 그가 도움을 받는 데 방해가 되어서는 안 된다. 모든 판단은 각자가 얼마나 부유한지가 아니라 어떤 성품을 갖는지에 입각해서 내려져야 한다.

선행과 봉사를 할 때 마지막 지침은 공정을 거스르고자 애쓰지 말고 불의를 위해서도 애쓰지 말라는 것이다. 왜냐하면 영원한 찬양과 명성의 기초는 정의인데, 정의가 없으면 어떤 것도 칭송받을 수 없기 때문이다.

XXI 72 개인에 관한 선행의 종류에 대해 말했기 때문에 그다음으로 모든 사람과 국가에 관한 선행들에 대해 논의해야 한다. 그런데 국가에 관한 선행 중 일부는 모든 시민과 관련되고, 일부는 개인과 관계되는데, 후자가 더 많은 감사를 받는다. 가능하다면 둘 다 하고자 노력해야 한다. 다시 말해 개인의 이익도 돌보되, 국가에 이로워야 하거나 적어도 해가 되어서는 안 된다. 가이우스 그라쿠스[136]는 곡물을 너무 후히 베풀어 국고를 고갈시킨 반면, 마르쿠스 옥타비우스[137]는 국가가 감당할 수 있고 평민에게 필요한 만큼 적당히 베풀어 시민들과 국가를 구했다.

73 국사를 돌볼 자가 특히 주의해야 할 점은 각자가 자기 것을 보유하게 하고, 국가가 개인의 재산을 박탈하지 않게 하는 것이다. 필리푸스는 호민관 시절에 농지법을 제안해 위험한 행동을 했지만 그것이 부결되자 이를 쉽게 용인했고, 이 점에서 매우 절도 있게 행동했다. 그러나 그는 민중 편에 서서 많은 연설을 했을 뿐만 아니라, 나라 안에 재산 소유자가 2000명도 안 된다고 말했는데, 이는 잘못된 말이다. 재산의 균등 분배를 목표하는 이 말은 사형감이로다! 이보다 더 큰 파멸을 불러올 말이 있을까? 왜냐하면 국가와 도시 공동체는 특히 각자가 자기 것을 보유하게 하려고 수립되었기 때문이다. 사람들은 자연의 인도로 인해 군집했지만, 자기의 재산을 보전하기를 희망해서 도시의 보호를 받고자 했다.

74 우리 조상들이 텅 빈 국고와 지속된 전쟁 때문에 자주 부과했던 재산세[138]를 징수하지 않도록 노력해야 하고, 훨씬 전에 이런 사태가 발생하지 않게 대비해야 할 것이다. 그러나 어떤 나라(나는 우리 나라에 대해 불길한 예언을 하느니 '어떤 나라'라고 말하고[139] 싶지만, 우리 나라가 아니라 모든 나라에 대해 논의하고 있다)에 이런 부담을 지울 필요가 있다면 모두가 무사하기를 원하는 경우 그럴 필요 앞에 굴복해야 한다는 사실을 모두가 알게끔 노력해야 할 것이다. 게다가 국가를 통치할 사람들은 모두 생활에 필요한 것들이 풍부하게 있도록 돌보아야 할 것이다. 이것들을

어떻게 마련하곤 했는지, 또 어떻게 마련해야 하는지는 자명하므로 논의할 필요가 없다. 이 주제는 언급해 두는 것만으로 충분하다.

75 모든 공공 업무와 봉사에 힘쓸 때 중요한 것은 탐욕스럽다는 의혹을 조금도 받지 않는 것이다. 삼니움인 가이우스 폰티우스[140]가 말한다. "로마인들이 뇌물을 받기 시작할 때까지 운명이 나의 출생을 미루었더라면 얼마나 좋았을까. 그랬더라면 나는 더 이상 그들의 지배를 용납하지 않았을 텐데." 실로 그는 여러 세대를 기다려야 했을 것이다. 왜냐하면 이 해악은 최근에야 우리 나라에 들이닥쳤기 때문이다.[141] 따라서 폰티우스가 그 시대에 살았던 것이 나로서는 다행인데, 그가 그토록 강인한 인물이었기 때문이다. 루키우스 피소[142]가 부당이득 반환법을 제정한 지 110년이 채 안 되었고, 그전에는 이런 법이 없었다. 그러나 그 후에 수없이 많은, 갈수록 더 가혹해지는 법률들, 수없이 많은 피고인들, 수없이 많은 유죄 판결을 받은 사람들이 생겼고, 재판에 대한 공포 때문에 엄청난 〔이탈리아〕[143] 전쟁[144]이 일어났으며, 법률과 재판이 무기력해지자 동맹시들에 대한 엄청난 강탈과 약탈이 벌어졌는데, 우리가 강한 것은 다른 사람들이 무기력해서이지 우리가 용감해서가 아니다. **XXII 76** 파나이티오스는 아프리카누스[145]가 금욕했기 때문에 그를 칭송한다. 어찌 칭송하지 않겠는가? 그러나 아프리카누스는 다른 더 위대한 자질들을

지녔으며, 금욕에 대한 칭송은 그 사람뿐만 아니라 그의 시대도 받았다. 파울루스가 마케도니아인들의 막대한 보물을 전부 차지해서 엄청난 돈을 국고로 옮긴 결과, 장군 일인의 전리품 덕분에 재산세를 더 이상 거두지 않아도 되었다. 그러나 그는 자기 명성에 대한 영원한 기억 말고는 자기 집에 아무것도 가져오지 않았다. 부친을 본받은 아프리카누스는 카르타고를 멸망시킨 후에도 더 부유해지지 않았다. 어떤가? 그의 동료 감찰관 루키우스 뭄미우스[146]는 가장 부유한 도시를 송두리째 파괴하고 나서 조금이라도 더 부유해졌는가? 그는 자기 집보다 이탈리아의 치장을 원했다. 하지만 내가 보기에는 이탈리아가 치장됨으로써 그의 집이 더 잘 치장된 것 같다.

77 따라서 주제에서 벗어난 지점[147]으로 나의 말을 되돌리자면 탐욕보다 더 혐오스러운 악덕은 없는데, 지도자들과 국가 통치자들의 경우에는 특히 그렇다. 왜냐하면 국가를 사익의 도구로 삼는 것은 추할 뿐만 아니라 흉악한 범죄이기 때문이다. 따라서 델포이의 아폴론이 내린 신탁, 즉 "스파르타는 오직 탐욕 때문에 망할 것이다"라는 것은 라케다이몬인들뿐만 아니라 모든 부유한 민족들에 대한 예언인 것 같다.[148] 어쨌든 국정을 맡은 자들은 금욕과 자제를 통해 대중의 호의를 매우 쉽게 얻을 수 있다.

78 그러나 스스로가 민중파이기를 원하고, 바로 그 때문에 농지 점유자들을 그들의 거처에서 내쫓고자 농지법 제정을 시도하

154

거나 채무자의 빚을 탕감해야 한다고 생각하는 자들은 국가의 기초를 뒤흔든다. 즉, 그들은 먼저 화합을 깨뜨리고, 그다음으로 공정을 무너뜨린다. 화합은 어떤 이에게서 돈을 빼앗아 다른 이에게 넘겨줄 때 불가능하고, 공정은 각자가 자기 것을 갖는 것이 허용되지 않으면 완전히 상실된다. 왜냐하면 내가 앞서 말했듯[149] 각자가 걱정 없이 자유롭게 자기 재산을 보전하도록 하는 것은 나라와 도시의 고유한 임무이기 때문이다. **79** 더 나아가 이런 식으로 국가를 파괴하면 그들은 자기가 받을 것으로 생각하는 감사마저 받지 못한다. 왜냐하면 재산을 뺏긴 사람은 적이 되는 반면, 재산을 얻은 사람은 오히려 그것을 받고 싶지 않은 척하고, 특히 빚을 탕감받을 때 그것을 갚을 능력이 없었다고 여겨지지 않도록 자신의 기쁨을 감추기 때문이다. 그러나 불의를 당한 사람은 이를 잊지 않고 자기의 고통을 공개적으로 드러낸다. 재산을 부정하게 얻은 사람들은 재산을 불의하게 뺏긴 사람들보다 수적으로 더 많을지라도 그 때문에 더 강한 것은 아니다. 왜냐하면 이 문제는 수가 아니라 영향력으로 판단되기 때문이다. 그런데 농지가 없던 사람이 여러 해 또는 심지어 여러 세대 동안 누군가 소유했던 농지를 갖게 된 반면, 농지를 가졌던 사람이 농지를 잃는 일이 어찌 공정할 수 있겠는가?

XXIII 80 이런 종류의 불의 때문에 라케다이몬인들은 감독관 뤼산드로스[150]를 쫓아냈고, 아기스 왕[151]을 처형했다. 그들에게 왕의 처형은 전에 없던 일이었다. 그 후로 극심한 불화가 뒤따라서 참주들이 등장했고 귀족들이 추방당했으며, 아주 잘 수립된 국가는 붕괴되었다.[152] 그 국가는 혼자 무너진 데서 그치지 않고 라케다이몬인들에서 시작해서 더 멀리 퍼져 나간 악들의 전염을 통해 나머지 희랍마저 파멸시켰다. 어떤가? 매우 위대한 사람인 티베리우스 그라쿠스의 아들이자 아프리카누스[153]의 외손자인 우리의 그라쿠스 형제를 파멸로 몰아넣은 것은 농지 분쟁 아니었는가?

81 그러나 시퀴온의 아라토스[154]는 칭송받아 마땅하다. 참주들이 그의 나라를 50년간 장악했을 때, 그는 아르고스에서 출발해 시퀴온으로 몰래 들어와 도시를 차지했고, 참주 니코클레스[155]를 급습했으며, 나라에서 가장 부유했으나 추방당한 600명을 복권했다. 그의 도착으로 국가는 해방되었다. 그러나 그는 재산과 소유권에 관한 심각한 문제에 주목했다. 그는 한편으로 자기가 복권한 자들이 곤궁해진 데 반해 그들의 원래 재산이 다른 사람들의 소유가 된 것은 매우 불공정하다고 여겼고, 다른 한편으로 50년 동안의 소유권을 침해하는 것도 전혀 공정하지 않다고 생각했는데, 왜냐하면 그토록 긴 시간 동안 불의가 저질러지지 않은 채 많은 재산이 상속, 구입, 지참금으로 보유되었기 때문이다. 그래서 그는 현재의 소유자들로부터 재산을 빼앗아도 안 되고, 원래의 소유자들에게 보상을 게을리해도 안 된다고 판

단했다. **82** 따라서 이런 상황에 대처하는 데 돈이 필요하다고 결정한 그는 알렉산드리아로 떠나고 싶다고 말하고서 자기가 돌아올 때까지 이 문제에 손대지 말라고 명했다. 그는 외국 친구인 프톨레마이오스[156]에게 신속히 갔는데, 이자는 그 당시 알렉산드리아 건국 이후 두 번째 왕이었다. 프톨레마이오스에게 조국을 해방시키고 싶다고 이야기하며 사정을 설명한 매우 위대한 인물 아라토스는 부유한 왕한테서 거액의 자금 원조를 쉽게 받아냈다. 그는 거액의 돈을 시퀴온으로 가져온 다음 15인의 지도자로 구성된 위원회를 소집했다. 그들과 함께 남의 재산을 보유한 자들의 사정과 자기 재산을 잃은 자들의 사정을 조사하고 소유물들의 가치를 평가하여 어떤 이들에게는 돈을 받고 대신 소유물을 넘기도록 설득하고, 어떤 이들에게는 자기 재산을 되찾기보다는 그에 상응하는 돈으로 보상받는 것이 자기에게 더 이득이라고 생각하도록 설득하는 데 성공했다. 그 결과 화합이 이루어져 모두가 불평 없이 떠났다. **83** 우리 나라에서 마땅히 태어났어야 할 위대한 인물이로다! 이같이 시민들을 대우하는 것이 합당하지, 우리가 이미 두 차례 보았듯[157] 광장에 창을 세우고 시민들의 재산을 경매인의 외침에 내맡기는 것은 합당하지 않다. 지혜롭고 뛰어난 인물처럼 저 희랍인은 모든 사람을 돌보아야 한다고 생각했다. 좋은 시민의 최고 원칙과 지혜란 시민들의 이익을 가르지 않고 누구에게나 똑같은 공정을 통해 모든 사람을 결속하는 것이다.

"사람들이 남의 집에 무상으로 살게 하라."[158] "왜? 나는 집을 사서 지었고 유지 보수하며 돈을 쓰는데, 너는 내가 원하지 않는데도 내 집을 즐겨 쓰기 위해? 이는 어떤 사람한테서 그의 재산을 빼앗고, 어떤 사람에게 남의 재산을 주는 것과 뭐가 다를까? **84** 게다가 빚 탕감은 네가 내 돈으로 농장을 사서 갖고, 내가 내 돈을 못 갖는 것 말고 달리 무엇을 뜻할까?" **XXIV** 그러므로 국가에 해를 끼칠 수 있는 빚이 생기지 않게끔 대비해야 한다. 빚은 여러 가지 방법으로 피할 수 있지만, 빚이 생기면 부자가 자기의 재산을 잃고 채무자가 남의 재산으로 이득을 보지 않게 해야 한다. 왜냐하면 신의보다 국가를 더 강하게 결합하는 것은 없는데, 반드시 빚이 상환되지 않으면 신의는 있을 수 없기 때문이다. 내가 집정관이었을 때[159]보다 빚 상환이 더 격렬하게 거부된 적은 결코 없었다. 온갖 종류의 사람들과 온갖 신분의 사람들이 무기를 들고 진지를 구축하여 빚 상환의 거부를 시도했지만, 나는 그들에 맞서 이런 악 전체, 즉 빚을 국가에서 없앴다. 그때만큼 빚이 많았던 적도 없었고, 빚 상환이 쉽게 잘 이루어졌던 적도 없었다. 왜냐하면 사기를 칠 희망이 사라져 변제가 강제되었기 때문이다. 그러나 지금의 승자는 그 당시에는 패자였는데, 자기한테 이익이 되었을 때 생각해 둔 계획들을 이익이 되지 않았을 때 실행했다.[160] 잘못을 저지르려는 욕망이 너무 커서 그는 잘못을 저지를 이유가 없는데도 잘못을 저지르는 것 자체에서 기쁨을 느꼈다.

85 따라서 국가를 지키는 사람들은 이런 후히 베풂, 즉 어떤 사람에게서 빼앗아 다른 사람에게 주는 일을 삼갈 것이다. 특히 그들은 법과 재판의 공정성에 따라 각자가 자기 재산을 보유하도록, 빈자가 하찮은 신분 때문에 괴롭힘을 당하지 않도록, 부자가 빈자의 반감을 사 자기 재산을 보유하거나 되찾는 데 방해받지 않도록 노력할 것이고, 거기에 더해 전시든 평화 시든 가능한 모든 수단을 동원해서 국가의 지배권, 농지, 세입을 늘리도록 노력할 것이다. 이는 위대한 사람들의 일인데, 이런 일을 우리 조상들은 밥 먹듯이 했다. 이런 종류의 의무를 수행하는 사람들은 국가에 최고 유익을 주고, 스스로 큰 감사와 영광을 얻을 것이다.

86 최근에 아테네에서 사망한 스토아 철학자인 튀로스의 안티파트로스[161]는 파나이티오스가 유익에 대한 이런 지침들에서 두 가지, 즉 건강 관리와 금전 관리를 간과했다고 여긴다. 내 생각에 최고의 철학자는 쉬운 것이어서 간과했지만, 이것들은 확실히 유익하다. 건강을 유지하는 것으로는 자기 신체에 대한 지식, 흔히 어떤 것들이 신체에 이로움이나 해를 주는지에 대한 관찰, 온갖 생필품과 편의품에 대한 자제, 신체 보호를 위한 쾌락의 회피, 마지막으로 이런 것들에 관한 지식을 가진 사람들의 기술이 있다. **87** 반면 가산은 추하지 않은 수단들로 마련되고, 근면과

절약으로 보전되며, 더 나아가 증식되어야 한다. 소크라테스를 추종하는 크세노폰이 그의 책『경영론』에서 이 문제를 매우 적절하게 다루었다. 나는 지금의 네 나이에 그 책을 희랍어에서 라틴어로 옮겼다.[162] 하지만 이러한 문제 전체, 즉 돈벌이와 투자(돈의 사용도 포함하면 좋겠다)에 대해서는 야누스의 중문(中門)[163]에 앉아 있는 어떤 대단한 사람들이 어느 학파의 어느 철학자들보다 더 적절하게 논의한다. 그렇지만 우리는 이런 것들을 알아야 하는데, 왜냐하면 이런 것들은 2권에서 논의된 유익과 관련되기 때문이다.

XXV 88 그러나 파나이티오스가 간과한 네 번째 주제인 유익의 비교가 종종 필요하다. 신체적인 이점은 외적인[164] 이점과, 외적인 이점은 신체적인 이점과 비교되곤 하고, 신체적인 이점은 서로 간에, 외적인 이점도 서로 간에 비교되곤 한다. 부유하기보다는 건강하기를 원하는 방식으로 신체적인 이점이 외적인 이점과 비교된다. 체력을 최대한 많이 갖기보다는 부유하기를 원하는 방식으로 외적인 이점이 신체적인 이점과 비교된다. 쾌락보다는 건강을, 속도보다는 힘을 선호하는 방식으로 신체적인 이점이 서로 간에 비교된다. 부보다는 영광을, 농촌의 수입보다는 도시의 수입을 선호하는 방식으로 외적인 이점이 서로 간에 비교된다. **89** 이런 비교의 사례로서 노(老) 카토의 말이 있다. 그는 가산에 있어 수익을 가장 많이 올리는 것이 무엇인지 질문받자

"목축을 잘하는 것"이라 대답했고, 두 번째 것이 무엇인지에 대해 "목축을 그런대로 잘하는 것", 세 번째 것이 무엇인지에 대해 "잘하지 못해도 목축을 하는 것", 네 번째 것이 무엇인지에 대해 "경작하는 것"이라 대답했다. 질문자가 "고리대금은 어떤가?"라고 말하자 카토는 "사람을 죽이는 것은 어떤가?"라고 말했다.[165] 이 사례와 다른 많은 사례를 통해 유익의 비교가 이루어지곤 한다는 점과 이러한 비교가 의무에 대한 네 번째 탐구로 추가되는 것이 옳다는 점을 이해해야 한다.

　이어서 남은 문제로 나아가자.

3권

1 내 아들 마르쿠스야, 카토[1]가 썼듯 그와 거의 동년배이자 최초로 아프리카누스라고 불린 푸블리우스 스키피오[2]는 평소에 "나는 한가할 때보다 덜 한가한 적이 결코 없고, 홀로 있을 때보다 덜 홀로 있은 적도 없다"[3]라고 했다. 실로 위대하고 지혜로운 사람에게 어울리는 대단한 말이 아닌가! 이 말이 보여 주듯 스키피오는 한가할 때도 공무를 생각하고, 홀로 있을 때도 자기 자신과 대화를 나누곤 해서, 결코 빈둥거린 적도 없었고 때로는 다른 사람과 대화를 할 필요도 없었다. 그래서 다른 사람들에게 나태함을 초래하는 두 가지, 즉 한가함과 홀로 있음이 그를 분발시켰다.

나에 대해서도 정말로 같은 말을 할 수 있다면 좋겠다. 그러나 나는 본받음을 통해서는 그러한 재능의 탁월함을 성취할 수 없을지라도 적어도 의지를 갖고 최대한 이에 가까이 다가간다. 왜냐하면 나는 불경한 무력에 의해 국사와 법정 업무를 금지당해 계속 한가한 삶을 살고 있으며, 그런 이유로 도시를 떠나 시골을 돌아다니며 종종 홀로 있기 때문이다.[4] **2** 그러나 나의 한가함은 아프리카누스의 한가함과, 또 나의 홀로 있음은 그의 홀로 있음과 비교될 수 없다. 왜냐하면 그는 매우 고귀한 국무(國務)로부터 휴식을 취하고자 가끔 한가한 시간을 갖고, 때때로 사람들의 모임과 군집에서 벗어나 마치 항구로 피하듯이 홀로 있곤 했던 반면, 나는 휴식에 대한 열망 때문이 아니라 일이 없어서 한가했기 때문이다. 원로원이 사라지고 법정이 파괴되었으니[5] 원로원 의사당이나 광장에서 내게 어울리는 일을 뭐라도 할 수 있을까? **3** 그래서 나는 한때 수많은 군중 사이에서, 또 시민들이 보는 앞에서 살았지만, 지금은 모든 곳에 넘쳐나는 악인들의 시선을 피해 가능한 한 숨어 있고 종종 홀로 있다.

그러나 나는 학식이 있는 사람들로부터 악 중에서 최소의 악을 택할 뿐만 아니라[6] 그 안에 어떤 선이 있다면 그것을 골라내야 한다고 배웠기 때문에, 한때 나라에 한가함을 가져다준 자가 마땅히 누려야 하는 한가함까지는 아닐지라도 한가함을 누리고 있고, 나의 의지가 아니라 어쩔 수 없는 사정으로 인해 홀로 있을지라도 나 자신이 나태해지는 것을 용납하지 않는다. **4** 하지만 내 판단으로는 아프리카누스가 더 많은 칭송을 받았다. 사실 그의 재능을 보여 주는 기록물, 그의 한가함에서 나온 작품, 그의 홀로 있음에서 비롯된 성과는 전혀 남아 있지 않다. 그렇기에 우리는 그가 정신 활동과 사유 대상들의 탐구 때문에 결코 한가하지도 않았고 홀로 있지도 않았다고 이해해야 한다.[7] 그러나 무언의 사유를 통해 홀로 있음을 극복할 힘이 없는 나는 현재의 집필 활동에 모든 열의와 관심을 쏟았다. 따라서 나는 공화국이 존립했던 여러 해 동안보다 공화국이 전복된 이후 짧은 시간 동안 더 많은 집필을 했다.[8]

II 5 내 아들 키케로야, 철학 전체는 비옥하고 많은 결실을 맺으며, 철학의 어떤 분야든 방치되거나 버려지지 않지만, 철학의 주제 가운데 의무에 대한 주제가 가장 풍성하고 가장 풍부한데, 한결같고 훌륭한 삶의 지침들이 의무에서 도출되기 때문이다. 그래서 내가 믿고 있듯 너는 이 지침들을 이 시대의 으뜸가는 철학자인 내 친구 크라티포스한테서 계속 듣고 배우지만, 내 생각에는 사방에서 이런 말들만 네 귀에 울려 퍼지고, 그 밖의 말에는 가능하면 귀 기울이지 않는 것이 너에게 이롭다. **6** 훌륭한 인생을 살 생각이 있는 모든 사람은 이를 행해야 하는데, 아마도 누구보다 네가 행해야 할 것 같다. 왜냐하면 너는 나의 근면함을 본받으리라는 작지 않은 기대를, 나의 공직을 본받으리라는 큰 기대를, 어쩌면 나의 명성을 본받으리라는 어떤 기대를 받고 있기 때문이다. 게다가 너는 아테네와 크라티포스로부터 무거운 부담을 짊어졌다. 너는 좋은 기술들을 구매하러 간 것처럼 아테네와 크라티포스에게 갔기 때문에 네가 빈손으로 돌아오는 일은 매우 추하고, 도시와 선생의 권위를 실추시킨다. 그래서 정신적으로 노력할 수 있는 만큼, 또 배움이 쾌락이라기보다 수고라면 수고하여 애쓸 수 있는 만큼 최대한 성과를 거두도록 하고, 내가 너에게 모든 것을 제공해 주었는데도 네가 최선을 다하지 않았다는 인상을 주지 말아라.

이 정도면 충분하다. 너를 격려하는 편지를 자주 길게 썼으니 말이다. 이제 내가 제시한 구분의 나머지 부분으로 되돌아가자.

7 파나이티오스는 논쟁의 여지 없이 의무에 대해 매우 정교하게 논의했고, 나는 약간 수정을 가했어도 최대한 그를 따랐다.[9] 그는 사람들이 흔히 숙고하고 의논하는 의무의 세 가지 문제, 즉 첫째, 논의 대상이 훌륭한지 추한지, 둘째, 유익한지 무익한지, 셋째, 훌륭함의 외양을 지닌 것이 유익해 보이는 것과 충돌할 때 어떻게 결정해야 하는지를 제시했다. 그는 첫 두 가지 문제에 대해 세 권의 책에서 설명했고, 이어 세 번째 문제에 대해 말하겠다고 썼지만 약속을 지키지 않았다. **8** 그의 제자 포세이도니오스가 썼듯 파나이티오스는 저 세 권의 책을 출간한 후 30년을 더 살았기 때문에 나는 더 놀란다. 포세이도니오스가 어떤 주해서에서 이 주제를 간략하게 언급한 사실에도 나는 놀라는데, 특히 그가 철학 전체에서 이 주제만큼 필요 불가결한 것은 없다고 썼

기 때문이다.

9 파나이티오스가 이 주제를 간과한 것이 아니라 의도적으로 다루지 않았다고, 또 유익과 훌륭함은 결코 충돌할 수 없기 때문에 이 주제에 대해 쓸 필요가 전혀 없었다고 주장하는 사람들에게 나는 전혀 동의하지 않는다. 이들의 주장과 관련해서 파나이티오스의 구분에서 세 번째 문제가 포함되어야 했는지 아니면 완전히 생략되어야 했는지에는 의심의 여지가 있지만, 그가 세 번째 문제를 계획에 포함했지만 다루지 않은 사실에는 의심의 여지가 없다. 왜냐하면 세 부분으로 된 분류 중 두 부분을 끝마친 사람에게 세 번째 부분은 반드시 끝마쳐야 할 일로 남기 때문이다. 게다가 그는 3권 말미에서 이 부분에 대해 다시 말하겠다고 약속했다. **10** 믿을 만한 증인인 포세이도니오스가 이를 뒷받침한다. 그가 어떤 편지에서 썼듯 파나이티오스의 제자인 푸블리우스 루틸리우스 루푸스는 이렇게 말하곤 했다. 코스의 베누스 그림[10] 중 아펠레스[11]가 착수했으나 미완인 채로 남겨 놓은 부분을 완성한 화가는 아무도 없었듯(왜냐하면 얼굴의 아름다움이 나머지 신체 부분을 재현할 희망을 앗아갔기 때문이다), 파나이티오스가 끝마친 부분이 탁월하기 때문에 그가 간과한〔그리고 끝마치지 않은〕[12] 부분을 아무도 다루지 않았다.

III 11 그러므로 파나이티오스의 의도에 대해서는 의심할 수 없다. 그러나 의무에 대한 탐구에 이 세 번째 부분을 추가한 것이 옳은지 여부는 아마도 논의될 수 있다. 스토아학파가 주장하듯 오직 훌륭함만이 선이든, 또는 너의 소요학파가 생각하듯 저울 반대편에 올려놓은 모든 것의 무게가 거의 나가지 않을 만큼 훌륭함이 최고선이든, 유익이 훌륭함과 결코 다툴 수 없다는 사실에는 의심의 여지가 없다. 따라서 내가 들은 대로 소크라테스는 본래 결합된 훌륭함과 유익을 최초에 개념적으로 분리한 자들을 저주하곤 했다.[13] 스토아학파는 그에게 동의하여 훌륭한 것은 뭐든지 유익하고 훌륭하지 않은 것은 유익하지 않다고 생각했다. **12** 그러나 추구할 만한 것들을 쾌락이나 고통의 부재로 평가하는 자들[14]처럼, 파나이티오스가 덕이 유익을 산출하기 때문에 존중받아야 한다고 말하는 부류였더라면 때때로 유익이 훌륭함과 충돌한다고 말했을 것이다. 그러나 그는 오직 훌륭함만이 선이고, 겉보기에는 유익해 보이지만 훌륭함과 상충하는 것들은 더 많아져도 삶이 더 좋아지지 않고 더 적어져도 삶이 더 나빠지지 않는다고 판단하는 부류이기 때문에,[15] 유익해 보이는 것과 훌륭함을 비교하는 것과 같은 숙고를 도입할 필요가 없었던 것 같다. **13** 게다가 스토아학파는 최고선이란 '자연과 일치하는 삶'이라고 말하는데, 내 생각에 이 말은 '항상 덕과 일치하라. 자연에 따르는 여타의 것들이 덕과 상충하지 않는 한 그것들을 택하라'를 의미한다. 이렇기 때문에 어떤 이들은 이런 비교[16]의 도입은 잘못되었고, 이런 것에 대한 지침을 주면 절대 안 되었다고 생각한다.

그러나 고유한 의미에서 참되게 말해지는 훌륭함은 오직 현자들에게만 있고, 결코 덕과 분리될 수 없다. 반면 완벽한 지혜를 갖지 못한 사람들은 완벽한 훌륭함 자체를 결코 가질 수 없고, 훌륭함과 유사한 것들만 가질 수 있다. **14** 사실 내가 이 책에서 논의하는 의무들을 스토아학파는 '중간 의무'라고 부른다.[17] 이 의무들은 모두에게 공유되고 널리 적용된다. 많은 사람은 좋은 재능과 배움의 진전을 통해 이 의무들을 달성한다. 반면 스토아학파가 '올바른 의무'라고 부르는 의무는 완벽하고 절대적이며, 그들이 말하듯 모든 수를 갖고,[18] 현자를 제외한 어느 누구에게도 생길 수 없다. **15** 그러나 중간 의무들이 드러나는 어떤 행위가 이루어질 때, 이것은 완전하게 완벽한 행위라고 여겨진다. 왜냐하면 대개 군중은 이런 행위가 얼마나 완벽한 것에 못 미치는지는 이해하지 못하지만, 자기가 이해하는 범위 안에서 이런 행위에 부족한 것은 없다고 생각하기 때문이다. 이 같은 일이 시, 그림, 다른 많은 것에서 발생하는데, 경험이 없는 사람들은 칭송하면 안 되는 것을 칭송하고 즐거워한다. 왜냐하면 내 생각에는 이런 작품들 안에 무지한 자들을 사로잡을 만한 탁월한 뭔가가 있긴 한데, 무지한 자들은 각 작품 안에 어떤 결함이 있는지를 판단할 수 없기 때문이다. 따라서 무지한 자들은 전문가의 가르침을 받고 나면 기존의 견해를 쉽게 버린다. **IV** 그러므로 내가 이 책에서 논의하는 의무들을 스토아학파는 일종의 버금가는 훌륭함이라고 말하는데, 이것들은 오직 현자에게 고유한 것이 아니라, 인류 전체가 공유하는 것이다. **16** 따라서 이런 의무들은 덕의 자질을 지닌 모든 사람에게 영향을 준다. 두 명의 데키우스 또는 두 명의 스키피오가 용감한 사람이라고 언급되거나, 파브리키우스 또는 아리스테이데스[19]가 정의로운 사람이라고 불릴 때, 전자한테서 추구되는 용기의 본보기든 후자한테서 추구되는 정의의 본보기든 현자한테서 추구되는 본보기에 미치지 못한다. 왜냐하면 이들 중 어느 누구도 우리가 현자라고 인정하고 싶을 만큼 현자가 아니었으며, 현자라고 여겨졌고 그렇게 불렸던 사람들, 즉 마르쿠스 카토[20]와 가이우스 라일리우스도 현자가 아니었고, 저 유명한 7인의 현자[21]조차 현자가 아니었기 때문이다. 다만 그들은 중간 의무를 끊임없이 수행했기 때문에 현자들과 어느 정도 비슷해 보였을 뿐이다.

17 그러므로 참된 훌륭함을 이와 충돌하는 유익과 비교하는 것도 정당하지 않고, 우리가 일반적으로 훌륭함이라 부르는 것, 즉 자기가 좋은 사람이라고 여겨지기를 바라는 자들이 존중하는 것을 이득과 비교해서도 안 된다. 현자들이 고유한 의미에서 참되게 말해지는 훌륭함을 보호하고 지켜야 하는 것처럼, 우리도 우리가 이해할 수 있는 훌륭함을 보호하고 지켜야 한다. 그렇지 않으면 덕을 향한 진전이 어느 정도 이루어졌더라도 유지될

수 없기 때문이다. 의무를 준수하기 때문에 좋은 사람이라고 평가받는 자들에 대해서는 이 정도면 충분하다. **18** 반면 모든 것을 이득과 이익으로 평가하고, 훌륭함보다 이득을 중시하고 싶은 자들[22]은 숙고할 때 자기 생각에 유익한 것을 훌륭함과 비교하곤 하지만, 좋은 사람들은 비교하지 않는다. 따라서 내 생각에는 파나이티오스가 사람들이 이런 비교를 할 때 망설이곤 한다고 말했을 때, 그의 말은 오직 망설이'곤 한다'를 뜻할 뿐, 망설여'야 한다'까지 뜻하지 않는다. 왜냐하면 유익해 보이는 것이 훌륭함보다 더 가치가 있다고 생각하는 것뿐만 아니라, 이 둘을 서로 비교하고 이 둘 사이에서 망설이는 것도 매우 추한 일이기 때문이다.

그러면 무엇이 때때로 의심을 초래하고 고려할 필요가 있어 보일까? 내 생각에 이런 일은 고려 중인 행위가 어떤 것인지를 의심할 때 생긴다. **19** 왜냐하면 대개 추하다고 여겨지곤 하는 것이 특수한 상황에서는 종종 추하지 않기 때문이다. 더 널리 적용되는 사례를 들어보자. 사람을 죽일 뿐만 아니라 친한 사람마저 죽이는 것보다 더 중한 범죄가 있을 수 있을까? 그러나 친한데도 참주를 죽였다면 죽인 사람은 범죄를 저질렀을까? 적어도 모든 뛰어난 행위 가운데 그 행위[23]가 가장 고귀하다고 평가하는 로마 인민은 그렇게 생각하지 않는다. 그러면 유익이 훌륭함을 능가했는가? 그러기는커녕 오히려 훌륭함이 유익을 능가

했다[따랐다].[24]

따라서 우리가 훌륭함으로 이해한 것과 우리가 유익하다고 부르는 것이 충돌하는 것처럼 보일 때, 우리는 오류 없이 판단할 수 있도록 어떤 규칙[25]을 세워야 한다. 우리가 비교할 때 이 규칙을 따른다면 결코 의무를 저버리지 않을 것이다. **20** 이 규칙은 스토아학파의 이론과 가르침에 가장 일치할 것이다. 나는 이 책에서 그들의 가르침을 따르는데, 왜냐하면 한때 아카데미아학파와 동일하였던 너의 소요학파와 구(舊)아카데미아학파가 유익해 보이는 것보다 훌륭함을 중시하더라도 훌륭한 것은 뭐든지 간에 유익하고 훌륭하지 않은 것은 어떤 것도 유익하지 않다고 생각하는 사람들이, 훌륭하지만 유익하지 않은 것도 있고 유익하지만 훌륭하지 않은 것도 있다고 생각하는 사람들보다 이 문제를 더 탁월하게 논의하기 때문이다.[26] 그러나 나의 아카데미아학파[27]가 나에게 많은 재량권을 부여한 결과, 매우 그럴 법하게 보이는 것은 뭐든지 내 권한으로 변호할 수 있다. 이제 저 규칙으로 돌아간다.

V 21 어떤 사람이 다른 사람한테서 뭔가를 뺏는 것, 다른 사람에게 손해를 끼쳐 자기의 이익을 늘리는 것이 죽음, 가난, 고통, 신체나 신체 외적인 것들에 닥칠 수 있는 여타의 것보다 자연에 더 반하는 것이다. 왜냐하면 우선 이것은 인간의 친교와 사회를 없애기 때문이다. 우리 각자가 자신의 이득을 위해 다른 사람을

약탈하거나 침해하려는 마음을 먹는다면 자연을 가장 많이 따르는 인류 사회는 반드시 산산조각이 난다. **22** 신체의 각 부분이 가장 가까이에 있는 다른 신체 부분의 힘을 자기에게 가져오면 건강해질 수 있다고 생각했더라면 신체 전체가 반드시 약해지고 사라지게 되었을 것처럼,[28] 우리 각자가 자기를 위해 다른 사람들의 이익을 빼앗고 자신의 이득을 위해 다른 사람한테서 탈취할 수 있는 모든 것을 탈취했더라면 인간 사회와 공동체는 반드시 전복된다. 왜냐하면 다른 사람보다 자기를 위해 생활필수품의 획득을 선호하는 것이 각자에게 허용되었고 자연은 이를 반대하지 않지만, 우리가 다른 사람들을 약탈해서 우리의 재력, 재산, 영향력을 늘리는 것을 자연은 용납하지 않기 때문이다.

23 자기의 이익을 위해 다른 사람에게 해를 끼치는 것이 허락되지 않는다는 원칙은 자연, 즉 만민법에 의해서뿐만 아니라, 각 나라의 정부가 의존하는 개별 공동체의 법률에 의해서도 똑같이 확립되었다. 사실 법률들은 시민들의 유대가 손상되지 않는 것을 목표하고 원하며, 이런 결속을 파괴하는 자들을 사형, 추방, 투옥, 벌금으로 징벌한다. 그러나 이 원칙을 자연의 이성 자체, 즉 신과 인간의 법률이 훨씬 더 많이 실현한다. 이 법률에 복종하려는 사람은(자연에 따라 살고 싶은 사람들은 모두 이것에 복종할 것이다) 결코 다른 사람의 것을 탐내지 않을 것이고, 다른 사람한테서 빼앗은 것을 자기 것으로 삼지도 않을 것이다. **24** 게다가

영혼의 고상함과 위대함, 또 상냥함, 정의, 관후함이 쾌락, 삶, 부보다 훨씬 더 자연에 따른다. 공동의 유익과 비교해서 쾌락 등을 경시하고 아무것도 아니라고 여기는 것은 위대하고 고상한 영혼의 일이다. 반면 자기 이익을 위해 다른 사람한테서 빼앗는 것은 죽음, 고통 등보다 더 자연에 반한다. **25** 마찬가지로 어떠한 괴로움도 없을 뿐만 아니라 최대한의 쾌락을 누리고 온갖 재산으로 넘쳐나며 아름다움과 힘에서도 우월하지만 고독하게 사는 것보다는, 헤라클레스(그의 선행[29]에 고마워하는 사람들은 그가 신들의 회합에 자리를 배정받았다고 믿는다)를 본받아 가능한 한 모든 종족을 지키고 돕기 위해 극도의 노고와 괴로움을 감당하는 것이 더 자연에 따른다. 그러므로 가장 좋은, 최고로 빛나는 재능을 지닌 사람은 전자의 삶보다는 후자의 삶을 훨씬 선호한다. 이로부터 자연에 복종하는 사람은 다른 사람을 해칠 수 없다는 결론이 나온다.

26 그다음으로 자기가 어떤 이익을 얻기 위해 다른 사람을 해치는 자는 자기가 자연에 반하는 행위를 하지 않는다고 여기거나, 또는 다른 사람에게 불의를 행하는 것보다는 죽음, 가난, 고통을, 더 나아가 자식들, 친척들, 친구들의 상실도 피해야 한다고 생각한다. 그가 다른 사람들을 해치면서도 자연에 반하는 행위를 하지 않는다고 여긴다면 인간한테서 인간다운 것을 완전히 없애는 그 인간과 무슨 논의를 할 수 있을까? 반면 그가 이를 피

해야 한다고 생각하지만 죽음, 가난, 고통이 훨씬 더 나쁘다고 생각한다면 신체나 재산의 결함을 영혼의 결함보다 더 중대하게 여긴다는 점에서 잘못을 범하는 것이다.

VI 그러므로 각 개인의 유익과 모든 사람의 유익이 같아야 한다는 하나의 목표가 모두에게 있어야 한다. 각자가 자기를 위해 이런 유익을 빼앗는다면, 인간의 운명 공동체는 모두 없어질 것이다.

27 게다가 다른 사람이 누구든지 간에 그가 사람이기 때문에 그를 기꺼이 돌보라고 자연이 명령한다면, 모든 사람이 공유하는 유익은 동일한 자연에 따라 반드시 있다. 이것이 사실이라면 우리 모두는 동일한 하나의 자연법에 구속된다. 이것도 사실이라면 우리가 다른 사람을 해치는 것은 자연법으로 확실히 금지된다. 그런데 첫 번째 전제가 참이므로 결론도 참이다. **28** 자기 이익을 위해 부모 형제로부터 아무것도 빼앗지 않겠지만, 나머지 시민들에 대해서는 이와 다르게 생각한다고 말하는 어떤 사람들의 말은 모순이다. 이들은 자기와 다른 시민들 사이에 공동의 유익을 위한 법도 사회도 없다고 주장하는데, 이러한 견해는 나라의 모든 사회를 해체한다. 게다가 시민들은 고려해야 하지만 외국인들은 고려할 필요가 없다고 말하는 사람들도 인류의 공동 사회를 파괴한다. 공동 사회가 없어지면 선행, 관후함, 선의, 정의는 송두리째 없어진다. 이것들을 없애는 사람들은 심지

어 불멸의 신들과도 맞서는 불경한 자들이라 판단해야 한다. 왜 냐하면 그들은 신들이 수립한 인간 상호 간의 사회를 전복하기 때문이다. 이 사회를 가장 긴밀하게 결속시키는 것은 사람이 외적인 손해든 신체적인 손해든 심지어 정신적인 손해든 정의와 무관한 온갖 손해를 감수하는 것보다 자기 이익을 위해 다른 사람한테서 빼앗는 것이 더 자연에 반한다는 생각이다. 왜냐하면 '정의'라는 하나의 덕이 모든 덕의 주인이자 왕이기 때문이다.

29 아마도 누군가는 이렇게 말할지도 모른다. "현자가 굶어 죽을 지경이라면 아무짝에도 쓸모가 없는 다른 사람한테서 음식을 빼앗겠지?"〔절대 아니다. 왜냐하면 내 이익을 위해 남을 해치지 못하게 하는 내 마음의 상태가 내 목숨보다 내게 더 유익하기 때문이다.〕[30] "어떤가? 좋은 사람이 얼어 죽지 않으려고 잔인하고 야만적인 참주 팔라리스한테서 옷을 탈취할 수 있다면 그렇게 하겠지?"

30 이 사례들은 판단하기가 매우 쉽다. 아무짝에도 쓸모가 없는 사람한테서 자신의 유익을 위해 뭔가를 빼앗는다면 이런 행위는 비인간적이고 자연법에 반할 것이다. 반면 살아남아서 국가와 인간 사회에 많은 유익을 가져다줄 수 있다면 바로 이런 이유에서 다른 사람한테서 뭔가를 빼앗을지라도 이 행위는 비난의 대상이 되어서는 안 된다. 그러나 이런 경우가 아니라면 각자 다른 사람의 이익을 빼앗기보다는 자신의 손해를 감수해야 한다.

따라서 병이나 곤궁과 같은 것은 다른 사람의 것을 탐하고 빼앗는 것보다 더 자연에 반하지 않고, 오히려 공동의 유익을 방치하는 것이 자연에 반하는데, 왜냐하면 이는 불의이기 때문이다. **31** 따라서 인간의 유익을 지키고 유지하는 자연법 자체는 삶에 필요한 것들을 게으르고 무익한 사람으로부터 지혜롭고 좋고 용감한 사람에게 넘기라고 확실히 명령할 것이다. 왜냐하면 이런 사람이 죽으면 공동의 유익에 큰 손실이 될 것이기 때문이다. 그가 자기를 과대평가하고 너무나 사랑해서 불의를 저지를 구실을 찾지 않는다면 삶에 필요한 것들을 넘겨받아야 한다. 이렇게 그는 인간의 유익과 내가 자주 언급하는 인간 사회를 돌봄으로써 항상 의무를 수행할 것이다.

32 팔라리스와 관련해서는 판단을 내리기가 매우 쉽다. 왜냐하면 우리와 참주 사이에 사회는 없고 오히려 극도의 불화만 있기 때문이다. 가능한 한 참주한테서 탈취하는 것은 자연에 반하지 않고, 참주를 죽이는 것은 훌륭하다. 이처럼 유해하고 불경한 모든 부류를 인간 공동체에서 추방해야 한다. 신체의 한 부분이 피가 모자라 죽어가기 시작해서 신체의 나머지 부분들을 해치면 그 부분을 잘라 내는 것처럼, 인간의 모습을 한 잔혹하고 야만적인 짐승도 말하자면 인간성의 공동체에서 격리해야 한다.[31] 이런 종류의 문제들은 모두 상황에 맞는 의무를 찾는 문제다.

VII 33 따라서 어떤 불운이나 다른 작업으로 인해 파나이티오스의 계획이 틀어지지 않았다면 그가 이런 종류의 문제들을 탐구했으리라고 나는 믿는다. 그가 예전에 쓴 책들에는 이 문제들을 검토하기 위한 지침들이 상당히 많은데, 이 지침들로부터 어떤 것은 추하기 때문에 회피되어야 하고, 어떤 것은 전혀 추하지 않기 때문에 회피될 필요가 없음을 통찰할 수 있다. 그러나 나는 아직 안 끝났으나 거의 완성된 이 작품 위에 이를테면 지붕을 올리고[32] 있으니, 기하학자들이 모든 것을 증명하지 않고 자기가 원하는 바를 더 쉽게 설명하기 위해 어떤 전제들을 인정해 달라고 흔히 요구하듯, 내 아들 키케로야, 오직 훌륭함만이 그 자체로 추구되어야 한다는 전제를 가능하면 인정해 주기 바란다. 그러나 크라티포스가 이 전제를 허락하지 않아도[33] 적어도 너는 훌륭함이 그 자체로 제일 많이 추구되어야 한다는 전제를 인정할 것이다. 내게는 둘 중 어느 것이든 충분하다. 때로는 이것, 때로는 저것이 더 그럴 법하게 보일 뿐, 그 밖의 것들은 그럴 법하게 보이지 않는다.[34]

34 먼저 파나이티오스를 이 점에서 변호해야 한다. 즉, 그는 유익한 것이 훌륭한 것과 때때로 충돌할 수 있다고 말했던 것이 아니라(사실 그는 이렇게 말할 수 없었다),[35] 유익해 보이는 것이 훌륭한 것과 충돌할 수 있다고 말했다. 그는 유익하지 않은 것은 훌륭하지도 않고, 훌륭하지 않은 것은 유익하지도 않다고 종종 증언했고, 이 두 가지를 분리한 자들의 의견보다 인간 생활에 들

이닥친 더 큰 해악은 없다고 말했다. 따라서 그는 우리가 때때로 훌륭한 것보다 유익한 것을 우선시하기 위해서가 아니라, 상황이 발생하면 우리가 오류 없이 이 두 가지를 구분하도록, 실제로는 없지만 있어 보이는 충돌을 도입했다. 따라서 나는 어떤 도움도 받지 않고 속담에서 말하듯 '자력으로'[36] 파나이티오스가 남긴 이 부분을 완성할 것이다. 왜냐하면 파나이티오스 이후에 나온 이 부분에 대한 설명 중에 내가 인정할 만한 설명은 내가 입수한 것 중에는 없기 때문이다.

VIII 35 유익해 보이는 어떤 것이 눈앞에 보일 때, 우리는 반드시 영향을 받는다. 그러나 이것에 주의를 기울였을 때 유익해 보이는 것을 초래한 것과 추함이 결합되어 있음을 알게 된다면 유익을 포기해서는 안 되고, 추함이 있는 곳에 유익이 없음을 이해해야 한다. 추함만큼 자연에 반하는 것도 없고(왜냐하면 자연은 올바르고 조화를 이루며 한결같은 것들을 원하는 반면, 그 반대의 것들을 물리치기 때문이다), 유익만큼 자연에 따르는 것도 없다면 확실히 유익과 추함은 같은 것 안에 공존할 수 없다. 그리고 우리가 훌륭함을 위해 태어났고, 제논이 생각했듯 오직 훌륭함만이 추구되어야 하거나, 아리스토텔레스가 주장했듯 적어도 훌륭함이 다른 모든 것보다 훨씬 더 무게가 있다고 여겨져야 한다면 반드시 훌륭한 것이 유일하게 좋은 것 또는 최고로 좋은 것이다. 그런데 좋은 것은 확실히 유익하다. 따라서 훌륭한 것은 뭐든지 유익하다.

36 그래서 올바르지 못한 자들은 유익해 보이는 뭔가를 붙잡자마자 이것을 훌륭함에서 분리하는 오류를 범한다. 이 오류에서 암살, 독살, 유언장 위조, 절도, 공금 횡령, 동맹시들과 시민들에 대한 강탈과 약탈이 발생하고, 과도한 부를 향한 욕망, 견제받지 않는 권력을 향한 욕망, 마지막으로 자유로운 나라에서조차 왕이 되려는 욕망이 생기는데,[37] 이런 욕망보다 더 혐오스럽고 역겨운 것을 생각해 낼 수는 없다. 사실 그들은 잘못된 판단으로 인해 물질적 이득만 주목할 뿐, 처벌은 주목하지 못한다. 여기서 내가 말하는 처벌은 그들이 종종 빠져나가는 처벌인 법률의 처벌이 아니라, 가장 혹독한 처벌인 추함 자체의 처벌이다. **37** 그러므로 이런 종류의 숙고하는 자들(사실 그들은 전부 범죄로 더럽혀지고 불경하다), 즉 훌륭해 보이는 것을 따를지 아니면 범죄인 줄 알면서도 자기 자신을 범죄로 더럽힐지를 숙고하는 자들을 우리 가운데서 내쫓아야 한다. 왜냐하면 그들이 범죄를 실행하지 않아도 망설임 자체가 범죄이기 때문이다. 그러므로 숙고 자체가 추한 경우 행위를 결코 숙고하면 안 된다.

게다가 행위를 숨기고 감추려는 희망과 생각을 모든 숙고에서 제거해야 한다. 우리가 철학에서 어느 정도 진전이 있으면 이를 굳게 확신해야 한다. 즉, 모든 신과 사람을 피해 행위를 숨길 수 있을지라도 탐욕스럽게, 불의하게, 방종하게, 무절제하게 행위해서는 절대 안 된다. **IX 38** 이런 이유로 플라톤은 저 유명한 귀게스 이야기를 소개했다.[38] 이야기에 전해지듯 호우가 쏟아져 땅이 갈라지자 귀게스는 갈라진 틈 사이로 내려가 청동 말을 보았는데, 말 옆구리에 출입문이 있었다. 그 문을 열자 여태껏 본 적이 없는 거구의 시체와 손가락에 낀 금반지가 보였다. 그는 반지를 빼서 본인이 꼈다. 그러고 나서 왕의 목자였던 그는 목자들의 모임으로 돌아갔다. 거기에서 반지의 거미발을 자기 손바닥 쪽으로 돌릴 때마다 그는 아무에게도 보이지 않았지만, 그 자신은 모든 것을 보았다. 반지를 제자리로 돌려놓으면 그가 다시 보였다. 그래서 그는 반지의 이런 이점을 활용해 왕비와 간통했고, 그녀의 도움으로 주인인 왕을 살해했으며, 자기에게 방해된다고 생각되는 자들을 없앴다. 아무도 그가 범죄를 저지르는 것을 목격할 수 없었다. 이같이 그는 반지 덕분에 갑자기 뤼디아의 왕으로 등극했다. 그러면 이제 현자가 바로 이 반지를 지니고 있다고 해 보자. 그는 반지를 지니지 않았을 때와 마찬가지로 잘못을 저질러서는 안 된다고 생각할 것이다. 왜냐하면 좋은 사람은 몰래 하는 것이 아니라 훌륭한 것을 추구하기 때문이다.

39 이 대목에서 결코 나쁘지 않으나 별로 예리하지 않은 어떤 철학자들[39]은 플라톤이 언급한 이야기가 허구이자 꾸며 낸 것이라고 말한다. 마치 플라톤이 그 이야기가 실제로 있었거나 가능했다고 주장한 것처럼 말이다. 그러나 이 반지 사례의 의미는 다음과 같다. 즉, 네가 부, 권력, 지배, 욕정을 위해 어떤 행위를

할 때, 아무도 이 사실을 모르고 의심조차 하지 않는다면, 또 신들과 인간들이 영원히 이 사실을 모른다면, 너는 그런 행위를 할 것인가? 저 철학자들은 그런 일이 불가능하다고 말한다. 그런 일은 결코 불가능하지만,[40] 나는 그들이 불가능하다고 말하는 일이 가능한 경우 도대체 무엇을 할 것인지를 묻는다. 그들은 매우 투박한 주장을 펼친다. 그들은 그런 일이 불가능하다고 주장하고 이를 고집할 뿐, '가능한 경우에'라는 말이 무엇을 의미하는지를 알지 못한다. 숨길 수 있다면 무엇을 행할지를 그들에게 물었을 때, 나는 그들이 숨길 수 있는지 아닌지를 묻는 것이 아니다. 오히려 그들에게 이를테면 고문을 가하는데, 형벌을 면하면 자기에게 이로운 행위를 하겠다고 그들이 대답한다면 범행 의도가 있음을 자백하는 셈이고, 그런 행위를 하지 않겠다고 대답한다면 추한 것은 모두 그 자체로 피해야 한다는 사실을 인정하는 셈이다. 이제 원래의 주제로 되돌아가자.

X 40 유익해 보이는 것으로 인해 마음이 혼란에 빠지는 상황이 자주 발생한다. 이런 상황에서 숙고할 것은 유익이 크기 때문에 훌륭함을 포기해야 하는지가 아니라(이는 확실히 옳지 않다), 유익해 보이는 것을 추하지 않게 행할 수 있는지다. 브루투스[41]가 그의 동료 집정관 콜라티누스[42]한테서 명령권을 박탈했을 때, 이는 불의한 행위로 보일 수 있었다. 왜냐하면 왕과 왕족을 쫓아냈을 때 콜라티누스는 브루투스가 세운 계획의 동료이자 조력자

였기 때문이다. 그러나 국가 지도자들이 수페르부스[43]의 혈족과 타르퀴니우스라는 이름과 왕권에 대한 기억을 없애 버려야 한다는 계획을 채택했을 때, 유익한 것, 즉 조국을 돌보는 것은 훌륭해서 콜라티누스 자신도 이 계획에 찬성할 수밖에 없었다. 따라서 유익은 훌륭함 덕분에 힘을 발휘했고, 훌륭함이 없었다면 유익도 불가능했을 것이다. **41** 그러나 도시를 건설한 왕[44]의 경우에는 그렇지 않았다. 왜냐하면 유익해 보이는 것이 그의 마음을 부추겼기 때문이다. 그는 다른 사람과 함께 지배하기보다는 자기 혼자 지배하는 것이 더 유익하다고 생각하자 동생을 살해했다. 그는 유익해 보일 뿐 실제로는 유익하지 않은 것을 획득하고자 우애도 인간성도 버렸다. 그는 성벽이라는 구실을 내세웠으나, 그 구실은 훌륭해 보일 뿐 그럴 법하지도 않았고 매우 알맞지도 않았다. 따라서 그를 퀴리누스라 부르든 로물루스라 부르든 유감스럽게도 그는 잘못을 저질렀다. **42** 그렇지만 우리는 우리의 유익을 소홀히 하면 안 되고, 우리 스스로가 필요할 때 우리의 유익을 다른 사람들에게 양도해도 안 되며, 다른 사람에게 불의를 저지르지 않는 한 각자 자신의 유익에 힘써야 한다. 크뤼시포스[45]는 여느 때처럼 멋지게 말했다. "경주자는 최선을 다해 이기고자 힘쓰고 애써야 하지, 경쟁자의 다리를 걸어 넘어뜨리거나 그를 손으로 밀면 절대 안 된다. 마찬가지로 삶에서 각자 자신의 이익에 관계된 것을 추구하는 것은 부당하지 않지만, 다른 사람한테서 빼앗는 것은 옳지 않다."

43 의무가 가장 많이 혼동되는 경우는 우정이다. 우정의 경우에는 주는 것이 옳은데도 주지 않는 것과 주는 것이 부당한데도 주는 것 모두 의무에 반한다. 그러나 이 모든 경우에 짧고 쉬운 지침이 있다. 즉, 유익해 보이는 것들인 명예, 부, 쾌락 등을 우정보다 우선시하면 결코 안 된다.[46] 그러나 좋은 사람은 친구를 위해 국가에 반하는 행동도 서약과 신의에 반하는 행동도 하지 않을 것이고, 설령 친구의 재판에서 심판인이 되더라도 그런 행동을 하지 않을 것이다. 왜냐하면 그는 심판인의 역할을 맡을 때 친구의 역할을 내려놓기 때문이다. 다만 그는 친구의 변론이 사실이기를 바라고, 법률이 허용하는 한 변론 기일을 친구에게 맞춰 주는 것[47]만큼은 우정에 양보할 것이다. **44** 그러나 서약을 하고 나서 판결을 선고해야 할 때, 그는 신을, 즉 내 생각에는 그의 정신을, 다시 말해 신 자신이 인간에게 부여한 가장 신적인 것을 증인으로 채택한다는 점을 기억해야 한다. 따라서 우리가 조상들로부터 물려받은 관습을 유지할 수 있다면 심판인에게 "신의를 저버리지 않고 할 수 있는 일을 하라고" 요청하는 관습은 훌륭하다. 이런 요청은 내가 좀 전에 말한, 심판인이 친구에게 훌륭하게 양보할 수 있는 것과 관련이 있다. 왜냐하면 친구들이 원하는 것을 모두 해야 한다면 그런 것은 우정이 아니라 공모라고 생각해야 할 것이기 때문이다.[48] **45** 그러나 나는 평범한 우정에

대해 말하고 있다. 왜냐하면 지혜롭고 완벽한 사람들 사이에서 공모와 같은 일은 불가능하기 때문이다. 전해지는 이야기에 따르면 피타고라스학파인 다몬과 핀티아스[49]는 서로 간에 우정 어린 마음을 지녔다. 참주 디오뉘시오스[50]가 둘 중 한 명에게 사형 집행일을 정했을 때, 사형선고를 받은 자가 자기 가족을 친구들에게 부탁하기 위해 며칠을 달라고 요구하자 친구가 돌아오지 않으면 대신 죽어야 한다는 조건으로 다른 한 명이 출두 보증인이 되었다. 친구가 정해진 날에 맞춰 돌아오자 참주는 그들의 신의에 경탄하여 자기를 그들의 세 번째 친구로 끼워 달라고 청했다. **46** 따라서 우정에서 유익해 보이는 것이 훌륭한 것과 비교될 때 유익해 보이는 것은 무력하고, 훌륭함은 강력해야 한다. 그런데 우정에서 훌륭하지 않은 것이 요구될 때는 양심과 신의가 우정보다 우선시되어야 한다. 이런 식으로 우리가 찾고 있는 의무의 선택이 이루어질 것이다.

XI 그러나 국가 간의 사안에서는 유익해 보이는 것 때문에 잘못이 매우 자주 저질러진다. 예컨대 우리 나라 사람들이 코린토스를 파괴했을 때 그랬다. 아테네인들은 훨씬 더 잔혹한 행위를 했는데, 강력한 함대를 지닌 아이기나인들에게 엄지손가락을 자르라고 결의했다.[51] 이 결의는 유익해 보였는데, 왜냐하면 아이기나[52]가 페이라이에우스에 가까이 있었으므로 심각한 위협이 되었기 때문이다. 그러나 잔인한 것은 유익하지 않다. 왜냐하면 잔인함은 우리가 따라야 하는 인간 본성에 가장 적대적이기 때문이다. **47** 외국인들에게 도시의 이용을 금하고 그들을 추방하는 자들도 잘못된 행위를 한다. 예컨대 우리 조상들의 시대에는 펜누스[53]가, 최근에는 파피우스[54]가 잘못된 행위를 했다. 물론 시민이 아닌 자가 시민 행세를 못하게 막는 것은 옳다. 이 법률은 매우 지혜로운 집정관인 크라수스와 스카이볼라가 제정했다.[55] 그러나 외국인들이 도시를 이용하지 못하게 막는 것은 매우 비인간적이다.

훌륭함 앞에서 국가에 유익해 보이는 것이 경시되는 빛나는 사례들이 있다. 우리 나라는 이런 사례들로 가득 차 있는데, 종종 그랬을 뿐만 아니라 제2차 카르타고 전쟁 때 특히 그랬다. 우리 나라는 칸나이에서 참패했다는 소식을 듣자 순조로운 상황에 있을 때보다 더 위대한 영혼을 보여 주었다. 즉, 두려움을 드러내지 않았고, 평화를 언급하지 않았다. 훌륭함의 위력은 매우 커서 유익의 외양을 가린다. **48** 아테네인들이 페르시아인들의 공격을 견디지 못하자 도시를 버리고 처자식을 트로이젠에 맡긴 다음 배에 올라 희랍의 자유를 함대로 지키기로 결정했다. 퀴르실로스라는 자가 도시에 남아 크세르크세스[56]를 맞아들이자고 설득하자 아테네인들은 그를 돌로 쳐 죽였다.[57] 그는 유익을 추구한 것처럼 보였지만, 그가 추구한 것은 훌륭함과 충돌하기 때문에 전혀 유익이 아니었다. **49** 페르시아인들과의 전쟁에서 승리한 후 테미스토클레스는 집회에서 국가의 안녕을 위한 계획[58]이 있는데 이것이 알려지면 안 된다고 말하고서, 이를 상의할 수 있는 누군가를 지명하라고 민중에게 요구하자 아리스테이데스가 지명되었다. 테미스토클레스는 그에게 귀테이온[59]에 접안한 라케다이몬인들의 함대를 몰래 불태울 수 있고, 그렇게 되면 라케다이몬인들의 세력은 반드시 분쇄된다고 말했다. 아리스테이데스가 이것을 듣고 나서 큰 기대를 품고 있는 민회로 가서 테미스토클레스가 제안한 계획은 매우 유익하지만 결코 훌륭하지 않다고 말했다. 그리하여 아테네인들은 훌륭하지 않은 것은 결코 유익하지 않다고 생각했기 때문에 다 듣지도 않고 아리스테이데스의 조언에 따라 계획 전체를 거부했다. 아테네인들이 우리보다 더 낫다. 우리는 해적들에게 세금을 면제한 반면, 동맹시들에 세금을 부과하기 때문이다.[60]

XII 그러므로 추한 것은 결코 유익한 것이 아님을 확고한 사실로 여기자. 유익하다고 생각된 것을 획득할 때조차도 마찬가지다. 왜냐하면 추한 것을 유익하다고 생각하는 것 자체가 재앙을 초래하기 때문이다.

50 그러나 내가 언급했듯[61] 유익이 훌륭함과 충돌하는 것처럼 보이는 경우가 종종 발생한다. 그래서 유익이 훌륭함과 명백히 충돌하는지 아니면 결합될 수 있는지 주목해야 한다. 다음이 이런 문제다. 예컨대 로도스에서 곡물 부족과 기근으로 인해 곡물

가가 폭등했을 때, 좋은 사람이 알렉산드리아에서 로도스로 다량의 곡물을 들여왔다면, 또 그가 다수의 상인이 알렉산드리아에서 출항했다는 사실을 알고 있고 곡물을 실은 배들이 로도스로 항해하는 것을 보았다면, 이 사실을 로도스인들에게 말하겠는가 아니면 침묵하고서 자신의 곡물을 최대한 비싸게 팔겠는가? 우리는 지혜롭고 좋은 사람을 상정하고 있다. 그리고 우리는 이 사실을 숨기는 것이 추하다고 판단하면 이를 로도스인들에게 숨기지 않지만, 이를 숨기는 것이 추한지 아닌지를 두고 망설일 사람의 숙고와 궁리에 대해 묻고 있다.

51 이런 경우에 위대하고 엄격한 스토아 철학자인 바빌론의 디오게네스[62]의 생각과 그의 제자이자 매우 예리한 사람인 안티파트로스[63]의 생각은 으레 달랐다. 안티파트로스가 볼 때 판매자는 자기가 알고 있는 것을 구매자가 모르는 일이 결코 없도록 모든 것을 공개해야 하는 반면, 디오게네스가 볼 때 판매자는 시민법이 규정한 범위에서 상품의 하자를 말하고, 속임수 없이 그 밖의 것들을 행하며, 판매하기 때문에 최대한 비싸게 팔고 싶어 해야 한다. "나는 물품을 들여와서 진열했다. 내 물품을 다른 사람들보다 더 비싸게 팔지 않고, 공급이 많아지면 아마 더 싸게 팔 것이다. 누가 불의를 당하는가?" **52** 반대쪽에서 안티파트로스의 논변이 시작된다. "무엇을 말하는 겁니까? 선생님은 인간들을 돌보고 인간 사회에 공헌해야 합니다. 선생님은 복종하고 따라

야 하는 법[64]에 따라 태어났고, 그래야 하는 자연의 원리들을 지닌 결과, 선생님의 유익은 공동의 유익이고, 거꾸로 공동의 유익은 선생님의 유익입니다. 그런데도 사람들에게 어떤 편의가 있는지, 또 얼마나 많은 공급이 있는지를 숨길 겁니까?" 디오게네스는 아마도 이렇게 대답할 것이다. "숨기는 것 다르고 침묵하는 것 다르다. 내가 자네에게 신들의 본성이 무엇인지, 또 최고선이 무엇인지를 말하지 않는다고 해서 지금 자네에게 이것을 숨기는 것은 아니다. 물론 이것들을 아는 것이 밀 가격이 저렴하다는 것을 아는 것보다 자네에게 더 많이 이로울 것이다. 그러나 자네가 들으면 유익한 모든 것을 내가 자네에게 반드시 말할 필요는 없다." **53** 안티파트로스가 말할 것이다. "그러기는커녕 오히려 선생님께서 정말로 자연에 의해 결합된 사회가 인간들 사이에 있다는 사실을 기억하신다면 반드시 말해야 합니다." 디오게네스가 말할 것이다. "나는 이를 기억한다. 그러나 자네가 말한 사회는 각자가 자기 것을 전혀 갖지 못하는 사회는 아니겠지?[65] 그러한 사회라면 아무것도 팔면 안 되고, 모든 것을 무상으로 줘야 한다." **XIII** 이 논쟁 전체에서 네가 알고 있듯 어느 쪽도 "이것은 추하지만 이롭기 때문에 행할 것이다"라고 말하지 않고, 오히려 한쪽에서는 이것은 추하지 않으면서 이롭다고 말하고, 반대쪽에서는 이것은 추하기 때문에 행해서는 안 된다고 말한다.

54 좋은 사람이 자기만 알고 다른 사람은 모르는 어떤 하자

때문에 자기 집을 판다고 해 보자. 그 집은 실제로 건강을 해치는 집인데도 건강에 좋은 집이라고 여겨지고, 뱀들이 모든 침실에 출몰한다는 사실은 알려져 있지 않으며, 건축 자재가 나빠 붕괴 위험이 있음을 집주인 말고는 아무도 모른다고 해 보자. 나는 묻는다. 판매자가 구매자에게 이런 사실들을 말하지 않고 생각보다 훨씬 더 비싸게 판다면 불의하거나 부정직하게 행동한 것일까? 안티파트로스가 말한다. "그렇습니다. 구매자가 달려들게 해서 착오로 인해 막대한 손실을 입히는 행위가 길을 잃은 자에게 길을 가르쳐 주지 않는 행위(아테네에서 이 행위는 금지되고 공개적인 저주를 받는다)와 다르다면 도대체 뭐란 말입니까? 더군다나 이것은 길을 가르쳐 주지 않는 것보다 더 나쁩니다. 왜냐하면 고의로 다른 사람을 착오에 빠뜨리기 때문입니다." **55** 디오게네스가 반론한다. "판매자가 자네에게 구매를 권하지 않았으니, 구매를 강요한 것은 아니겠지? 그는 마음에 들지 않는 집을 팔기 위해 광고했고, 자네는 마음에 든 집을 구매했네. 별장이 실제로 좋지 않고 제대로 건축되지 않았더라도 별장이 좋고 잘 건축되었다고 광고하는 자들이 남을 속였다고 여겨지지 않는다면 집을 칭찬하지 않은 자들은 더욱 더 남을 속인 것이 아니네. 구매자가 판단할 사안에서 판매자가 어떻게 기만할 수 있을까?[66] 그런데 판매자가 자기가 한 말을 모두 다 책임질 필요가 없는데도 하물며 자기가 말하지 않은 것에 책임져야 한다고 자네는 생각하는가? 판매자가 매물의 하자를 이야기하는 행위보다 더 어리석은 행위가 있을까? 게다가 경매인이 집주인의 명령으로 '건강을 해치는 집을 판다'고 외치는 행위만큼 모순된 행위가 있을까?"

56 그러므로 망설이는 어떤 경우에 한편으로는 훌륭함이 옹호되고, 다른 한편으로는 유익에 대해 이같이 말해진다. 즉, 유익해 보이는 것을 행하는 것은 훌륭하고, 그렇게 하지 않는 것은 추하다. 이 같은 대립이 종종 유익한 것과 훌륭한 것 사이에서 생긴다. 그러나 나는 앞서 말한 사례들에 대한 판단을 내려야 하는데, 왜냐하면 문제 제기가 아니라 문제 해결을 위해 이것들을 제시했기 때문이다. **57** 따라서 내 생각에 곡물상은 로도스인들에게, 집의 판매자는 구매자에게 아무것도 숨기지 말아야 했다. 왜냐하면 숨기는 것은, 뭐든지 침묵하는 것이 아니라, 네가 알고 있는 것을 남들도 알면 남들에게 이익이 되는데도 불구하고 너의 이득을 위해 너만 알고 남들은 모르기를 바라는 것이기 때문이다. 그런데 이런 숨김이 어떠한 것인지, 그리고 어떤 사람의 소행인지를 모르는 자가 있을까? 확실히 이는 숨김없고 단순하고 솔직하고 정의롭고 좋은 사람의 소행이 아니라, 오히려 약삭빠르고 음흉하고 간교하고 기만적이고 악의적이고 교활하고 노회하고 간교한 사람의 소행이다. 이 모든 악덕과 그 밖의 많은 악덕으로 악명을 떨치는 것은 무익하지 않을까?

XIV 58 침묵한 자들이 비난받아야 한다면 거짓말한 자들은 어떤 평가를 받아야 할까? 로마 기사인 가이우스 카니우스[67]는 어느 정도 재치 있고 상당히 배운 사람이었는데, 일하기 위해서가 아니라 그가 말하곤 했듯 여가를 즐기기 위해 시라쿠사에 갔을 때, 친구들을 초대해서 불청객들 없이 즐길 수 있는 어떤 별장을 구매하고 싶다고 거듭 말했다. 이 말이 널리 퍼지자 시라쿠사의 환전상인 퓌티우스라는 자가 카니우스에게, 팔려고 내놓은 별장은 아니지만 원한다면 자기 별장처럼 사용해도 좋다고 말한 동시에 다음 날 그를 별장으로 식사에 초대했다. 그가 그러겠다고 약속하자 퓌티우스는 환전상으로서 모든 신분의 사람들에게 영향력을 행사하고 있었기 때문에 어부들을 불러 모은 다음, 다음 날 자기 별장 앞에서 물고기를 잡아 달라고 부탁하고서 자기가 원하는 대로 해 달라고 말했다. 카니우스는 시간에 맞춰 식사 자리에 왔다. 퓌티우스는 호사스럽게 연회를 준비했다. 눈앞에 많은 쪽배가 있었고, 어부들은 각자 잡을 수 있는 만큼 물고기를 가져왔다. 퓌티우스의 발 앞으로 물고기들이 던져졌다. **59** 그러자 카니우스가 말했다. "여보시오, 퓌티우스여, 무슨 일입니까? 물고기들이 왜 이리 많고, 쪽배들이 왜 이리 많습니까?" 퓌티우스가 말했다. "뭐가 놀랍습니까? 시라쿠사의 물고기들은 모두 이곳에 있습니다. 여기서 물이 솟아 나옵니다. 이 별장이 없으면 어부들은 먹고살지 못합니다." 카니우스는 욕망에 불타올라 퓌티우스에게 별장을 팔라고 재촉했다. 처음에 퓌티우스는 내키지 않은 척했다. 더 말할 필요가 있을까? 카니우스는 목적을 달성했다. 그 사람은 별장을 탐한 데다 부유해서 퓌티우스가 원했던 가격에 구매했고, 별장에 딸린 부속물도 구매했다. 퓌티우스는 장부에 기재하고 거래를 마쳤다. 다음 날 카니우스는 자기 친구들을 초대했다. 일찍 왔는데, 노가 하나도 안 보였다. 그는 가장 가까이 사는 이웃에게 어부들이 아무도 안 보이는데 오늘이 어부들의 휴일이냐고 물었다. 이웃이 말했다. "제가 아는 한 휴일이 아닙니다. 평소에 여기서 물고기를 잡는 사람은 아무도 없습니다. 따라서 어제 일어난 일이 의아했습니다." **60** 카니우스는 격분했지만 뭘 할 수 있었을까? 왜냐하면 나의 동료이자 친구인 가이우스 아퀼리우스[68]가 악의적 사기에 대한 방식서를 그 당시에는 아직 만들지 않았기 때문이다. 아퀼리우스는 이 방식서에서 '악의적 사기'가 무엇을 뜻하는지 질문받자 "어떤 일을 가장하면서 다른 일을 행하는 것"[69]이라고 대답했다. 정의(定義)의 전문가한테서 기대되듯 이야말로 정말 탁월한 정의다. 그렇다면 퓌티우스를 비롯해서 어떤 일을 가장하면서 다른 일을 행하는 자들은 모두 신의가 없고 사악하며 악의적인 자들이다. 따라서 그들의 행위는 수많은 악덕에 물들었기 때문에 유익할 수 없다. **XV 61** 아퀼리우스의 정의가 옳다면 삶 전체에서 가장과 위장을 없애야 한다. 좋은 사람은 좋은 가격에 사거나 팔기 위해 뭔가를 가장하지도 은폐하지도 않을 것이다.

게다가 그러한 악의적 사기는 법률로 처벌되었다. 예컨대 후견의 경우 12표법[70]으로, 젊은이들을 상대로 사기를 친 경우 라이토리우스 법률[71]로, 법률이 없는 경우 "선량한 신의를 좇아"라는 문구가 부가되는 재판으로 처벌되었다. 그 밖의 재판의 경우, 아내의 재산 관련 재정(裁定)에서 "더 형평에 맞고 더 선량하게"라는 문구, 신탁(信託)에서 "선량한 자들 사이에서 선량하게 행하라"라는 문구는 매우 탁월하다.[72] 그러면 어떤가? "더 형평에 맞고 더 선량하게"라는 문구에 기만의 여지가 있을까? "선량한 자들 사이에서 선량하게 행하라"라는 문구가 말해질 때, 기만적으로 또는 악의적으로 뭔가 행해질 수 있을까? 그런데 악의적 사기는 아퀼리우스가 말하듯 가장을 전제한다. 따라서 계약 체결에서 허위를 완전히 없애야 한다. 판매자는 허위 경매 참가자를 고용하지 않고, 구매자는 자기보다 낮은 가격을 부르는 자를 고용하지 않아야 할 것이다. 쌍방이 가격을 부른다면 딱 한 번만 불러야 할 것이다.

62 실제로 푸블리우스의 아들 퀸투스 스카이볼라는 자기가 구매할 농장의 가격을 단 한 번만 제시하라고 요구해서 판매자가 그렇게 하자 자기는 그보다 더 비싸게 가격을 매긴다고 말하고 나서 추가로 10만 세스테르티우스를 지불했다. 이것이 좋은 사람의 행위였음은 아무도 부정하지 않는다. 하지만 사람들은 판매 가능한 가격보다 더 싸게 파는 것과 같은 행위는 현자의 행위

가 아니라고 말한다. 따라서 좋은 사람과 현자가 서로 다르다는 사람들의 견해는 파멸을 초래한다. 이로부터 엔니우스는 말한다. "스스로가 스스로에게 이로움을 줄 수 없다면 현자는 헛되이 지혜롭구나."[73] '이로움을 준다'는 말이 어떤 의미인지를 두고 나와 엔니우스 사이에 의견이 일치했더라면 참으로 그의 말은 옳았을 것이다.

63 나는 파나이티오스의 제자인 로도스인 헤카톤[74]이 퀸투스 투베로[75]에게 헌정한 『의무론』에서 이같이 말한 것을 알고 있다. 즉, 법률, 관습, 제도에 어긋난 행위를 하지 않으면서 가산을 고려하는 것이 현자의 의무라는 것이다. 사실 우리는 우리 자신뿐만 아니라 자식들, 친척들, 친구들, 특히 국가를 위해서도 부유해지기를 원한다. 왜냐하면 개인의 재력과 재산은 나라의 부이기 때문이다. 내가 좀 전에 언급한 스카이볼라의 행위는 결코 헤카톤의 마음에 들 수 없다. 왜냐하면 헤카톤은 허용되지 않은 행위만을 자기 이득을 위해서 행하지 않을 것이라고 말하기 때문이다. 그를 크게 칭송해서도 안 되고, 그에게 크게 감사해서도 안 된다.

64 그러나 한편으로 가장과 위장이 악의적 사기라면 이런 악의적 사기와 무관한 경우는 매우 드물고, 다른 한편으로 이로움을 가져다줄 수 있는 모든 사람에게 이로움을 가져다주고 아무도 해치지 않는 자가 좋은 사람이라면 확실히 우리는 이런 좋은

사람을 발견하기가 쉽지 않다. 따라서 잘못을 저지르는 것은 항상 추하기 때문에 결코 유익하지 않고, 좋은 사람으로 있는 것은 항상 훌륭하기 때문에 항상 유익하다.

XVI 65 부동산에 관한 법과 관련하여 우리의 시민법은 판매자가 부동산을 팔 때 자기가 알고 있는 모든 하자를 말해야 한다고 규정한다. 12표법[76]에 따르면 구술로 언명한 하자들을 책임지는 것으로 충분하고, 하자를 부인하면 두 배의 처벌을 받는다. 법률가들은 침묵에 대해서도 처벌을 규정했다.[77] 그들은 판매자가 부동산의 어떤 하자라도 알고 있으면 하자를 명시적으로 말하지 않는 경우 이를 책임져야 한다고 결정했다. **66** 예컨대 조점관들이 언덕에서 조점을 치려고 해서 카일리우스 언덕에 집을 소유한 티베리우스 클라우디우스 켄투말루스[78]에게 조점에 방해되는 집의 높은 부분을 헐라고 명하자,[79] 클라우디우스는 공동주택을 팔기 위해 광고했고〔팔았고〕,[80] 푸블리우스 칼푸르니우스 라나리우스[81]가 그 집을 샀다. 조점관들은 그에게 같은 통고를 했다. 그래서 칼푸르니우스는 집의 일부를 헐었는데, 클라우디우스가 조점관들로부터 헐라는 명을 받고 나서 집을 팔기 위해 광고했다는 사실을 알게 되자 그를 재정인 앞으로 끌고 가서 "그가 선량한 신의를 좇아 자기에게 어떤 배상을 해야 하는지"를 두고 다투었다. 우리와 동시대인인 카토의 부친 마르쿠스 카토[82]〔다른 사람들은 아무개의 아들로 불리지만, 그토록 빛나는 인물을 낳은 그는 카토의 부친으로 불려야 한다)가 판결을 내렸다. 그는 심판인으로서 이같이 선고했다. 즉, 판매자가 팔 때 해당 사실을 알면서도 고지하지 않았기 때문에 구매자에게 손해를 배상해야 한다.[67] 그러므로 그는 판매자가 알고 있는 하자를 구매자에게 알리는 것이 선량한 신의와 관련된다고 결정했다. 그가 이를 옳게 판단했다면 앞서 언급한 곡물상과 건강을 해치는 집의 판매자의 침묵은 옳지 않았다.

이런 침묵이 전부 다 시민법에 포함될 수 없지만, 시민법에 포함되는 경우에는 엄격히 제지된다. 우리의 친척인 마르쿠스 마리우스 그라티디아누스[83]는 몇 년 전에 가이우스 세르기우스 오라타[84]한테서 구매한 집을 그에게 되팔았다. 그 집에는 [세르기우스를 위해][85] 용익권이 설정되어 있었는데,[86] 마리우스는 악취행위[87]를 할 때 이 사실을 말하지 않았다. 이 사건은 재판에 넘겨졌다. 크라수스는 오라타를, 안토니우스는 그라티디아누스를 변호했다.[88] 크라수스는 법문의 문구를 강조했다. "판매자는 고의로 말하지 않은 하자를 배상해야 한다." 안토니우스는 형평을 강조했다. "집을 먼저 판 세르기우스가 하자를 모르지 않기 때문에 이 사실을 말할 필요가 없었고, 구매한 집의 권리관계가 어떤지를 알고 있었기 때문에 속지도 않았다." 내가 이 사례를 왜 언급할까? 우리 조상들이 간교한 자들을 마음에 들어 하지 않았음을 네게 알려 주기 위해서다.

XVII 68 그러나 법률들과 철학자들은 서로 다른 방식으로 간교함을 없앤다. 법률들은 힘으로 제지할 수 있는 한, 반면 철학자들은 이성과 지성으로 제지할 수 있는 한 간교함을 없앤다. 그러므로 이성은 음모를 꾸미는 행위, 가장하는 행위, 기만하는 행위를 하지 말라고 요구한다. 그러면 사냥감을 집 밖으로 나오지 못하게 하거나 뒤쫓지 않더라도 덫을 놓는 것은 속임수 아니겠는가? 왜냐하면 야수들은 추격자가 없어도 종종 덫에 걸리기 때문이다. 집을 팔기 위해 광고하고, 알림판을 덫처럼 놓으며, 하자 때문에 집을 파는 경우,[89] 사정을 모르는 누군가가 덫으로 달려드는 것도 마찬가지 아니겠는가? **69** 내가 알기로 이런 행위는 잘못된 관행 탓에 관습적으로도 추하다고 여겨지지 않고 법률이나 시민법에 의해서도 금지되지 않지만, 자연법에 의해 금지되었다. 사실 내가 자주 언급했지만[90] 더 자주 언급해야 하는 바, 가장 넓게는 모든 사람의 사회, 이보다 더 가깝게는 같은 종족 사람들의 사회, 이보다 더 친밀하게는 같은 나라 사람들의 사회가 있다. 따라서 우리 조상들은 만민법과 시민법이 서로 다르다고 주장했다.[91] 시민법이 반드시 만민법인 것은 아니지만, 만민법은 시민법이어야 한다. 그러나 우리는 참된 법과 진정한 정의의 확고하고 명확한 실상(實像)을 지니지 못한 채, 그것의 그림자와 모상만을 사용한다.[92] 우리가 이것들이라도 따른다면 얼마나 좋을까! 왜냐하면 이것들은 자연과 진리의 가장 좋은 본보기에서 나오기 때문이다. **70** "너 덕분에, 너에 대한 나의 신의 덕분에 내가 속임도 사기도 당하지 않기를"이라는 말은 얼마나 값진가! "선량한 자들 사이에서 선량하게 사기 없이 행해야 한다"라는 말은 얼마나 황금 같은가! 그러나 '선량한 자들'이 누구이고, '선량하게 행하는 것'이 무엇인지가 큰 문제다. 실로 대제관인 퀸투스 스카이볼라는 "선량한 신의를 좇아"라는 문구가 부가되는 모든 재정이 최고의 효력을 갖는다고 말했다. 그는 또 '선량한 신의'라는 표현은 매우 널리 적용되고, 또 후견, 조합, 신탁, 위임, 매매, 임차, 임대, 즉 사회생활을 유지하는 것들과 관련된다고 여겼다. 이런 경우, 특히 대부분 맞소송이 가능할 때, 누가 누구에게 무엇을 배상해야 하는지를 결정할 유능한 심판인이 필요하다. **71** 그러므로 간교함도 없어져야 하고, 악의도 없어져야 하는데, 악의는 현명함인 것처럼 보이기를 원하지만, 현명함과 다르고 매우 거리가 멀다. 왜냐하면 현명함은 좋은 것과 나쁜 것의 선택에 달린 반면, 악의는 추한 것이 모두 나쁘면 좋은 것보다 나쁜 것을 우선시하기 때문이다. 부동산의 경우에는 자연에서 도출된 시민법이 악의와 기만을 처벌할 뿐만 아니라, 노예판매의 경우에도 판매자의 기만을 원천 금지한다. 왜냐하면 노예의 건강 상태, 도주 성향, 절도 성향에 대해 알고 있어야 했던 자가 조영관 고시에 따라 배상하기 때문이다[93](상속인의 경우는 이와 다르다).[94] **72** 이로부터 자연은 법의 원천이기 때문에[95] 아무도 다른 사람의 무지에 편승해 이득을 챙기지 않는 것이 자연에 따르는 것으로 이해된다. 지성을 가장한 악의보다 삶을 더 많이 파멸시키는 것은 있을 수 없다. 이로부터 유익한 것과 훌륭한 것이 충돌하는 것처럼 보이는 무수히 많은 경우가 발생한다. 처벌 면제와 절대 비밀이 보장될 때 불의를 멀리할 수 있는 사람은 얼마나 극소수일지!

XVIII 73 네가 좋다면 아마도 일반 군중이 잘못을 범한다고 생각하지 않을 사례들로 시험해 보자. 여기서 살인자, 독살자, 유언장 위조자, 절도자, 공금 횡령자, 다시 말해 철학자들의 말과 토론이 아니라 족쇄와 감금으로 제압되어야 하는 자들에 대해서는 논의할 필요가 없다. 그러면 좋은 사람으로 여겨지는 자들의 행위를 고려해 보자.

어떤 이들이 부유한 사람인 루키우스 미누키우스 바실루스[96]의 위조된 유언장을 희랍에서 로마로 가져왔다. 그들은 자신들의 목적을 더 쉽게 달성하기 위해 자신들뿐만 아니라 당대에 가장 영향력 있는 사람들인 마르쿠스 크라수스와 퀸투스 호르텐시우스도 상속인으로 기재했다. 이 두 사람은 유언장이 위조되었다고 짐작했지만, 아무 죄의식을 느끼지 않았기 때문에 다른 사람들의 범죄에서 생긴 작은 선물을 거부하지 않았다. 그러면 어떤가? 이들이 죄짓지 않아 보이는 것만으로 충분할까? 내 생각에는 그렇지 않다. 비록 한 사람은 생전에 내가 사랑했고, 다른 한 사람은 사후에 증오하지 않지만 말이다.[97] **74** 그러나 바실루스는 자기 누이의 아들인 마르쿠스 사트리우스[98]가 자기의 이름을 물려받기를 원해서 그를 상속인으로 삼았다. (내가 말하는 사트리우스는 피케눔과 사비니 지방의 보호인이다. 우리 시대의 추한 얼룩이여!)[99] 으뜸가는 시민들이 재산을 차지한 반면, 이름만 사트리우스에게 귀속하는 것은 공정하지 않았다. 내가 1권에서 논의했듯[100] 자기 친척들이 불의를 당하지 않도록 이를 막고 물리칠 수 있는데도 그렇게 하지 않는 자가 불의를 행한 것이라면, 불의를 몰아내지 않을 뿐만 아니라 이를 돕기까지 하는 자는 어떻다고 여겨져야 하는가? 내 생각에는 진정한 상속이라도 악의적인 아첨을 통해, 또 참된 의무가 아닌 가장된 의무를 통해 획득한다면 그것은 훌륭한 상속이 아니다.

그러한 경우에 때때로 유익한 것과 훌륭한 것이 서로 달라 보이곤 하지만 이는 잘못이다. 왜냐하면 유익과 훌륭함의 척도는 같기 때문이다. **75** 이를 깨닫지 못한 자는 온갖 기만과 범죄를 저지를 것이다. 왜냐하면 '저렇게 하면 훌륭하지만, 이렇게 하면 이롭다'라고 생각한다면, 그는 감히 자연이 결합한 것들을 분리하는 오류에 빠지게 되는데, 이 오류야말로 모든 기만과 악행과 범죄의 원천이기 때문이다. **XIX** 따라서 좋은 사람은 손가락으로 딱 소리를 내면[101] 부자의 유언장에 자기 이름을 슬쩍 끼워 넣을 수 있는 힘을 지니고 있어도, 심지어 아무도 이를 전혀 의심하지 않으리라고 확신해도 이 힘을 사용하지 않을 것이다. 그러나 실제로는 상속인이 아닌데도 손가락으로 딱 소리를 내서 상속인으로 기재될 수 있는 힘이 마르쿠스 크라수스에게 주어진다고 가정한다면 내가 보증하건대 그는 광장에서 춤을 추었을 것이다. 반면 정의로운 사람, 즉 우리가 좋은 사람이라고 생각하는 사람은 다른 사람의 것을 착복하고자 빼앗는 일을 결코 하지 않을 것이다. 이에 놀라는 사람은 좋은 사람이 무엇인지 모르고 있음을 인정해야 한다. **76** 그러나 누군가가 자기 마음속에 접혀 있는 '좋은 사람'이라는 개념[102]을 펼치고 싶다면 곧바로 그는 스스로에게 좋은 사람이란 이로움을 줄 수 있는 자들에게 이로움을 주고, 불의를 당하지 않는 한 어느 누구에게도 해를 끼치지 않을 사람이라고 일러 주었을 것이다. 그러면 어떤가? 어떤 마법 약을 써서 진정한 상속인들을 쫓아내고 자기 자신이 그들의 지위를 계승한 자는 해를 끼치는 게 아닐까? 누군가는 말할지도 모른다. "그러면 그는 유익하고 이로운 행위를 한 것이 아닌가?" 아니다. 그는 불의한 것이 이롭지도 않고 유익하지도 않은 것이라고 이해해야 한다. 이를 배우지 못한 사람은 좋은 사람이 될 수 없을 것이다.

77 내가 어렸을 때 부친한테서 듣곤 했던바, 전직 집정관인 가이우스 핌브리아[103]가 매우 훌륭한 로마 기사인 마르쿠스 루타티우스 핀티아[104]의 소송에서 심판인이었다. 핀티아는 "좋은 사람이 아니라고 판명나면" 돌려받지 못하는 공탁금[105]을 걸었다. 그

러자 핌브리아는 핀티아에게 자기가 불리한 판결을 내리면 평판이 좋은 사람한테서 명성을 빼앗게 되니 그렇게 하지 않도록, 또는 자신이 어떤 사람을 좋은 사람(좋은 사람이 되는 것은 무수한 의무 수행과 공적들에 달려 있다)으로 선언했다고 여겨지지 않도록 자기는 이 소송에서 결코 판결을 내리지 않겠다고 말했다. 따라서 소크라테스뿐만 아니라 핌브리아도 알고 있는 이런 좋은 사람에게 훌륭하지 않은 것은 어느 것도 유익해 보일 수 없다. 따라서 이런 사람은 감히 입 밖에 내지 못할 뭔가를 감히 행하지도 않고, 생각조차도 안 할 것이다.

시골 사람들조차 의심하지 않는 것들을 철학자들이 의심하는 것은 추하지 않을까? 시골 사람들로부터 생겨나 이미 오래되어 진부해진 속담이 있다. 누군가의 신의와 선량함을 칭송할 때, 그들은 "그는 어둠 속에서 손가락 수를 알아맞히는 놀이[106]에 어울리는 상대"라고 말한다. 아무도 이의 제기를 하지 않으면 이로운 것을 차지할 수 있을지라도 적합하지 않은 것은 전혀 이롭지 않다는 것 이외의 다른 의미를 이 속담이 지닐까? **78** 이 속담에 따라 저 귀게스[107]도, 좀 전에 내가 생각해 낸 사람, 즉 손가락으로 딱 소리를 내서 모든 사람의 상속재산을 싹쓸이하는 자도 용서받을 수 없다는 것을 너는 알지 않느냐? 왜냐하면 추한 것은 감추어지더라도 결코 훌륭한 것이 될 수 없듯, 자연이 반대하고 맞서기에 훌륭하지 않은 것은 유익한 것이 될 수 없기 때문이다.

XX 79 누군가는 말할지도 모른다. "그러나 막대한 보상이 있을 때, 잘못을 저지를 이유가 있다." 가이우스 마리우스는 집정관직에 취임할 희망이 거의 없었다. 그는 법무관 퇴임 후 이미 7년째 공직에 몸담지 못했고, 더 이상 집정관직에 입후보하지 못할 것으로 보였다. 그는 매우 위대한 사람이자 시민인 퀸투스 메텔루스[108]의 부사령관이 되었는데, 자신의 지휘관인 메텔루스가 자기를 로마로 보내자 로마 인민 앞에서 메텔루스를 전쟁 지연 혐의로 비난했다. 그는 자기가 집정관으로 선출되면 단시일 내에 생포하든 죽여서든 유구르타[109]를 로마 인민이 처분할 수 있도록 데려오겠다고 말했다. 그리하여 그는 집정관으로 선출되었지만, 신의와 정의를 버렸다. 왜냐하면 그는 자신을 로마로 보낸 자신의 지휘관인 매우 좋고 매우 존경받는 시민을 무고해서 사람들의 반감을 샀기 때문이다. **80** 우리의 친척인 그라티디아누스[110]조차 좋은 사람의 의무를 수행하지 못했다. 그가 법무관이었을 때, 호민관들은 공동의 결정으로 통화 가치를 정하고자 법무관단(團)[111]을 불렀다. 왜냐하면 그 당시에 아무도 자기의 재산이 얼마나 되는지를 모를 만큼 통화가 불안정했기 때문이다. 호민관들과 법무관들은 처벌과 재판이 포함된 고시문을 공동으로 작성했고, 오후에 모두 함께 연단에 오르기로 결정했다. 각자 자기 볼일을 보러 갔으나, 마리우스는 호민관 좌석에서 곧바로 연단에 올라 공동으로 작성한 것을 혼자 고시했다. 궁금하면 더 말해 주겠는데, 그 일은 그에게 큰 영광을 가져다주었다. 모든 거리에 그의 입상이 세워지고, 입상 앞에 향과 양초가 탔다. 더 말할 필요가 있을까? 대중의 사랑을 그보다 더 많이 받은 사람은 아무도 없었다.

81 이런 사례들은 때때로 숙고 중인 우리를 혼란에 빠뜨리는데, 공정은 크게 훼손되지 않지만 이로부터 얻는 결과가 매우 커 보일 때 그렇다. 예컨대 마리우스에게 법무관단과 호민관들로부터 대중의 인기를 가로채는 것은 별로 추해 보이지 않았지만, 그로 인해 그 당시 그의 목표였던 집정관 당선은 매우 유익해 보였다. 그러나 모든 경우의 척도는 하나인데, 나는 네가 이것을 매우 잘 알고 있기를 바란다. 즉, 유익해 보이는 것은 추해서는 안 되고, 추하면 유익해 보여서는 안 된다. 그러면 어떤가? 우리는 저 마리우스나 이 마리우스를 좋은 사람으로 판단할 수 있을까? 너의 지성 안에 있는 좋은 사람의 형상과 개념이 무엇인지를 보기 위해 너의 지성을 펼치고 샅샅이 살펴보아라. 그러면 자기 이득을 위해 거짓말하고 헐뜯으며 가로채고 속이는 짓은 좋은 사람에게 어울릴까? 확실히 아니다. **82** 그러면 좋은 사람이라는 영예와 이름을 포기할 만큼 대단한 것 또는 추구할 가치가 있는 이익이 있을까? 네가 말하는 유익이 좋은 사람이라는 이름을 빼앗고 신의와 정의를 앗아간다면 가져간 만큼 무엇을 대신 가져다줄 수 있을까? 〔누군가가 인간에서 짐승으로 바뀌는 것과 인간의 모습

을 하며 짐승의 야만성을 갖는 것이 뭐가 다를까?)[112]

XXI 어떤가? 권력을 획득할 수 있는 한 모든 올바르고 훌륭한 것들을 무시하는 자들은, 자신을 권력자로 만들어 줄 무모함을 지닌 사람을 심지어 장인으로 삼으려 했던 자와 똑같은 짓을 하고 있지 않은가?[113] 그에게는 장인이 반감을 사고 자기가 최고 권력을 갖는 것이 유익해 보였지만, 그는 그것이 조국을 상대로 얼마나 불의하고 얼마나 추한지를 알지 못했다. 반면 장인 자신은 항상 『포이니케 여인들』에 있는 희랍어 시구를 입에 달고 다녔다. 나는 아마 서투르더라도 요지를 이해할 수 있도록 가능한 한 그 시구를 말할 것이다. "정의를 어겨야 한다면 왕이 되기 위해 어겨야 한다. 다른 경우에는 경건해야 한다."[114] 에테오클레스.[115] 아니 오히려 에우리피데스[116]는 모든 범죄 중에 가장 흉악한 하나의 범죄만을 예외로 했으니 죽어 마땅하다! **83** 그러면 우리는 왜 사소한 사례들, 즉 기만적인 상속, 구매, 판매의 사례들을 모으는 것일까? 네 곁에 로마 인민의 왕이자 모든 종족의 주인이기를 열망해서 이것을 성취한 자[117]가 있다고 해 보자. 이런 욕망을 훌륭하다고 말하는 사람은 정신 나간 자다. 왜냐하면 그는 법률과 자유의 파괴를 인정하며, 이것들에 대한 혐오스럽고 끔찍한 억압을 영광스럽다고 생각하기 때문이다. 그러나 자유로웠고 자유로워야 하는 나라에서 왕이 되는 것이 훌륭한 것은 아니지만 이것이 왕이 될 수 있는 자에게 유익한 것이라고 인정하는 자를 어떻게 질책해서, 아니 오히려 어떻게 모욕을 줘서 큰 오류에서 떼어 놓으려 해야 할까? 불멸의 신들이여, 조국 살해의 죄인이 억압받는 시민들에 의해 '조국의 아버지'[118]라고 불릴지라도 가장 역겹고 가장 혐오스러운, 조국에 대한 살해가 누구에게 유익할 수 있을까? 따라서 유익은 훌륭함을 따라야[119] 한다. 이 두 가지는 말로는 서로 달라 보여도 실제로는 같은 의미인 것처럼 보인다.

84 군중의 의견에 따르자면 나는 왕이 되는 것보다 더 유익한 것을 말할 수 없지만, 이 문제를 진실에 비추어 판단하기 시작할 때 나는 불의하게 왕이 된 자에게 이보다 더 무익한 것은 없다는 사실을 발견한다. 괴로움, 근심, 밤낮의 공포, 음모와 위험으로 가득 찬 삶이 누구에게 유익할 수 있을까? 아키우스[120]는 말한다. "왕권을 적대하고 불충한 사람은 다수인 반면, 호의를 가진 사람은 소수다."[121] 그런데 그는 어떤 왕권을 말하고 있는가? 탄탈로스와 펠롭스[122]로부터 물려받아 정당하게 획득한 왕권을 말하고 있다. 하물며 네 생각에 로마 인민의 군대로 로마 인민 자신을 억압했고, 자유로울 뿐만 아니라 여러 종족을 지배하는 나라를 강제로 자기의 노예로 만들었던 왕[123]에게는 적들이 얼마나 많았겠느냐? **85** 그의 마음속에 어떤 양심의 타락과 손상이 있었다고 너는 생각하느냐? 그런데 그의 목숨을 빼앗은 사람에게 최고의 감사와 영광이 있게 되는 것이 그의 삶의 조건이라면 그의

삶은 자기에게 유익할 수 있을까? 그런데 매우 유익해 보이는 것이 수치와 추함으로 가득 차 있기 때문에 유익하지 않다면, 충분히 확신해야 하는바, 훌륭하지 않은 것은 유익하지 않다.

XXII 86 이런 판단은 종종 내려졌으며, 특히 퓌로스와의 전쟁 때 재선 집정관인 가이우스 파브리키우스와 우리의 원로원에 의해 내려졌다. 퓌로스 왕이 로마 인민에게 먼저 전쟁을 일으켰고, 고귀하고 강력한 왕과 패권을 두고 다툼이 벌어졌을 때, 퓌로스로부터 한 명의 탈주병이 파브리키우스의 진영으로 와서 자기에게 보상을 약속하면 자기가 몰래 왔던 것처럼 퓌로스의 진영으로 몰래 돌아가서 퓌로스 왕을 독살하겠다고 파브리키우스에게 약속했다. 파브리키우스는 이자를 퓌로스에게 돌려보냈고, 그의 행위는 원로원의 칭송을 받았다. 그러나 우리가 유익해 보이는 것과 유익에 대한 사람들의 생각을 따랐더라면 한 명의 탈주병이 저 큰 전쟁과 우리의 패권을 위협하는 적을 없앴을 것이지만, 영예를 두고 다툰 상대를 용기가 아니라 범죄로 이겼더라면 이는 큰 불명예이자 수치였을 것이다. **87** 그러면 아테네의 아리스테이데스와 비슷한 사람[124]인 이 도시의 파브리키우스 또는 위엄에서 유익을 결코 분리하지 않은 우리의 원로원에게 무기와 독약 가운데 어느 것을 갖고 적과 다투는 것이 더 유익했을까? 영광을 위해 패권을 추구해야 한다면 영광과 공존할 수 없는 범죄를 멀리해야 한다. 그러나 수단과 방법을 가리지 않고 권력 자체를 추구한다면 불명예가 따라오는 권력은 유익할 수 없다.

따라서 퀸투스의 아들인 루키우스 필리푸스의 제안은 유익하지 않았다. 그는 루키우스 술라가 돈을 받은 대가로 원로원의 결의에 따라 납세를 면제해 준 어떤 나라들로부터 다시 징세할 것과 그 나라들이 납세 면제의 대가로 준 돈을 돌려주지 말 것을 제안했다.[125] 원로원은 그의 제안에 동의했다. 우리의 패권에 수치로다! 해적의 신의가 원로원의 신의보다 더 낫다.[126] 누군가는 말할지도 모른다. "그러나 세수는 늘었으니 유익하다." 언제까지 사람들은 훌륭하지 않은 유익한 것이 있다고 감히 말할까? **88** 게다가 패권은 영광과 동맹시들의 호의에 의지해야 하는데, 증오와 불명예가 패권에 유익할 수 있을까? 나는 종종 나의 친구 카토와도 의견이 달랐다. 내 생각에 그는 국고와 세수의 유지를 너무나 완고하게 주장해서 징세업자들의 모든 요청을 거부하고, 동맹시들의 많은 요청을 거부했다. 그러나 우리는 동맹시들에게 선행을 베풀어야 하고, 우리의 소작농들을 대하듯 징세업자들을 대해야 하는데, 모든 신분의 결속이 국가의 안녕과 관련되었기 때문에 더 그래야 한다.[127] 쿠리오는 트란스파다니인들[128]의 주장이 정당하다고 말했지만,[129] 항상 '유익을 앞세워라'는 말을 덧붙였을 때는 그도 잘못했다. 그는 그들의 주장이 유익하지 않다고 말하면서도 그 주장이 정당하다고 인정하기보다는, 차라리 국가에 유익하지 않으므로 그 주장이 정당하지 않다고 일러 주어야 했으니 말이다.

XXIII 89 헤카톤의『의무론』6권은 '곡물가가 매우 비쌀 때 집
안의 노예 무리를 부양하지 않는 것이 좋은 사람의 의무인가?'
와 같은 문제들로 가득 차 있다. 그는 찬반양론으로 나누어 논의
하지만, 결국 인간애보다 그가 생각하듯 유익을 기준으로 의무
를 판단한다. 그는 이같이 묻는다. 뭔가를 바다에 던져야 한다면
값비싼 말을 던져야 하는가 아니면 값싼 노예를 던져야 하는가?
이 경우 우리를 한쪽으로 이끄는 것은 가산이고, 다른 쪽으로 이
끄는 것은 인간애다. "어리석은 자가 난파선의 널빤지를 붙잡으
면 현자는 가능한 경우 그 널빤지를 뺏어 낼 것인가?"[130] 헤카톤
은 그렇지 않다고 말하는데, 왜냐하면 불의하기 때문이다. "어
떤가? 선주(船主)라면 자기 것인 널빤지를 빼앗을 것인가?" "결
코 아니다. 이것은 배가 선주의 것이라 해서 선주가 승객을 배에
서 바다로 내던지려는 것과 다를 바가 없다. 하지만 승객이 배표
를 사면 목적지에 도착할 때까지 배는 선주가 아니라 승객의 것
이다." **90** "어떤가? 널빤지는 하나이고 조난자는 둘인데 둘 다
현자라면 각자가 자기를 위해 널빤지를 붙잡아야 하는가, 아니
면 한 사람이 다른 사람에게 양보해야 하는가?" "양보해야 한
다. 다만 자기를 위해서든 국가를 위해서든 생존할 가치가 더 많
은 사람에게 양보해야 한다." "둘 다 생존할 가치가 같으면 어
떤가?" "다투는 일은 없겠지만, 추첨이나 손가락 수를 알아맞히

는 놀이에서 하듯 진 사람이 이긴 사람에게 양보할 것이다." "어떤가? 아버지가 신전을 도둑질하고 국고에 이르는 땅굴을 판다면 아들은 이 사실을 정무관에게 신고해야 하는가?"[131] "이는 하면 안 되는 행위다. 아버지가 고발당하면 아들은 오히려 아버지를 변호해야 한다." "그러면 조국이 모든 의무보다 우선하지 않는단 말인가?" "우선한다. 그러나 시민들이 부모에게 효도하는 것이 조국 자체에 이로움을 준다." "어떤가? 아버지가 참주의 자리를 차지하거나 조국을 배반하려고 시도하면 아들은 침묵할 것인가?" "침묵하지 않을 것이다. 아들은 그러한 시도를 하지 말라고 아버지에게 애원할 것이다. 아무런 진전이 없으면 아들은 아버지를 비난하고 위협도 할 것이다. 결국 상황이 조국의 파멸에 이른다면 아들은 아버지의 안녕보다 조국의 안녕을 우선시할 것이다." **91** 또 헤카톤은 묻는다. 현자가 실수로 진폐 대신 위폐를 받았다면 이 사실을 알았을 때 채권자에게 진폐 대신 위폐로 빚을 갚을 것인가? 디오게네스는 그렇다고 말하는 반면, 안티파트로스는 그렇지 않다고 말하는데, 나는 안티파트로스에게 동의한다. 포도주가 변질되고 있다는 사실을 아는데도 포도주를 파는 사람은 이 사실을 말해야 할까? 디오게네스는 말할 필요가 없다고 생각하는 반면, 안티파트로스는 좋은 사람은 말할 것이라고 여긴다. 이는 스토아학파의 법에 관한 논쟁과 같다. 노예를 판매할 때 하자를 말해야 할까? 여기서 내가 말하는 하자는, 말하지 않으면 시민법에 따라 노예를 반환해야 하는 하자가 아니라, 노예에게 거짓말하고 노름하고 훔치고 술에 취하는 성향이 있다는 하자다. 한 사람은 말해야 한다고 생각하고, 다른 사람은 그럴 필요가 없다고 생각한다. **92** 누군가가 금을 황동으로 알고 판다면 좋은 사람은 그에게 그것이 금이라는 사실을 알려 줄 것인가 아니면 1000데나리우스짜리를 1데나리우스에 살 것인가? 이제 내 생각이 무엇이고, 내가 언급한 철학자들 사이에 어떤 논쟁이 있는지는 명백하다.

XXIV 흔히 법무관들이 고시하듯 "폭력이나 악의적 사기에 의해 체결되지 않은" 협정과 약속은 항상 지켜야 할까? 갑이 을에게 수종 치료약을 주면서 이 약으로 건강해지면 앞으로 다시는 이 약을 쓰지 말라는 조건을 걸었다고 하자. 을이 이 약으로 건강해졌는데 몇 년 후 같은 병에 다시 걸렸을 때, 약정 상대방인 갑이 이 약을 다시 쓰는 것을 허락하지 않는다면 을은 무엇을 해야 할까? 이를 거부하는 갑은 비인간적인 데다가 어떤 불의도 당하지 않기 때문에 을은 약을 써서 자신의 목숨과 건강을 돌보아야 한다. **93** 어떤가? 누군가가 현자를 자기의 상속인으로 삼아 그에게 1억 세스테르티우스를 유증한다고 유언장에 썼는데, 상속인이 되기 전에 낮에 광장에서 사람들이 보는 앞에서 춤출 것을 요청한다고 하자. 현자가 그렇게 하지 않으면 상속인으로 지명되지 않을 것이기 때문에 그렇게 하겠다고 약속했다면 그는 약속을 이

행해야 하는가 말아야 하는가? 그가 약속하지 않았더라면 좋았을 텐데. 내 생각에는 약속을 안 하는 편이 현자의 품격에 어울렸을 것이다. 그러나 그는 이미 약속했기 때문에 광장에서 춤추는 것을 추하다고 여긴다면 유산을 받기보다는 약속을 어겨 유산을 한 푼도 안 받는 편이 더 훌륭할 것이다. 물론 그가 그 돈을 국가의 큰 위기 때 내놓는 경우는 예외일 것이다. 이 경우에 그는 조국의 이익을 증진할 것이기 때문에 춤추는 것조차 추하지 않을 것이다.

XXV 94 상대방에게 유익하지 않은 약속은 지킬 필요가 없다.[132] 신화로 돌아가자면 태양신은 아들 파에톤에게 원하는 것은 뭐든지 해 주겠다고 말했다. 파에톤은 아버지의 마차에 타기를 원했다. 그는 마차에 탔지만, 내리기도 전에 벼락을 맞아 불에 타 버렸다.[133] 이 경우 아버지의 약속이 지켜지지 않았더라면 얼마나 더 좋았을까! 테세우스가 넵투누스에게 요청하여 이행된 약속은 어떨까? 넵투누스가 테세우스에게 세 가지 소원 중 하나를 택하게 하자 테세우스는 아들 히폴뤼토스의 죽음을 원했는데, 왜냐하면 아버지는 아들과 그의 계모 사이의 관계를 의심했기 때문이다. 소원이 성취되자 테세우스는 매우 큰 슬픔에 빠졌다.[134] **95** 아가멤논이 디아나[135]에게 자신의 왕국에서 그해에 태어난 가장 아름다운 것을 바치기로 맹세했는데, 그해에 이피게네이아보다 더 아름답게 태어난 것이 없었기에 그녀를 제물로 바친 일은 어떨까?[136] 그는 그토록 혐오스러운 짓을 저지르느니 차라리 약속을 이행하지 말았어야 했다.

그러므로 때로는 약속을 이행할 필요가 없고, 맡은 것을 항상 돌려줄 필요도 없다.[137] 어떤 이가 제정신일 때 너에게 검을 맡겼는데, 제정신이 아닐 때 검을 돌려달라고 요구한다면 돌려주는 것이 잘못이고, 돌려주지 않는 것이 의무일 것이다.[138] 어떤가? 너에게 돈을 맡긴 자가 조국에 전쟁을 일으킨다면 그가 맡긴 것을 돌려주어야 할까? 나는 돌려주면 안 된다고 믿는다. 왜냐하면 가장 소중히 여겨야 하는 국가에 반하는 행위를 하게 되기 때문이다. 이처럼 본래 훌륭해 보이는 많은 것이 상황에 따라 훌륭하지 않게 된다. 유익이 바뀐다면 약속 이행, 합의 준수, 위탁물 반환은 훌륭하지 않게 된다.

정의에 반하면서도 현명함으로 가장하여 유익해 보이는 것들에 대해 나는 충분히 말했다고 생각한다. **96** 그러나 나는 1권에서 훌륭함의 네 가지 원천으로부터 의무를 도출했기 때문에 유익해 보이지만 실제로 유익하지 않은 것들이 얼마나 덕에 적대적인지를 보여 주면서 이 네 가지 원천을 다룰 것이다. 그런데 악의가 모방하고 싶은 현명함과 항상 유익한 정의에 대해서는 이미 논의했다.[139] 훌륭함의 두 부분이 남아 있는데, 하나는 탁월한 영혼의 위대함과 뛰어남에서 식별되고, 다른 하나는 자제와 절제에 의한 영혼의 형성과 절도에서 식별된다.

XXVI 97 적어도 비극 시인들[140]이 전해 주었듯 오뒤세우스는 출정을 피하는 것이 유익하다고 생각했지만(최고의 작가 호메로스의 작품에서 오뒤세우스는 그런 의심을 전혀 받지 않는다), 비극들은 그가 미친 척 가장해서 출정을 피하려 했다는 이유로 그를 비난한다. 아마도 누군가가 말할지도 모른다. "이타카에서 왕 노릇을 하면서 부모처자와 평화롭게 산다는 계획은 훌륭하지 않지만 유익하다. 당신은 매일매일의 노고와 위험 속에 있는 영예가 이런 평온함과 비교될 수 있다고 생각하는가?" 그러나 나는 이런 평온함을 경시하고 거부해야 한다고 생각한다. 왜냐하면 훌륭하지 않은 것은 유익하지도 않기 때문이다. **98** 오뒤세우스가 계속 가장했더라면 어떤 말을 들었으리라고 너는 생각하느냐? 그는 전쟁에서 매우 큰 공을 세웠는데도 아이아스한테서 이런 말을 들었으니 말이다. "제일 먼저 서약한 그는 너희 모두 알다시피 혼자 신의를 저버렸다. 그는 출정에 합류하지 않으려고 미친 척하기 시작했다. 팔라메데스[141]의 통찰력 있는 현명함이 그의 악의적인 뻔뻔함을 꿰뚫어 보지 못했더라면 그는 신성한 신의의 서약을 영원히 어겼을 것이다."[142] **99** 오뒤세우스에게는 이방인들과 전쟁하기로 일치단결한 희랍을 버리는 것보다는, 적과 싸우는 것뿐만 아니라 파도와 싸우는 것(실제로 파도와 싸웠다)이 더 좋은 일이었다.[143]

그러나 신화들과 외국의 사례들은 제쳐두고 우리의 역사적 사실을 보도록 하자. 재선 집정관인 마르쿠스 아틸리우스 레굴루스는 한니발의 아버지인 하밀카르가 총사령관이었을 때[144] 라케다이몬인 지휘관 크산티포스[145]의 간계에 넘어가 아프리카에서 포로가 되었다.[146] 그는 어떤 귀족 포로들[147]을 카르타고인들에게 반환하는 데 실패하면 자기가 카르타고로 되돌아오겠다고 서약하고 나서 원로원으로 보내졌다. 로마에 왔을 때, 그는 유익해 보이는 것이 무엇인지를 알고 있었지만, 사실이 보여 주듯 이것을 잘못된 것으로 판단했다. 즉, 조국에 남는 것, 자기 집에서 처자식과 함께 지내는 것, 자기가 전쟁에서 당한 파멸을 전쟁의 흔한 불운이라고 판단하며 전직 집정관의 지위와 위엄을 유지하는 것 등 말이다. 누가 이것들이 유익함을 부정할까? 누구라고 너는 생각하느냐? 영혼의 위대함과 용기가 이것들이 유익함을 부정한다. 네가 더 믿을 만한 권위자들을 찾고 있지는 않겠지? **XXVII 100** 이 덕들의 고유한 특성은 아무것도 두려워하지 않는 것, 모든 인간사를 경멸하는 것, 인간에게 생길 수 있는 모든 일을 견딜 수 있다고 생각하는 것이다. 그러면 레굴루스는 어떤 행동을 했는가? 그는 원로원에 와서 자기가 받은 명령을 설명한 다음, 적과 맺은 서약에 속박된 한 자기는 원로원 의원이 아니라고 말하며 투표를 거부했다. 게다가 (누군가는 말할지도 모른다. "어리석은 사람이구나. 자신의 유익과 맞서다니!") 그는 포로 반환은 유익하지 않다고 말했다. 왜냐하면 포로들은 젊고 좋은 지휘관인 반면, 그는 이미 나이가 들어 쇠약했기 때문이다. 그의 권위가 힘을 발휘한 결과 포로들은 억류되었고, 그는 카르타고로 되돌아갔다. 조국애도 가족애도 그를 만류하지 못했다. 그때 그는 자기가 가장 잔인한 적과 혹독한 고문을 향해 출발한다는 사실을 모르지 않았지만, 서약을 지켜야 한다고 생각했다. 따라서 나는 말하건대 그가 늙은 포로이자 서약을 어긴 전직 집정관으로서 자기 집에 머물러 있을 때보다는 잠을 못 자 죽어 갈 때가 형편이 더 좋았다. **101** "그러나 그는 포로 방면을 하면 안 된다고 생각했을 뿐만 아니라 이를 만류하기도 했으니 어리석었다." 어째서 어리석었는가? 국가에 이로움을 주었는데도 어리석었는가? 국가에 무익한 것이 시민 중 누구에게 유익할 수 있을까?

XXVIII 인간들은 유익을 훌륭함에서 분리할 때 자연의 기초를 무너뜨린다. 왜냐하면 우리 모두는 유익을 추구하고, 유익에 사로잡히며, 이와 달리 행할 수 없기 때문이다. 유익한 것을 피하려는 자가 있을까? 아니 오히려 유익한 것을 매우 열렬하게 추구하지 않으려는 자가 있을까? 그러나 영예, 적합함, 훌륭함을 제외하면 어디에서도 결코 유익한 것을 발견할 수 없으므로 우리는 이 세 가지를 첫째가는 것이자 최고의 것으로 여기는 반면, '유익'이라는 이름을 영예로운 것이라기보다 필요 불가결한 것으로 간주한다.

102 누군가는 말할지도 모른다. "그러면 서약의 경우는 어떤가? 우리가 분노한 유피테르를 두려워해서 서약을 지켰던가?

아니다. 신은 결코 분노하지도 않고 해를 가하지도 않는다는 것은, 모든 철학자, 다시 말해 신은 스스로 골치 아픈 일에서 벗어나 있고 다른 사람에게 골치 아픈 일을 부과하지 않는다고 말하는 철학자들뿐만 아니라 신은 항상 뭔가 하고 또 애쓴다고 주장하는 철학자들의 공통된 견해다.[148] 더 나아가 레굴루스가 자신에게 가한 해보다 더 큰 해를 분노한 유피테르가 그에게 가할 수 있었을까? 따라서 신에 대한 두려움은 그토록 큰 유익을 없앨 힘이 없었다. 아니면 레굴루스는 추한 행위를 할까 봐 두려워했을까? 첫째, 악 중에 최소의 악을 택하라.[149] 그러면 거짓 서약의 추함이 그가 당한 고문만큼 악했던가? 둘째, 아키우스의 말도 있다. '당신은 신의를 파기했습니까?' '나는 신의가 없는 자에게 신의를 주지도 않았고 주고 있지도 않다.'[150] 비록 불경한 왕의 말이지만 탁월한 말이다." **103** 게다가 비판자들은 다음도 덧붙이는데, 우리가 어떤 것은 유익해 보이지만 실제로 유익하지 않다고 말하듯 그들은 어떤 것이 훌륭해 보이지만 실제로 훌륭하지 않다고 말한다. 예컨대 레굴루스가 서약을 지키기 위해 고문받으러 되돌아간 것은 그 자체로 훌륭해 보이지만 훌륭하지 않다. 왜냐하면 적들에 의해 강제로 체결된 것이 효력이 있으면 안 되었기 때문이다.[151] 그들은 다음도 덧붙이는데, 매우 유익한 것은 뭐든지 간에 이전에는 훌륭해 보이지 않았어도 훌륭한 것이 된다.

대략 이것들이 레굴루스를 비판하는 논변들이다. 그러면 첫 번째 논변을 보자. **XXIX 104** "분노한 유피테르가 해를 가할까 봐 무서워할 필요가 없었다. 유피테르는 분노하지도 않고 해를 가하지도 않는다." 이 논변은 레굴루스의 서약 못지않게 다른 모든 서약을 비판한다. 그러나 서약의 경우 어떤 공포가 있는지가 아니라 어떤 효력이 있는지를 이해해야 한다. 사실 서약은 신에 대한 두려움의 단언이다. 신을 증인으로 삼은 것처럼 단호하게 체결한 약속은 지켜져야 한다. 지금 이 문제는 신들의 분노(이것은 존재하지 않는다)가 아니라 정의와 신의에 관련된 것이다. 엔니우스는 훌륭하게 말한다. "날개 달린 자비로운 신의의 여신이여, 유피테르의 이름으로 행한 서약이여."[152] 따라서 서약을 위반하는 자는 신의의 여신을 모독한다. 카토의 연설[153]에 있듯 우리 조상들은 이 여신이 카피톨리움에서 지고지선한 유피테르의 이웃이기를 원했다.[154] **105** "그러나 분노한 유피테르조차 레굴루스가 자신에게 가한 해보다 더 큰 해를 그에게 가할 수 없었을 것이다." 고통 말고 다른 악이 없다면[155] 이는 옳은 말이었을 것이다. 그러나 최고의 권위를 지닌 철학자들[156]은 고통이 최고악이 아닐 뿐만 아니라 악조차 아니라고 확언한다. 그러니 제발 이것의 평범한 증인이 아니라 아마도 가장 중요한 증인인 레굴루스를 비난하지 말아라. 우리는 의무를 지키기 위해 자발적으로 고문을 당한 로마 인민의 지도자보다 더 믿을 만한 증인을 찾을 수 있을까?

비판자들은 악 중에 최소의 악을 택해야 한다고, 즉 재앙을 초래하는 행위보다 추한 행위를 택해야 한다고 말했는데, 추함보다 더 큰 악이 있을까? 신체적인 불구가 뭔가 혐오감을 준다면 추해진 영혼의 타락과 수치는 얼마나 더 혐오스럽다고 여겨져야 하는가? **106** 따라서 이 문제를 엄격하게 논의하는 자들은 감히 추한 것만이 악이라고 말하는 반면, 이 문제를 느슨하게 논의하는 자들은 주저 없이 추한 것이 최고악이라고 말한다.[157]

"나는 신의가 없는 자에게 신의를 주지도 않았고 주고 있지도 않다"라고 시인[158]이 옳게 말했다. 왜냐하면 그는 아트레우스를 묘사할 때, 아트레우스라는 인물에 맞추어서 해야 했기 때문이다.[159] 그러나 비판자들이 신의가 없는 자에게 주어진 신의는 신의가 아니라는 입장을 취한다면 그들은 거짓 서약으로 빠져나갈 구멍을 찾지 않도록 주의해야 한다.

107 게다가 전쟁법도 있으며,[160] 서약의 신의는 종종 적을 상대로도 지켜져야 한다. 왜냐하면 서약을 이행해야 한다는 생각을 마음속에 품고서 서약을 했다면 그것을 지켜야 하기 때문이다. 반면 그렇지 않은 서약은 이행하지 않아도 거짓 서약이 아니다. 예컨대 목숨의 대가로 해적들과 합의한 몸값을 치르지 않아도 기만이 아니고, 심지어 서약하고 나서 몸값을 치르지 않아도 기만이 아니다. 왜냐하면 해적은 합법적인 적들의 부류에 포함되지 않고, 모든 사람의 공동의 적이기 때문이다. 해적과는 신

의도 서약도 공유하면 안 된다. **108** 거짓된 것을 서약하는 것이 거짓 서약이 아니라, 우리가 관습적인 말로 표현하듯 "진심으로" 서약한 것을 이행하지 않는 것이 거짓 서약이다. 에우리피데스는 영리하게 말했다. "내 혀가 서약했고, 내 정신은 서약하지 않았다."[161] 그러나 레굴루스는 전쟁 중에 적들과 맺은 협정과 협약을 거짓 서약으로 파기하면 안 되었다. 왜냐하면 전쟁 상대는 정당하고 합법적인 적이었고, 이러한 적을 상대로 군사제관법 전체도 있고 국가 간에 공유된 많은 법도 있기 때문이다. 이러한 법이 없었더라면, 원로원은 결코 우리의 저명한 인물들을 묶어 적에게 넘겨주지 않았을 것이다. **XXX 109** 그러나 티투스 베투리우스와 스푸리우스 포스투미우스[162]가 재선 집정관 시절 카우디움 전투에서 패해 우리의 군단이 치욕적으로 굴복했을 때 그들은 삼니움인들과 평화협정을 체결했기에 삼니움인들에게 넘겨졌다. 왜냐하면 그들은 인민과 원로원의 명령 없이 평화협정을 체결했기 때문이다. 당시 호민관이었던 티베리우스 미누키우스와 퀸투스 마일리우스[163]도 자신들의 권한으로 평화협정을 체결했기에 그들과 같은 시기에 넘겨졌다. 삼니움인들과 체결된 평화협정이 무효가 되도록 말이다. 이렇게 넘겨지는 것을 제안하고 지지한 사람은 넘겨진 당사자 포스투미우스였다.[164] 여러 해가 지나고 나서 이 같은 일이 또 벌어졌다. 원로원의 재가 없이 누만티아인들과 조약을 체결한 가이우스 만키누스[165]는 자기를 누만티아인들에게 넘기라는 법률안, 즉 루키우스 푸리우스와 섹스투스 아틸리우스[166]가 원로원의 결의에 따라 제안한 법률안을 지지했다. 그 안이 채택되자 만키누스는 적에게 넘겨졌다. 그는 퀸투스 폼페이우스[167]보다 더 훌륭한 행위를 했다. 폼페이우스는 같은 상황에서 법률안 채택에 반대하는 청원을 하여 그 안이 채택되지 않았다. 이 경우는 유익해 보인 것이 훌륭함보다 더 큰 힘을 발휘했지만, 앞선 두 경우는 훌륭함의 권위가 거짓되게 유익해 보이는 것을 이겼다.

110 "그러나 강제로 체결된 것이 효력이 있으면 안 되었다." 마치 강제력이 용감한 사람에게 행사될 수 있는 것인 양 말하는구나! "레굴루스는 왜 원로원으로 출발했을까? 특히 포로 반환을 만류하려고 했을 때."[168] 너희는 그의 가장 위대한 점을 비난하고 있다. 사실 그는 자기의 판단을 고집한 것이 아니라, 자기의 입장을 변호할 뿐 원로원이 판단을 내리게 했다. 그 자신이 원로원에 제안하지 않았다면 포로들은 확실히 카르타고인들에게 반환되었을 것이고, 레굴루스는 무사히 조국에 남았을 것이다. 그러나 그는 그것이 조국에 유익하지 않다고 생각했기 때문에 자기의 의견을 표명하고 이를 감수하는 것이 자기에게 훌륭한 일이라고 믿었다.

비판자들은 매우 유익한 것이 훌륭하게 된다고 말하는데,[169] '훌륭하게 된다'가 아니라 '훌륭하다'고 말해야 한다. 왜냐하면 훌룡하지 않은 것은 유익하지 않으며, 유익해서 훌륭한 것이 아니라 오히려 훌륭해서 유익하기 때문이다.

그래서 많은 놀라운 사례 가운데 이 레굴루스의 사례보다 더 칭송할 가치가 있거나 더 뛰어난 사례를 말하기는 쉽지 않을 것이다.

XXXI 111 레굴루스에 대한 모든 칭송 가운데 이 한 가지, 즉 그가 포로를 억류해야 한다고 생각한 점은 경탄받아 마땅하다. 그가 되돌아간 사실은 지금 우리에게 놀라워 보이지만, 그 당시 그는 달리 행할 수 없었다. 따라서 그러한 칭송의 대상은 그 사람이 아니라 그의 시대다.[170] 사실 우리 조상들은 서약이 신의를 지키기 위한 가장 견고한 사슬이기를 원했다. 이는 12표법,[171] 신성법,[172] 적에게도 신의를 지키는 조약, 어떤 사안보다도 서약을 가장 엄격하게 판단한 감찰관의 사찰과 징계에서 보인다. **112** 아울루스의 아들인 루키우스 만리우스[173]가 독재관이었을 때, 호민관 마르쿠스 폼포니우스[174]는 만리우스에게 독재관직 임기를 며칠 연장했다는 이유로 민회 출두일을 통보했다. 또 그는 만리우스가 나중에 토르콰투스라고 불리는 아들 티투스[175]를 사람들의 무리에서 추방해 시골에서 살도록 명했다는 이유로 만리우스를 고발했다. 젊은 아들은 아버지에게 난감한 일이 생겼다는 소식을 듣자, 로마로 급히 가서 새벽에 폼포니우스의 집에 도착했다고 전해진다. 이를 보고받은 폼포니우스는 분노한 아들이 아버지에게 불리한 뭔가를 자기에게 고하리라고 생각하여 침대에서 일어나 목격자들을 물러가게 한 다음 젊은이가 자기한테 오도록 명했다. 그러나 그 젊은이는 들어가자마자 즉시 검을 뽑고는 폼포니우스가 자기 아버지에 대한 고발을 철회하겠다고 서약하지 않으면 즉시 그를 죽이겠다고 서약했다. 폼포니우스는 공포로 인해 억지로 서약했다. 그는 이 사안을 민회에 보고했는데, 자기가 고발을 관둘 수밖에 없는 이유를 알린 다음 만리우스에 대한 고발을 철회했다. 그 당시에 서약은 이토록 강력했다. 그런데 이 티투스 만리우스는 자기에게 도전한 어떤 갈리아인을 아니오[176]에서 죽이고 그의 목걸이를 탈취해서 '토르콰투스'라는 별명을 얻었다. 그의 삼선 집정관 시절 라티니인들은 베세리스[177]에서 흩어지고 달아났다. 그는 특히나 위대한 사람이고, 아버지에게는 매우 관대했으나, 아들에게는 가차 없이 엄격했다.

XXXII 113 레굴루스가 서약을 지켰기에 칭송받아야 하는 것처럼, 칸나이 전투 후 한니발이 원로원으로 보낸 저 열 명[178]은 포로 반환에 성공하지 못하면 카르타고인들의 수중에 있는 진영으로 되돌아가겠다고 서약했기 때문에 되돌아가지 않았으면 비난받아야 한다. 이들에 대해서는 모두가 똑같이 서술하지 않는다. 특히나 좋은 역사가인 폴뤼비오스[179]가 말하기를 그때 보내진 열 명의 귀족 중 아홉 명은 원로원에서 임무 달성에 실패하자 되돌아갔으나, 열 명 중 한 명, 즉 진영을 떠났다가 잠시 후 뭔가를 잊었다는 구실로 되돌아간 자는 로마에 남았다. 왜냐하면 그는 진영으로 되돌아감으로써 서약에서 벗어났다고 이해했기 때문이다. 그러나 이는 옳지 않다. 왜냐하면 기만은 거짓 서약을 없애기는커녕 공고히 하기 때문이다. 따라서 이것은 현명함을 왜곡해서 모방한 어리석은 교활함이다. 그래서 원로원은 저 능구렁이 같고 교활한 자를 결박해서 한니발에게 돌려보내기로 결의했다.[180] **114** 그러나 가장 중요한 부분은 다음이다. 한니발은 8000명을 포로로 잡았는데, 그들은 전열에서 붙잡히거나 목숨을 잃을 위험을 피한 자들이 아니라 집정관인 파울루스와 바로[181]가 진영에 남겨 둔 자들이었다. 그들을 적은 돈으로 반환받을 수 있었지만,[182] 원로원은 우리 병사들의 마음속에 승리 아니면 죽음을 새겨 두고자 그들을 반환받으면 안 된다고 결의했다. 폴뤼비오스가 기술하듯 한니발은 이 소식을 듣자 낙담했다. 왜냐하면 그는 원로원과 로마 인민이 절망에 빠진 상황에서도 그토록 고상한 영혼을 지녔다고 생각했기 때문이다.[183] 유익해 보이는 것은 훌륭함과 비교되면 이처럼 압도된다. **115** 반면 희랍어로 역사를 기술한 가이우스 아킬리우스[184]가 말하기를 선서에서 벗어나려고 이와 동일한 기만책을 구사해서 진영으로 되돌아간 사람이 여럿 있었지만 감찰관들에 의해 온갖 오명으로 낙인찍혔다.

이제 이 주제를 끝내자. 비겁하고 보잘것없으며 의기소침하고 망연자실한 영혼의 행위는(레굴루스가 포로에 대해 국가에 불리하고 자기에게 유리해 보이는 제안을 했거나 집에 남기를 원했다면 그의 행위는 그러했을 것이다) 수치스럽고 역겨우며 추하기 때문에 명백히 유익하지 않다.

XXXIII 116 적합함, 절도, 적도, 자제, 절제를 포함하는 네 번째 부분이 남아 있다. 그러면 이러한 덕들의 집합에 반대되는 유익한 것이 있을까? 그런데 아리스티포스가 창시한 퀴레네학파와 소위 안니케리스학파[185]는 모든 선을 쾌락에 두었고, 덕은 쾌락을 산출하기 때문에 칭송받아야 한다고 여겼다. 그들은 한물갔지만 그들과 거의 같은 생각의 조력자이자 지지자인 에피쿠로스[186]가 이름을 떨치고 있다.[187] 우리의 목적이 훌륭함을 보전하고 유지하는 것이라면 우리는 속담에서 말하듯 "기병과 보병을 총동원하여"[188] 이들과 결전해야 한다. **117** 왜냐하면 메트로도로스[189]가 기술하듯 유익뿐만 아니라 행복한 삶 전체도 건강한 신체 상태와 이 상태를 확신하는 기대에 달려 있다면 확실히 이러한 유익은, 게다가 그들이 생각하는 최고의 유익도 훌륭함과 충돌할 것이기 때문이다. 우선 현명함의 자리는 어디에 주어질까? 사방에서 유쾌한 것을 수집하는 자리? 쾌락을 섬기는 덕의 예속은 얼마나 비참한가! 또 현명함의 임무는 무엇일까? 쾌락을 영리하게 선택하는 임무? 이 임무보다 더 즐거운 것은 아무것도 없다고 해 보자. 무엇이 이 임무보다 더 추하다고 생각될 수 있을까? 그리고 또 고통을 최고악이라고 말하는 사람한테서 고통과 노고를 경시하는 용기는 어떤 자리를 가질까? 에피쿠로스는 실제로 말하듯이 많은 대목에서 고통에 대해 매우 용감하게 말하지만, 우리는 그가 무엇을 말하는지가 아니라, 쾌락을 최고선에 두고 고통을 최고악에 두는 자의 말에 어떤 일관성이 있는지 주목해야 한다. 내가 자제와 절제에 대한 그의 말을 듣는 경우도 이와 마찬가지다. 그는 많은 대목에서 많은 말을 하지만, 속담에서 말하듯 "물시계가 멎었다."[190] 최고선을 쾌락에 두는 사람이 어떻게 절제를 칭송할 수 있을까? 왜냐하면 절제는 욕정의 적인 반면, 욕정은 쾌락의 추종자이기 때문이다. **118** 그러나 에피쿠로스학파는 세 종류의 덕[191]에 대해 할 수 있는 한 교묘하고 모호하게 말한다. 그들은 쾌락을 제공하고 고통을 물리치는 지식으로 현명함을 제시한다. 그들은 죽음을 무시하고 고통을 견뎌 내는 방법을 전해 줄 때 어떤 방식으로 용기도 설명한다. 그들은 매우 쉬운 일은 아니지만 가능한 방식으로 절제도 끌어들인다. 왜냐하면 그들은 쾌락의 최대 크기는 고통이 제거된 크기라고 말하기 때문이다. 그러나 정의는 흔들리고, 아니 오히려 쓰러져 있고, 공동체와 인류 사회에서 식별되는 모든 덕도 마찬가지다. 왜냐하면 우정뿐만 아니라 선의, 관후함, 상냥함도 그 자체로 추구되지 않고 쾌락과 유익에 준거한다면 존재할 수 없기 때문이다.

119 그러면 몇 마디로 요약해 보자. 우리는 훌륭함에 반대되는 유익은 없다고 일러 주었듯 모든 쾌락은 훌륭함에 반대된다

고 말한다. 내 판단으로는 칼리폰과 디노마코스[192]가 더 비난받아야 한다. 왜냐하면 이들은 마치 인간과 가축을 결합하듯 훌륭함과 쾌락을 결합하면 논쟁이 해소되리라고 생각했기 때문이다. 훌륭함은 이러한 결속을 받아들이는 것이 아니라, 오히려 거부하고 몰아낸다. 실로 단일해야 하는 최고선은 매우 상이한 것들로 섞이고 혼합될 수 없으며, 최고악도 마찬가지다. 그러나 이것은 중요한 주제이기에 이에 대해서는 다른 곳[193]에서 상세히 논의했다. 이제 원래의 주제로 되돌아가자. **120** 유익해 보이는 것이 훌륭함과 상충하는 경우 이 문제를 어떻게 판단해야 하는지를 앞에서 충분히 논의했다. 그러나 쾌락도 유익의 외양을 지닌다고 말해지더라도 쾌락과 훌륭함의 결속은 불가능하다. 왜냐하면 우리가 쾌락에 뭔가를 양보할지라도 쾌락은 아마도 어느 정도 양념은 될지언정 확실히 유익하지는 않을 것이기 때문이다.

121 내 아들 마르쿠스야, 너는 아버지한테서 선물을 받는다. 내 생각에 큰 선물이지만, 그 가치는 네가 어떻게 받아들이느냐에 달려 있다. 이 세 권의 책을 크라티포스의 강의록 사이에서 마치 손님인 것처럼 맞아들여야 한다. 그러나 조국이 항해 중인 나를 큰 소리로 불러들이지 않았더라면 나는 실제로 아테네에 갔을 것이고,[194] 그랬더라면 너는 때때로 내 말도 직접 들었겠지만, 실제로 내 목소리는 이 책을 통해 너에게 도달했기 때문에 너는 낼 수 있는 만큼의 시간을 이 책에 할애해라. 여기서 '낼 수

있는 만큼의 시간'은 '원하는 만큼의 시간'을 의미한다. 네가 이런 종류의 지식에 즐거워한다는 사실을 알게 되면 내가 고대하듯 조만간 네 앞에서 대화할 것이지만, 떨어져 있는 동안에는 멀리서 대화를 나눌 것이다. 그러면 나의 키케로야, 잘 지내거라. 너는 내게 매우 소중하지만, 이러한 충고와 지침에 기뻐한다면 나한테서 훨씬 더 사랑받게 되리라고 굳게 믿어라.

주석

1권

1   마르쿠스 툴리우스 키케로(B.C. 65~B.C. 1세기 말)는 키케로의 외아들
    이다. 카이사르와 폼페이우스 사이에 내전(B.C. 49~B.C. 45)이 벌어졌
    을 때 폼페이우스 편에 가담했지만, 폼페이우스가 패한 후 카이사르의
    용서를 받았다. 기원전 45년 봄에 철학을 공부하러 아테네로 유학을 가
    서 소요학파 철학자인 크라티포스의 제자가 되었다. 기원전 43년에 아
    버지 키케로가 살해당하자 브루투스가 이끄는 군대에 입대했다. 기원전
    39년에 옥타비아누스(나중에 아우구스투스)의 용서를 받은 후 로마로 돌
    아왔다. 옥타비아누스를 도와 안토니우스와 맞서 싸웠고, 기원전 30년
    에 집정관이 되었다.

2   크라티포스(B.C. 1세기)는 페르가몬 출신의 소요학파 철학자다. 원래는
    아카데미아학파 철학자인 아스칼론 출신의 안티오코스의 제자였는데,
    나중에 소요학파로 전향해서 소요학파의 수장이 되었다. 키케로는 기
    원전 51년에 자기의 속주인 킬리키아로 가는 도중에 크라티포스를 만

나 친분을 맺었다. 크라티포스는 키케로의 요청으로 시민권을 얻었고, 키케로의 이름과 씨족명(마르쿠스 툴리우스)을 받았다. 플루타르코스의 『플루타르코스 영웅전』「키케로전」24 참조.

3 키케로는 신(新)아카데미아학파에 속했고, 아들 마르쿠스는 소요학파에 속했다.

4 소크라테스(B.C. 469~B.C. 399)는 아테네의 철학자다. 기원전 399년에 젊은이들을 타락시킨 죄와 불경죄로 사형을 선고받아 죽었다. 그의 저술은 없고, 그의 가르침은 주로 그의 제자 플라톤과 크세노폰의 작품을 통해 전해졌다. 아카데미아학파, 소요학파, 스토아학파 모두 소크라테스의 추종자이자 후예라고 주장했다.

5 플라톤(B.C. 429~B.C. 347)은 아테네의 철학자다. 소크라테스의 제자이고, 아카데미아의 창시자다. 『국가』를 비롯하여 여러 대화편을 저술했다.

6 키케로가 『의무론』을 집필할 때까지 출간한 연설문은 대략 70편이고, 수사학 이론서와 철학책은 대략 55권이다. 『의무론』의 권수를 3권으로 세듯이 수사학 이론서와 철학책의 권수를 세면 대략 55권이지만, 『의무론』의 권수를 1권으로 세듯이 수사학 이론서와 철학책의 권수를 세면 대략 20권이다.

7 데메트리오스(B.C. 350~B.C. 280)는 팔레론 출신의 소요학파 철학자이자 아테네의 정치가다. 테오프라스토스의 제자였고, 마케도니아의 왕 카산드로스에 의해 아테네의 총독(B.C. 317~B.C. 307)으로 임명되었다. 그의 문체에 대해서는 『브루투스』37~38, 『연설가』92 등 참조.

8 테오프라스토스(B.C. 370~B.C. 285)는 레스보스 출신의 소요학파 철학자다. 아리스토텔레스의 제자이자 뤼케이온의 제2대 수장이었다. 많은 작품을 저술했으나 몇몇 단편만 전해진다. 그의 문체에 대해서는 『브루투스』121, 『연설가』62 참조.

9 데모스테네스(B.C. 384~B.C. 322)는 아테네의 정치가이자 연설가다. 원래는 플라톤의 제자였지만, 철학을 포기하고 연설에 매진했다. 대

략 60편의 연설이 전해진다. 키케로는 그를 위대한 연설가로 칭송한다. 『브루투스』 35, 플루타르코스의 『플루타르코스 영웅전』 「데모스테네스전」 5 등 참조.

10 아리스토텔레스(B.C. 384~B.C. 322)는 스타게이로스 출신의 철학자다. 플라톤의 제자였고, 알렉산드로스 대왕의 스승이었다. 뤼케이온을 세워 소요학파의 창시자가 되었다. 그의 대화편은 전해지지 않지만, 거의 모든 분야를 망라한 그의 강의록은 일부 전해진다.

11 이소크라테스(B.C. 436~B.C. 338)는 아테네의 연설가다. 마케도니아에 우호적이었던 그는 마케도니아에 적대적이었던 데모스테네스의 적수였다. 21편의 연설이 전해진다.

12 '훌륭함(honestas)' 또는 '훌륭한 것(honestum)'은 희랍어 '칼론(아름다운)'의 번역어다. 훌륭함은 네 가지 덕, 즉 지혜, 정의, 영혼의 위대함(용기), 적합함(절제)을 아우르는 용어다. 훌륭함은 희랍어 '아이스크론(추한)'의 번역어인 '추함(turpitudo)'과 반대되는 말이다. 훌륭함과 추함은 행위 선택을 위한 중요한 기준이다.

13 퀴레네학파와 에피쿠로스학파.

14 『최고선악론』.

15 "오직 훌륭함만이 그 자체로 추구되어야 한다고 주장하는 사람들"은 스토아학파이고, "그 자체로 추구되어야 하는 것 중에서 훌륭함이 제일 많이 추구되어야 한다고 주장하는 사람들"은 아카데미아학파와 소요학파다.

16 스토아학파는 키티온 출신의 제논(B.C. 335~B.C. 263)이 창시했다. 제논의 작품은 단편만 전해진다. 스토아학파의 '스토아'라는 이름은 스토아 포이킬레(프레스코로 장식된 주랑 건물)에서 유래했다. 스토아학파는 덕만 좋고, 악덕만 나쁘며, 다른 모든 것은 좋지도 나쁘지도 않다고 주장했다.

17 아카데미아학파는 플라톤이 창시했다. 아카데미아학파는 구(舊)아카데미아학파 시기와 신(新)아카데미아학파 시기로 나뉜다. 플라톤의 가

르침을 계승한 구아카데미아학파는 확실한 지식을 추구했고, 육체적 쾌락과 외적인 것도 좋지만, 덕이 가장 좋다고 주장했다. 반면 회의주의로 선회한 신아카데미아학파는 개연적인 지식을 추구했다.

18 소요학파는 아리스토텔레스가 창시했다. '소요학파'라는 이름은 아리스토텔레스가 뤼케이온의 주랑 주변을 소요(逍遙)한 데에서 유래했다. 소요학파는 구아카데미아학파와 마찬가지로 육체적 쾌락과 외적인 것도 좋지만, 덕이 가장 좋다고 주장했다.

19 아리스톤(B.C. 3세기)은 키오스 출신의 스토아 철학자이고, 퓌론(B.C. 365~B.C. 275)은 엘리스 출신의 회의주의 철학자로서 회의주의의 시조이며, 헤릴로스(B.C. 3세기)는 카르타고 출신의 스토아 철학자다. 그들은 부, 건강 등의 외적인 것은 좋지도 나쁘지도 않고 선호되지도 않는다고 주장한다. 그들의 주장에 따르면 더 선택될 가치가 있는 외적인 것이 아무것도 없기 때문에 키케로는 그들이 선택의 여지를 남겨 두지 않았다고 주장한다.

20 파나이티오스(B.C. 185~B.C. 109)는 로도스 출신의 스토아 철학자다. 바빌론 출신의 디오게네스와 타르소스 출신의 안티파트로스의 제자였고, 나중에 스토아학파의 수장이 되었다. 그의 『의무론』은 키케로의 『의무론』에 많은 영향을 주었지만, 현재 전해지지 않는다.

21 '메손(meson)' 대신 '카테콘(kathēkon)'으로 읽은 판본도 있다.

22 파나이티오스의 세 가지 주제, 즉 훌륭함, 유익, 훌륭함과 유익의 비교는 각각 1권, 2권, 3권에서 논의된다. 파나이티오스가 간과한 주제들 가운데 훌륭한 것들 간의 비교는 1권 152~161, 유익한 것들 간의 비교는 2권 88~89에서 논의된다.

23 키케로는 1권 11~14에서 네 가지 덕의 자연적 토대를 말하는데, 지혜는 11과 13, 정의는 12, 영혼의 위대함(용기)은 12~13, 적합함(절제)은 14에서 논의한다. 그는 인간이 다른 동물들과 공유하는 자연적 충동으로부터 논의를 시작한 다음, 이성을 소유한 인간이 네 가지 덕을 향한 충동을 어떻게 갖는지 보여 준다.

24 플라톤의 『파이드로스』 250d.

25 "진리에 대한 분명한 인식과 통찰"은 지혜, "인간 사회의 보호와 각자에게 자기 것을 부여함과 계약에 대한 신의의 준수"는 정의, "고상하고 굽힐 줄 모르는 영혼의 위대함과 강인함"은 영혼의 위대함(용기), "모든 행위와 말의 질서 및 한도"는 적합함(절제)을 뜻한다.

26 지혜와 현명함은 이 대목에서 구분되지 않으나 1권 153에서 구분된다.

27 가이우스 술피키우스 갈루스(B.C. 2세기)는 로마의 연설가이자 장군이자 정치가다. 기원전 169년에 법무관, 기원전 166년에 집정관이었다. 제3차 마케도니아 전쟁에서 루키우스 아이밀리우스 파울루스 밑에서 복무하던 중 퓌드나 전투(B.C. 168) 전날 밤에 월식을 예언하여 로마군이 공포에 빠지지 않게 했다.

28 섹스투스 폼페이우스(B.C. 2세기 말~B.C. 1세기 초)는 그나이우스 폼페이우스의 삼촌이다. 그는 기하학뿐만 아니라 법학, 스토아철학에도 매진했다. 『브루투스』 175 참조.

29 "좋은 사람"으로 번역한 라틴어 'bonus vir'에는 세 가지 의미가 있는데, 철학적으로는 '좋은 사람, 현자', 정치적으로는 '귀족, 애국자', 법적으로는 '선량한 사람'을 뜻한다. 이 대목에서 '좋은 사람'은 '정의로운 사람'으로 여겨진다. 앞으로 'bonus vir'는 맥락에 따라 '좋은 사람', '귀족', '선량한 사람'으로 번역한다.

30 아르피눔과 투스쿨룸은 로마 근교에 있다. 전자는 키케로의 고향이고, 후자에 키케로의 별장이 있다.

31 플라톤의 『편지들』 아홉 번째 편지 358a.

32 『법률론』 1권 25, 『최고선악론』 3권 67, 『신들의 본성에 관하여』 2권 37과 154 등 참조.

33 이 대목에서 "신의(fides)"의 어원은 "행해짐(fiat)"이라고 말해지지만, 'fides'와 'fiat(원형은 fio)' 사이에 어원적인 연관은 없다.

34 마르쿠스 리키니우스 크라수스 디베스(B.C. 115~B.C. 53)는 로마의 장군이자 정치가다. '디베스(부유한)'라는 이름에서 알 수 있듯 그의 집

안은 부유했다. 기원전 80년대에 술라 밑에서 군 복무를 했고, 기원전 71년에 스파르타쿠스의 노예 반란을 진압했다. 카이사르, 폼페이우스 와 함께 제1차 삼두정치를 했다. 기원전 53년에 파르티아와 싸우던 중 카라이 전투에서 전사했다. "자기의 수입으로 군대를 유지할 수 없다 면 충분한 돈을 가진 것이 아니다"라는 크라수스의 말에 대해서는 『스 토아 철학의 역설』 45 참조.

35 이 말은 엔니우스의 알려지지 않은 비극(아마도 『튀에스테스』)에 나오 는 구절이다. 이 구절은 『국가론』 1권 49에도 나온다. 퀸투스 엔니우 스(B.C. 239~B.C. 169)는 로마의 시인이다. 라틴 문학에 큰 영향을 주 었다. 12권으로 된 서사시 『연대기』 등을 썼지만, 현재 그의 작품은 단 편만 전해진다. 키케로는 그의 작품을 자주 인용한다.

36 가이우스 율리우스 카이사르(B.C. 100~B.C. 44)는 로마의 역사가이 자 장군이자 정치가다. 그의 아내인, 술라의 적 킨나의 딸과 이혼하라 는 술라의 명령을 거부하여 주목받았다. 폼페이우스, 크라수스와 함 께 제1차 삼두정치를 했다. 기원전 59년에 집정관이었고, 이후 8년간 갈리아 전쟁(B.C. 58~B.C. 50)을 치른 후 『갈리아 전기』를 썼다. 기원 전 49년에 원로원은 군대를 해산하고 로마로 돌아오라는 명령을 그 에게 내렸지만, 원로원의 명령을 거부하고 루비콘강을 건넌 후 폼페 이우스와 소(小) 카토 등을 상대로 내전(B.C. 49~B.C. 45)을 치르고서 『내전기』를 썼다. 내전에서 승리하여 독재관이 되었지만, 기원전 44년 3월 15일에 브루투스와 원로원 의원들에게 살해되었다. 키케로는 『의 무론』에서 왕으로 군림하려는 욕망을 지닌 카이사르를 여러 차례 비판 한다. 2권 23, 3권 36, 82~83 참조.

37 키케로는 로마 공화국을 파멸시킨 카이사르의 정치적 야망은 비난하 지만, 그의 군사적인 능력과 지적인 재능은 인정한다.

38 플라톤의 『테아이테토스』 173d~e, 『국가』 520a.

39 이 말과 달리 1권 31~33에서는 판단하기 어려운 사례들이 제시된다.

40 푸블리우스 테렌티우스 아페르(B.C. 195~B.C. 159)는 로마의 희극 작

가다. 현재 여섯 편의 희극 작품이 전해진다.

41 테렌티우스의 『저 자신을 벌주는 사람』 77. 이 구절은 『법률론』 1권 33에도 나온다.

42 이 말을 삭제해서 읽는다.

43 "공동의 유익을 지키는 것"이라는 정의의 두 번째 기초는 1권 20에서 언급된 "공공의 것은 공공을 위해, 개인의 것은 자기를 위해 사용하는 것"이라는 정의의 두 번째 임무와 다르다.

44 문장의 흐름만 놓고 보면 "이것들"은 앞 문장의 '정의의 기초'를 가리키는 것이 자연스럽지만, 정의의 기초는 상황에 따라 바뀌는 것이 아니기 때문에 "이것들"은 '위탁물을 반환하거나 약속을 이행하는 등 진실과 신의에 관련된 행위'를 가리킨다.

45 로마 신화의 넵투누스는 희랍 신화의 포세이돈이다. 넵투누스는 바다의 신이다.

46 테세우스는 아테네의 전설적인 왕이다. 아티카 지방을 정치적으로 통일했고, 크레테의 미노타우로스를 죽이는 등 많은 모험을 한 영웅이다. 넵투누스는 자기 아들인 테세우스에게 세 가지 소원을 들어주기로 약속했다. 세 가지 소원에 대해서는 각주 48 참조.

47 히폴뤼토스는 테세우스의 아들이다. 계모 파이드라가 히폴뤼토스를 사랑했지만, 그가 그녀의 사랑을 거절하자 그녀는 테세우스에게 그를 모함했다. 그의 무고함이 밝혀지자 그녀는 자살했고, 테세우스는 크게 슬퍼했다.

48 첫 번째 소원은 하데스로부터 무사 귀환이고, 두 번째 소원은 라뷔린토스로부터 탈출이며, 세 번째 소원은 히폴뤼토스의 죽음이다.

49 테세우스의 세 번째 소원은 에우리피데스의 『히폴뤼토스』 887 이하에서는 첫 번째 소원으로 나온다.

50 법무관은 기원전 367년에 만들어진 고위 정무관직으로, 주로 로마 시민의 재판과 외국인의 재판을 관장했다. 취임할 때 공직 수행의 원칙과 정책을 공개적으로 공표했는데, 이것이 법무관 고시의 원천이다.

법무관 고시는 시민법을 설명하고 보충했다.

51 이 속담의 의미는 법의 자구에 매달릴수록 법의 정신이나 정의로부터 멀어진다는 것이다. 이 속담은 테렌티우스의『저 자신을 벌주는 사람』796에서 "최고의 법은 종종 최고의 악의(ius summum saepe summast malitia)"라고 말해진다.

52 스파르타의 왕 클레오메네스(재위 B.C. 519~B.C. 488). 플루타르코스의『모랄리아』223a 이하 참조.

53 퀸투스 파비우스 라베오(B.C. 2세기)는 로마의 정치가다. 기원전 183년에 집정관이었다.

54 놀라와 네아폴리스는 이탈리아 남부의 캄파니아 지방에 있다.

55 투스쿨룸인들, 아이퀴인들, 볼스키인들, 사비니인들, 헤르니키인들은 로마 주변의 종족이다. 로마 시민권이 투스쿨룸인들에게는 기원전 381년에, 아이퀴인들에게는 기원전 304년에, 볼스키인들에게는 기원전 188년에, 사비니인들에게는 기원전 268년에, 헤르니키인들에게는 기원전 306년에 주어졌다.

56 소(小) 스키피오가 기원전 146년에 카르타고를, 기원전 133년에 누만티아를 파괴했다. 카르타고는 북아프리카 해안가에 있는 강력한 도시였고, 누만티아는 히스파니아의 켈티베리아에 있는 도시였다.

57 코린토스는 코린토스만에 위치한 희랍 도시였다. 로마와 희랍의 아카이아 동맹 사이에 벌어진 아카이아 전쟁에서 집정관 루키우스 뭄미우스 아카이쿠스가 기원전 146년에 코린토스를 파괴했다.

58 키케로는 평화가 이루어지면 어느 정도 공화국이 보전될 것이라고 믿었기 때문에 기원전 49년에 카이사르와 폼페이우스의 내전을 막고 화해를 주선하려 했지만 실패했다.『친구들에게 쓴 편지』6.1.6, 6.6.5 참조.

59 카이사르는 파성추가 성벽에 닿기 전에 항복한 적들만 살려 주겠다고 아두아투키족들에게 말했다. 카이사르의『갈리아 전기』2권 32 참조.

60 소(小) 스키피오는 아프리카인들의 보호인, 루키우스 아이밀리우스 파

울루스는 마케도니아인들의 보호인이 되었다.

61 로마의 군사제관은 20명인데, 조약 체결, 보상 청구, 선전포고 등을
    했다. 이를 규정한 법이 군사제관법이다.

62 마르쿠스 포필리우스 라이나스(B.C. 2세기)는 로마의 정치가다. 집정
    관이던 기원전 172년에 리구리아인들을 정복했다.

63 마르쿠스 포르키우스 카토(B.C. 234~B.C. 149)는 로마의 정치가다.
    '노(老) 카토'라고 불린 그는 도덕과 카르타고에 대한 엄격함으로 유명
    했다. 도덕의 타락을 우려하여 희랍 문화를 적대했고, 카르타고의 멸
    망을 부르짖었다.

64 이 부분을 삭제해서 읽는다. 이 부분은 1권 37절과 내용상 충돌하고,
    라틴어 표현의 문제가 있어서 후대에 삽입한 것으로 추정된다.

65 페르세우스(B.C. 212~B.C. 165)는 마케도니아의 마지막 왕이다. 제3차
    마케도니아 전쟁(B.C. 171~B.C. 168) 중 퓌드나 전투(B.C. 168년)에서
    패해 포로가 되었다.

66 루키우스 아이밀리우스 파울루스. 집정관은 기원전 509년에 만들어진
    고위 정무관직으로, 1년에 선거로 두 명씩 뽑혔다. 집정관은 내정과
    군사에 대한 대권을 지니며, 민회와 원로원을 소집했다.

67 '페르두엘리스'는 '적'을 뜻하는 말이고, '페레그리누스'는 '외국인'을 뜻
    하는 말이며, '호스티스'는 원래 '외국인'을 뜻하는 말이었지만 나중에
    '적'을 뜻하는 말로 바뀌었다. '호스티스'의 의미 변화에 대해서는 바로
    의 『라틴어론』 5권 3 참조.

68 "혹은 외국인(호스티스)과의 확정기일이 있는"은 『12표법』 2표의 2에
    있고, "외국인(호스티스)을 상대로 소유권은 영구불변하다"는 『12표법』
    3표의 7 또는 6표의 4에 있다. 12표법은 기원전 451~기원전 449년에
    법전제정 10인관(decemviri legibus scribundis)이 열두 개의 표에 기록한
    로마 최초의 성문법이다.

69 1권 35.

70 로마인들은 히스파니아의 켈티베리인들과 기원전 153~기원전 133년

에, 게르마니아의 킴브리인들과 기원전 113~기원전 101년에, 라티
니인들 및 사비니인들과 기원전 6세기~기원전 4세기에, 삼니움인들
과 기원전 343~기원전 272년에, 카르타고인들과 기원전 264~기원전
241년에, 기원전 218~기원전 202년에, 기원전 149~기원전 146년에,
퓌로스와 기원전 280~기원전 275년에 싸웠다.

71 "카르타고인들은 조약을 깨뜨렸고"는 엔니우스의 『연대기』에 인용된
    구절로 추정된다. 한니발 바르카(B.C. 247~B.C. 182)는 카르타고의
    유명한 장군이다. 기원전 218년에 히스파니아에서 알프스산맥을 넘어
    이탈리아를 공격하여 약 15년 동안 이탈리아를 점령했다. 기원전 216
    년에 칸나이 전투에서 로마의 여덟 군단을 무찌르는 대승을 거두었다.
    이후에 대(大) 스키피오가 아프리카를 공격해서 카르타고가 위험에 빠
    지자 한니발은 카르타고로 되돌아왔고, 기원전 202년에 자마 전투에
    서 결정적으로 패했다. 키케로는 로마가 카르타고와 패권을 두고 결전
    했다고 말하지만, 카르타고는 파괴될 당시(B.C. 146) 로마의 패권 상
    대가 아니었다. 키케로는 카르타고의 파괴를 정당화하기 위해 카르타
    고인들의 기만과 한니발의 잔인함을 말한다. 한니발의 잔인함에 대해
    서는 『라일리우스 우정론』 28 참조.

72 퓌로스(B.C. 319~B.C. 272)는 에페이로스의 왕이다. 자기는 아킬레우
    스의 아들이자 아이아코스의 증손자인 퓌로스(네오프톨레모스)의 후손
    이라고 주장했다. 타렌툼의 구원 요청을 구실로 삼아 로마를 상대로
    전쟁을 일으켜 몇 차례 승리를 거두었지만, 결국 기원전 275년에 베네
    벤툼에서 패했다. 여기에 인용된 말은 기원전 280년에 헤라클레아 전
    투에서 로마군에게 승리를 거두고 나서 한 말이다. 로마군 지도자인
    가이우스 파브리키우스 루스키누스가 포로 반환을 요청하자 그는 몸
    값을 받지 않고 포로를 반환했다.

73 "운명의 여신(Fortuna)" 대신에 "운(fortuna)"으로 읽는다.

74 엔니우스의 『연대기』 6권, 194~201 또는 186~193.

75 아이아코스는 제우스의 아들이고, 아킬레우스의 할아버지이다. 사후

에 저승의 재판관이 되었다.

76 마르쿠스 아틸리우스 레굴루스(B.C. 3세기)는 로마의 장군이자 정치가다. 기원전 267년과 기원전 256년에 집정관이었다. 제1차 카르타고 전쟁(B.C. 264~B.C. 241)에서 카르타고에게 승리를 거두었지만, 기원전 255년에 전투에서 패해 포로가 되었다. 5년 후 카르타고의 귀족 포로들과 로마의 포로들을 교환하는 협상을 하도록 로마로 보내졌지만, 로마 원로원에서 포로들의 반환을 만류했다. 포로 교환에 실패하면 카르타고로 되돌아가겠다는 서약을 지키기 위해 카르타고로 되돌아가서 처벌받았다. 그에 대한 상세한 이야기는 3권 99 이하에 나온다.

77 칸나이 전투는 기원전 216년에 로마와 카르타고가 칸나이에서 벌인 전투인데, 한니발이 이끄는 카르타고군이 로마군을 상대로 대승을 거두었다.

78 감찰관은 기원전 443년에 만들어진 고위 정무관직으로, 두 명이고 임기는 18개월이다. 주요 임무는 호구조사, 시민의 재산 평가, 도덕의 감독 등이다.

79 인두세 납부 시민은 투표권 없이 인두세만 납부하는 시민이다.

80 가이우스 파브리키우스 루스키누스(B.C. 4세기 말~B.C. 3세기 초)는 로마의 장군이자 정치가다. 기원전 282년과 기원전 278년에 집정관이었고, 기원전 275년에 감찰관이었다. 개선식을 두 차례 거행했다. 탈주병을 퓌로스 왕에게 인도한 이야기는 3권 86에 다시 나온다.

81 1권 40의 이야기가 3권 86~87, 113~114에 다시 나오기 때문에 1권 40을 삭제하자는 제안이 있지만, 이 제안을 받아들이지 않는다.

82 노예를 임금노동자처럼 대하라는 지침의 배경에는 어느 누구도 본성적으로 노예가 아니라고 보는 스토아철학이 있다. 세네카의『베풂에 대하여』3권 22 참조.

83 1권 20.

84 여기서 "이것"은 세 번째 주의점을 말하지만, 세 가지 주의점을 정의의 기초라고 말할 수도 있다.

85 루키우스 코르넬리우스 술라 펠릭스(B.C. 138~B.C. 78)는 로마의 장
    군이자 정치가다. 기원전 88년에 집정관이었는데, 미트리다테스 전쟁
    의 지휘권을 박탈당하자 군대를 이끌고 로마로 진군하여 지휘권을 되
    찾았다. 마리우스와 내전을 치러 승리했다. 기원전 82년에 독재관이
    되어 정적들을 추방하거나 처형하고 그들의 재산을 몰수했다. 기원전
    80년에 권력을 내려놓고 은퇴했다.

86 2권 27 참조.

87 "선행을 받을 사람의 성품"은 1권 46, "그가 우리를 대하는 마음"은 1권
    47, "그가 이전에 우리의 유익을 위해 행한 의무들"은 1권 48~49, "그
    의 공동체와 사회생활"은 1권 50~60에서 논의된다.

88 헤시오도스의 『일과 날』, 349~350. 헤시오도스(B.C. 8세기)는 보이오
    티아 출신의 희랍 시인이다. 널리 알려진 작품으로 『신통기』와 『일과
    날』이 있다.

89 "친구들의 것은 모두 공유된 것이다"라는 속담은 플라톤(『파이드로스』
    279c, 『국가』 424a, 『법률』 739c)과 아리스토텔레스(『니코마코스 윤리학』
    1159b, 『정치학』 1263a) 등의 저작에 나온다.

90 엔니우스의 알려지지 않은 비극에서 인용되었다.

91 인류 사회.

92 부부간에, 또 부모와 자식 간에 사회가 있다는 말은 어색하지만, 인류
    사회에서 출발해서 가정으로 종결되는 방식으로 사회에 대한 논의가
    이루어지는 것을 고려하여 'societas'를 '결합', '유대'로 번역하지 않고,
    용어를 일관성 있게 쓰기 위해 '사회'로 번역한다.

93 아리스토텔레스의 『정치학』 1252a~b 참조.

94 『라일리우스 우정론』 18, 아리스토텔레스의 『니코마코스 윤리학』 8~9권
    참조.

95 피타고라스(B.C. 570~B.C. 500)는 사모스 출신의 수학자이자 철학자
    다. 남부 이탈리아의 희랍 식민시인 크로톤에서 피타고라스학파를 창
    시했다. 플라톤에게 큰 영향을 주었으며, 저술은 남기지 않았다.

96 조국을 파괴하는 데 전념하는 자들로는 안토니우스와 그의 추종자들이 있고, 전념했던 자들로는 카이사르와 술라 등이 있다. 마르쿠스 안토니우스(B.C. 83~B.C. 30)는 로마의 장군이자 정치가다. 그는 카이사르 밑에서 군 복무를 했다. 카이사르 사후 그의 양자인 옥타비우스와 함께 그의 유산과 권력을 물려받았다. 안토니우스와 정치적 입장이 달랐던 키케로는 열네 개의 『필리포스 연설』에서 그를 맹렬히 비난했다. 안토니우스는 국가의 주도권을 놓고 옥타비우스와 싸우다가 악티움 해전(B.C. 31)에서 패하자 자살했다.

97 의무의 실행은 1권 60에서 논의되므로 이 문장을 삭제해서 읽는다.

98 작자 미상의 시구.

99 작자 미상의 시구 또는 엔니우스의 『아이아스』에서 인용된 시구. "살마키스의 자손이여, 피땀 없이 전리품을 획득하라", "피땀 없이 획득된 살마키스의 전리품"이라는 번역도 가능하다. 살마키스의 자손은 겁쟁이를 뜻한다. 살마키스는 카리아에 있는 샘인데, 그 샘에 몸이 닿으면 몸이 허약해진다고 여겨졌다. 오비디우스의 『변신 이야기』 4권 285 이하 참조.

100 언급한 것들은 희랍의 유명한 전투다. 마라톤 전투(B.C. 490), 살라미스 해전(B.C. 480), 플라타이아 전투(B.C. 479), 테르모퓔라이 전투(B.C. 480)에서 희랍군이 페르시아군을 이겼고, 레욱트라 전투(B.C. 371)에서 테베군이 스파르타군을 이겼다.

101 푸블리우스 호라티우스 코클레스(B.C. 6세기)는 로마의 정치가이자 장군이다. 클루시움의 왕 라르스 포르세나가 이끄는 에트루리아 군대가 로마를 침공했을 때 티베리스강에 있는 다리를 끊어 에트루리아 군대의 진군을 저지했다. 리비우스의 『로마사』 2권 10 참조.

102 푸블리우스 데키우스 무스 부자(父子)는 로마의 정치가이자 장군이다. 아버지 데키우스는 기원전 340년에 집정관이었고, 기원전 337년에 라틴인들과 싸우다 전사했다. 아들 데키우스는 기원전 295년에 집정관이었고, 그해 삼니움, 움브리아 동맹군과 싸우다 전사했다. 리

비우스의 『로마사』 8권 9, 10권 28 참조.

103 그나이우스 코르넬리우스 스키피오와 푸블리우스 코르넬리우스 스키피오는 로마의 정치가이자 장군이다. 그나이우스 스키피오는 대(大) 스키피오의 삼촌이고, 푸블리우스 스키피오는 대(大) 스키피오의 아버지인데, 전자가 동생이고 후자가 형이다. 전자는 기원전 222년에, 후자는 기원전 218년에 집정관이었다. 둘 다 제2차 카르타고 전쟁 중인 기원전 211년에 히스파니아에서 전사했다. 리비우스의 『로마사』 25권 32~36 참조.

104 마르쿠스 클라우디우스 마르켈루스(B.C. 268~B.C. 208)는 로마의 정치가이자 장군으로, 집정관을 다섯 차례 역임했다. 로마 최고의 군사적 영광인 '스폴리아 오피마(단일 전투에서 적장을 죽인 자들에게만 주어짐)'를 로마 역사상 세 번째이자 마지막으로 받았다. 제2차 카르타고 전쟁 때 맹활약을 했지만, 기원전 208년에 베누시아 근처에서 전사했다. 리비우스의 『로마사』 27권 26~27 참조.

105 스토아학파가 용기를 이처럼 정의한 다른 전거는 없다.

106 플라톤의 『메넥세노스』 246e, 플라톤의 『라케스』 197b.

107 플라톤의 『라케스』 182e. 라케다이몬인은 스파르타인을 가리킨다.

108 키케로는 카이사르를 염두에 두지만, 폼페이우스도 이에 포함된다. 카이사르의 『내전기』 1권 4, 4 참조.

109 모든 사람을 몹시 능가하고 싶을 때, 공정을 보존하는 것.

110 키케로는 기원전 44년 초에 『영광론』을 저술했지만, 이 책은 현재 전해지지 않는다.

111 스토아학파에 따르면 덕만이 좋고, 악덕만이 나쁘다. 덕과 악덕 이외의 것들 가운데 일부는 선호되고 일부는 선호되지 않지만, 이것들 모두 무차별하다. 오직 이성이 덕을 획득하도록 인도하는 반면, 격정(감정, 정념)은 제거되어야 하고, 운명(운)의 변덕은 무시되어야 한다.

112 1권 65.

113 스토아철학에서 격정(감정, 정념)은 네 가지, 즉 욕망, 공포, 쾌락, 고

통이다. 욕망의 대상은 미래의 좋은 것, 공포의 대상은 미래의 나쁜 것, 쾌락(욕정)의 대상은 현재의 좋은 것, 고통(슬픔)의 대상은 현재의 나쁜 것이다. 분노는 원래 욕망의 한 부분이었지만, 나중에 다섯 번째 격정으로 간주되었다.

114 "매우 저명하고 최고 일인자인 철학자들"로는 플라톤, 아리스토텔레스가 있고, "인민의 품행도 인민 지도자들의 품행도 견딜 수 없었던 엄격하고 근엄한 자들"로는 키케로의 친구 아티쿠스가 있다.

115 'magnificentia'와 '영혼의 위대함'으로 번역되는 'magnitudo animi'가 의미상 같아서 "magnificentia"를 "영혼의 위대함"으로 번역한다.

116 격정(감정, 정념)과 같은 의미.

117 "열망(studia)"을 넣어서 읽는다.

118 예컨대 갈리아 전쟁을 일으킨 카이사르.

119 테미스토클레스(B.C. 528~B.C. 462)는 아테네의 장군이자 정치가다. 기원전 480년에 아테네의 함대를 지휘했고, 살라미스 해전에서 크세르크세스가 이끄는 페르시아군을 격파했다. 기원전 472년에 도편추방을 당해 페르시아로 도망갔다.

120 솔론(B.C. 630~B.C. 560)은 아테네의 시인이자 정치가다. 아테네 민주정의 창시자로 여겨졌다. 기원전 594년에 아르콘이 되자 모든 시민이 법정의 배심원으로 참여할 수 있는 것과 같은 정치적 개혁과 빚의 탕감과 같은 경제적 개혁을 감행하여 당대의 위기에서 벗어나고자 했다. 여러 가지 법을 제정한 후 아테네를 떠나 10년 동안 여러 나라를 돌아다녔다.

121 키케로는 솔론이 아레이오스 파고스 의회를 설립했다고 서술하지만, 아리스토텔레스와 플루타르코스에 따르면 아레이오스 파고스 의회는 이미 존재했고, 솔론이 설립한 것은 400인 협의회였다. 아리스토텔레스의 『아테네 정체』 3, 플루타르코스의 『플루타르코스 영웅전』 「솔론전」 19 참조. 아레이오스 파고스 의회는 아테네의 법과 제도를 수호하고 재판을 관장했지만, 기원전 5세기 중엽에는 주로 살인 사

건 재판을 하는 기관으로 역할이 축소되었다.

122 키케로는 아레이오스 파고스 의회를 일종의 원로원으로 간주한다.

123 아레이오스 파고스 의회는 해병들에게 급료를 지급하여 아테네가 살라미스 해전에서 승리하는 데 큰 기여를 했다. 아리스토텔레스의 『아테네 정체』 23, 플루타르코스의 『플루타르코스 영웅전』 「테미스토클레스전」 10 참조.

124 파우사니아스(B.C. 6세기 말~B.C. 470)는 스파르타의 장군이다. 페르시아 전쟁에서 페르시아군에 맞서 희랍 연합군을 지휘하여 플라타이아 전투(B.C. 479)에서 페르시아군을 격파했다.

125 뤼산드로스(B.C. 5세기 말~B.C. 395)는 스파르타의 장군이다. 펠로폰네소스 전쟁에서 스파르타 함대를 지휘했고, 아이고스포타모이 해전(B.C. 405)에서 아테네군을 격파했다. 기원전 404년에 페이라이에우스 항구를 포위하여 아테네의 항복을 받아냈다.

126 뤼쿠르고스(B.C. 7세기)는 스파르타의 전설적인 입법자이자 정체 수립자다.

127 마르쿠스 아이밀리우스 스카우루스(B.C. 163~B.C. 89)는 로마의 정치가다. 기원전 115년에 집정관, 기원전 109년에 감찰관이었다. 항상 귀족을 편들었다.

128 가이우스 마리우스(B.C. 157~B.C. 86)는 로마의 장군이자 정치가다. 키케로의 고향 아르피눔 출신이고, 키케로의 할머니와 혈연관계였다. 집정관을 일곱 차례 지냈고, 로마 군단을 전문적인 군인 집단으로 바꿨으며, 기원전 102~기원전 101년에 킴브리족과 테우토네스족의 침입을 막았다. 말년에 술라와 내전을 치렀으나, 내전이 끝나기 전에 죽었다.

129 퀸투스 루타티우스 카툴루스(B.C. 120~B.C. 61)는 로마의 정치가다. 술라를 지지해 그 보상으로 기원전 78년에 집정관이 되었다. 친민중파 동료 집정관인 마르쿠스 아이밀리우스 레피두스와 대립했을 때 폼페이우스의 도움을 받아 레피두스를 이겼다. 기원전 65년에 감찰

관이 되었지만, 기원전 63년에 카이사르에게 져서 대제관이 되지 못했다.

130 그나이우스 폼페이우스 마그누스(B.C. 106~B.C. 48)는 로마의 장군이자 정치가다. 기원전 80년대에는 술라의 적들을 이기고, 기원전 70년대에는 히스파니아에서 세르토리우스를 이겨 군사적인 명성을 얻었고, 개선식을 두 차례 거행했으며, 기원전 70년에 집정관이 되었다. 이후 그는 지중해의 해적들을 소탕했고, 제3차 미트리다테스 전쟁(B.C. 73~B.C. 63)에서 폰토스의 미트리다테스 6세를 격파하여 세 번째로 개선식을 거행했다. 기원전 59년에 카이사르, 크라수스와 함께 제1차 삼두정치를 했지만, 크라수스 사후에 카이사르와 폼페이우스의 관계가 악화되어 기원전 49년 둘 사이에 내전이 벌어졌다. 파르살로스 전투(B.C. 48)에서 카이사르에게 패하여 이집트로 도망가려 했지만 살해당했다.

131 푸블리우스 코르넬리우스 스키피오 아이밀리아누스 아프리카누스(B.C. 185~B.C. 129)는 로마의 장군이자 정치가이다. '소(小) 스키피오'라고 불렸다. 기원전 147년에 집정관이 되어 기원전 146년에 카르타고를 멸망시켰다. 기원전 134년에 다시 집정관이 되어 기원전 133년에 누만티아를 멸망시켰다. 그라쿠스 형제의 정책에 반대하다가 기원전 129년에 비명횡사했다.

132 티베리우스 셈프로니우스 그라쿠스(B.C. 164~B.C. 133)는 로마의 정치가다. 기원전 133년에 호민관이 되었는데, 농지 개혁 정책으로 유명했다. 군복무의 재산 자격 요건을 낮추고 가난한 사람들에게 공공 토지를 재분배하여 로마 시민의 수를 늘리고자 했지만, 귀족의 반발을 사 기원전 133년에 푸블리우스 나시카에게 살해당했다.

133 푸블리우스 코르넬리우스 스키피오 나시카 세라피오(B.C. 2세기)는 로마의 정치가다. 대제관이었고, 기원전 138년에 집정관이었다. 기원전 133년에 티베리우스 그라쿠스를 살해했다.

134 푸블리우스 나시카가 티베리우스 그라쿠스를 살해한 사건.

135 무력과 폭력의 동원.

136 토가는 로마 시민이 공식적으로 입는 옷이고, 월계관은 승리한 장군의 명예다.

137 『자기 시대에 대하여(*De suis temporibus*)』 또는 『집정관직에 대하여(*De consulatu*)』에 있는 시구. 이 작품은 키케로가 기원전 60년에 썼고, 현재 단편 일부가 남아 있다.

138 카틸리나의 음모(B.C. 63)를 말한다. 루키우스 세르기우스 카틸리나(B.C. 108~B.C. 62)는 로마의 정치가다. 기원전 64년에 치러진 집정관 선거에서 키케로에게 패한 후 국가 전복 음모를 꾸미다가 키케로에게 발각되었다.

139 폼페이우스는 기원전 79년에 아프리카를 수복하여 첫 번째 개선식을, 기원전 71년에 스페인에서 세르토리우스에게 승리하여 두 번째 개선식을, 기원전 61년에 미트리다테스 6세에게 승리하여 세 번째 개선식을 거행했다.

140 노(老) 카토는 기원전 149년에 죽을 때까지 원로원에서 연설할 때마다 "카르타고는 파괴되어야 한다"라고 말했다. 그의 말은 기원전 146년에 실현되었다.

141 분쟁 해결의 외교술.

142 "평정심을 잃지 않는다(nec … de gradu deici)"의 원래 의미는 '검투사나 군인이 자기 자리에서 버티고 서는 것'이다.

143 맥락에 맞지 않은 이 문장은 후대에 삽입된 것으로 추정되기 때문에 이 문장을 삭제해서 읽는다.

144 1권 74.

145 칼리크라티다스(B.C. 5세기)는 스파르타의 장군이다. 아르기누사이 전투(B.C. 406)에서 아테네군에 대패하고서 전사했다.

146 아르기누사이는 레스보스 가까이 있는, 소아시아 해안의 섬이다.

147 "라케다이몬인들에게(de Lacedaemoniis)"를 삭제하지 않는다.

148 클레옴브로토스(B.C. 5세기 말~B.C. 371)는 스파르타의 왕이다. 레

욱트라 전투(B.C. 371)에서 테베의 에파메이논다스와 맞서 싸우다가 패배 후 전사했다.

149 에파메이논다스(B.C. 410~B.C. 362)는 테베의 장군이자 정치가다. 레욱트라 전투에서 스파르타군을 이겼으며, 스파르타의 세력을 꺾고 나서 아르카디아와 메세니아를 해방했다.

150 퀸투스 파비우스 막시무스 베루코수스(B.C. 3세기 초~B.C. 203)는 로마의 장군이자 정치가다. 집정관을 다섯 차례, 독재관을 두 차례, 감찰관을 한 차례 지냈다. 제2차 카르타고 전쟁에서 지연 작전을 쓰면서 한니발과 맞서 싸웠기 때문에 '굼뱅이(쿤크타토르)'라는 별명을 갖게 되었다.

151 엔니우스의 『연대기』 12권에서 인용되었다.

152 국가의 이익보다 자기의 영광을 우선시하는 과오.

153 플라톤의 『국가』 342e 참조.

154 플라톤의 『국가』 420b, 플라톤의 『법률』 715b 참조.

155 민중파(populares)는 민중의 이익을 대변하고, 원로원과 귀족에 맞서며, 민회와 호민관을 중시하고 민중을 위한 개혁을 옹호한다. 반면 귀족파(optimates)는 귀족의 이익을 대변하고, 원로원을 중시하며, 부의 재분배와 같은 개혁에 반대한다. 키케로는 민중파와 귀족파의 화합을 장려하는 것처럼 보이지만, 실제로는 귀족파에 우호적이었다.

156 기원전 5세기 말의 아테네에서는 과두정 지지자와 민주정 지지자 간에 정치적 갈등이 심했다.

157 소요의 사례로 그라쿠스 형제의 사례가 있고, 내전의 사례로 마리우스와 술라의 사례, 카이사르와 폼페이우스의 사례 등이 있다.

158 플라톤의 『국가』 488b.

159 현존하는 플라톤 대화편 중에서 이 구절에 엄밀하게 대응하는 부분은 없지만, 플라톤의 『법률』 856b에 국적(國賊)에 대한 언급이 있다.

160 퀸투스 카이킬리우스 메텔루스 마케도니쿠스(B.C. 2세기 초~B.C. 115)는 로마의 장군이자 정치가다. 그는 기원전 148년에 마케도니아

로 원정을 가서 기원전 146년에 마케도니아 왕을 물리쳐 개선식을
거행했다. 기원전 143년에 집정관이 된 그는 히스파니아에서 누만티
아인들을 이겼다. 기원전 131년에 감찰관이 된 그는 티베리우스 그
라쿠스의 개혁에 반대한 점에서 소(小) 아프리카누스와 의견이 일치
했지만, 다른 정책에서 의견 대립을 보였다.

161 키케로는 『라일리우스 우정론』 77에서 소(小) 스키피오와 퀸투스 메
   텔루스가 의견 대립을 보였지만 서로에게 원한을 품지 않았다고 말
   한 반면, 『국가론』 1권 31에서는 두 사람이 정적이라고 말한다.

162 "관대한 마음(altitudo animi)"은 희랍어 '메갈로프쉬키아(megalopsychia)'
   가 아니라 '바튀테스(bathytēs)'의 번역어로 '분노나 분개를 참는 능력'
   을 뜻한다.

163 아리스토텔레스는 덕이 두 악덕의 중용이라고 말한다. 아리스토텔레
   스의 『니코마코스 윤리학』 1107a~1108b, 1115b~1128b 참조.

164 소요학파는 적당한 분노가 유익하다고 주장하지만, 스토아학파는 분
   노가 일종의 격정(감정, 정념)이기 때문에 제거되어야 한다고 주장한
   다. 『투스쿨룸 대화』 4권 43 참조.

165 소크라테스의 경우는 『투스쿨룸 대화』 3권 31, 라일리우스의 경우는
   『라일리우스 우정론』 7~9 참조. 가이우스 라일리우스(B.C. 2세기)는
   로마의 장군이자 정치가다. 그의 별명은 '현자(사피엔스)'이고, 소(小)
   스키피오와의 우정으로 유명했다. 소(小) 스키피오의 도움으로 기원
   전 140년에 집정관이 되었다.

166 필리포스 2세(B.C. 382~B.C. 336)는 마케도니아의 왕이고, 알렉산드
   로스 대왕의 아버지다. 마케도니아를 통일하고 나서 희랍의 많은 지
   역을 정복했다. 페르시아 제국을 정복하려 했으나 기원전 336년에
   암살당했다.

167 알렉산드로스 대왕(B.C. 356~B.C. 323)은 마케도니아의 왕이고, 필
   리포스 2세의 아들이자, 아리스토텔레스의 제자다. 기원전 336년에
   아버지의 왕위를 계승한 후 페르시아 등의 지역을 순식간에 정복하

고 인도까지 침략했다. 기원전 323년에 바뷜론에서 죽었는데, 행적뿐만 아니라 잔인함으로도 유명했다.

168 소(小) 스키피오.

169 1권 70 이하에서 논의된 주제로 되돌아갔다.

170 키케로는 희랍어 '프레폰'을 라틴어 '데코룸'으로 번역한다. '데코룸'은 희랍어 '칼론(kalon, 아름다움, 고귀함)'처럼 도덕적인 가치와 미적인 가치를 모두 지니고 있어서 번역하기가 어렵다. 1권 93 이하의 논의에서 '데코룸'은 주로 '적합함'의 의미를 지니므로 '데코룸'을 '적합함'으로 번역한다.

171 지혜, 정의, 용기.

172 "일반적인 것"은 '일반적인 의미의(유로서의) 적합함'을 뜻하고, "일반적인 것에 종속된 부분"은 '절제라는 의미의(종으로서의) 적합함'을 뜻한다.

173 『연설가』70~74, 호라티우스의 『시학』 92 참조.

174 '인물'로 번역한 라틴어 'persona'는 '등장인물', '역할', '가면', '인격' 등으로 번역되는 말이다. 이후 논의에서 'persona'는 논의 맥락에 맞게 주로 '역할'로 번역된다.

175 아이아코스와 미노스는 제우스의 아들이며, 아이아코스는 아이기나의 왕이고, 미노스는 크레타의 왕이다. 둘 다 정의를 행하고 선행을 해서 사후에 명부(冥府)의 재판관이 되었다.

176 아키우스의 『아트레우스』 203~204, 226. "아버지 본인"은 아트레우스의 동생 튀에스테스다.

177 아트레우스는 튀에스테스의 형이고, 아가멤논과 메넬라오스의 아버지다. 동생의 아들들을 살해한 뒤 요리를 해서 동생에게 먹였다.

178 '염치'로 번역한 라틴어 'verecundia'를 '신중함'으로 번역하는 것이 이 맥락에 맞지만, 용어를 일관성 있게 쓰기 위해 '염치'로 번역한다.

179 "본래 예리하고 통찰력이 있는 것"은 지혜, "인간의 결속에 어울리는 것"은 정의, "강력하고 용감한 것"은 용기다.

180 절제.

181 스토아학파는 플라톤, 아리스토텔레스와 달리 영혼을 이성적인 부분과 욕구적인 부분으로 나누지 않는다. 영혼은 평상시에 이성을 따르지만, 잘못 판단하여 이성을 따르지 않으면 욕구를 따른다. 파나이티오스는 기존의 스토아학파와 달리 영혼이 이성적인 부분과 욕구적인 부분으로 나뉜다고 여긴다.

182 티투스 마키우스 플라우투스(B.C. 254~B.C. 184)는 로마의 희극 작가다. 희랍의 희극을 토대로 자신의 희극을 썼고, 현재 21편이 전해진다.

183 구희극은 기원전 470~기원전 390년에 있었던 아테네의 희극이다. 기원전 320~기원전 250년에 있었던 신희극과 대비된다. 구희극의 대표적인 작가로는 아리스토파네스(B.C. 448~B.C. 385)가 있다.

184 『브루투스』 292에서 '소크라테스를 추종하는 철학자'로 플라톤, 크세노폰, 아이스키네스가 거명된다.

185 이 작품은 현재 전해지지 않는다.

186 캄푸스 마르티우스(마르스 연병장)는 로마의 북동쪽 티베리스강 근처에 있는 평지다. 그곳에서 젊은이들이 신체를 단련했다.

187 키케로는 안토니우스를 비롯한 정적들을 '가축(pecus)'이라는 말로 모욕한다. 『필리포스 연설』 두 번째 연설 30 참조.

188 루키우스 리키니우스 크라수스(B.C. 140~B.C. 91)는 로마의 연설가이자 정치가다. 기원전 95년에 집정관일 때 리키니우스 무키우스 법을 제정했는데, 이 법은 나중에 동맹시 전쟁(B.C. 91~B.C. 88)을 야기했다. 기원전 92년에 감찰관이었다. 당대 최고의 연설가 중 한 명으로 꼽혔다.

189 루키우스 마르키우스 필리푸스(B.C. 141~B.C. 73)는 로마의 연설가이자 정치가다. 민중파였고, 기원전 104년에 호민관이 되자 농지법을 제안했다. 그의 민중파적인 성향은 점점 약해졌고, 기원전 91년에 집정관이 되자 곡물과 토지를 재분배하자는 리비우스 드루수스의 제

안에 반대했다. 술라와 마리우스의 내전 때 술라 편을 들었다. 키케로는 필리푸스를 크라수스와 안토니우스에 버금가는 연설가로 여겼다. 『브루투스』 173 참조.

190 가이우스 율리우스 카이사르 스트라보 보피스쿠스(B.C. 131~B.C. 87)는 로마의 연설가이자 정치가다. 루키우스 카이사르 스트라보 보피스쿠스의 아들이고, 퀸투스 루타티우스 카툴루스(카툴루스 부자 중 아버지)의 동생이다. 기원전 90년에 조영관(2권 각주 103 참고)이었지만, 이듬해 집정관 선거에서 낙선했다. 기원전 87년에 마리우스가 로마로 돌아온 이후 살해되었다. 그의 재치에 대해서는 『브루투스』 177 참조.

191 마르쿠스 스카우루스의 진지함에 대해서는 『브루투스』 111 참조.

192 마르쿠스 리비우스 드루수스는 로마의 장군이자 정치가다. 기원전 122년에 가이우스 그라쿠스의 동료 호민관이었던 마르쿠스 리비우스 드루수스의 아들이다. 기원전 91년에 호민관이 되어 농지를 분배하고 이탈리아인들에게 시민권을 주자는 제안을 했지만, 반감을 사 살해당했다. 그의 진지함에 대해서는 『브루투스』 109 참조.

193 피타고라스의 진지함에 대해서는 디오게네스 라에르티오스의 『유명한 철학자들의 생애와 사상』 8권 20 참조.

194 페리클레스(B.C. 495~B.C. 429)는 아테네의 연설가이자 장군이자 정치가다. 기원전 443년에서 기원전 429년까지 매해 장군으로 선출되어 아테네에서 막강한 영향력을 행사했고, 아테네 민주정을 공고히 했다. 그의 진지함에 대해서는 플루타르코스의 『플루타르코스 영웅전』 「페리클레스전」 5 참조.

195 이아손(B.C. 5세기 말~B.C. 370)은 페라이의 참주(재위 B.C. 385~B.C. 370)이다. 그는 테살리아를 통일했고, 레욱트라 전투(B.C. 371) 후에 테베와 스파르타가 평화조약을 체결하게 했다. 자신의 야망을 이루지 못한 채 기원전 370년에 암살당했다. 크세노폰의 『헬레니카』 6권 4, 22 참조.

196 살라미스섬을 두고 메가라인들과 오랫동안 전쟁을 하다가 지친 아테
네인들은 아테네가 살라미스에 대한 권리를 주장하면 안 된다는 법
을 통과시켰다. 솔론은 아테네인들이 전쟁을 계속하도록 설득하기
위해 미친 척하면서 「살라미스」라는 시를 암송했다. 그의 주장이 받
아들여져 전쟁이 재개되었다. 플루타르코스의 『플루타르코스 영웅
전』「솔론전」 8 참조.

197 "각(quemque)"을 삭제해서 읽는다.

198 퀸투스 루타티우스 카툴루스(B.C. 2세기 말~B.C. 87)는 로마의 연설
가이자 장군이자 정치가다. 1권 76에 언급한 퀸투스 루타티우스 카
툴루스의 아버지다. 기원전 102년에 가이우스 마리우스와 함께 집정
관이었다. 기원전 87년에 마리우스와 술라 사이에 내전이 벌어졌을
때 술라 편을 들었지만, 마리우스가 로마를 장악하자 자살했다.

199 퀸투스 무키우스 스카이볼라(B.C. 2세기)는 로마의 법률가이자 정치
가다. 조점관(3권 각주 79 참고)이었고, 기원전 117년에 집정관이었
다. 스토아철학과 로마법 전문가로 여겨졌다. 키케로는 젊었을 때 그
의 밑에서 법을 공부했다. "만키아"는 후대에 삽입된 말로 추정되기
에 삭제해서 읽는다.

200 푸블리우스 코르넬리우스 스키피오 나시카(B.C. 2세기)는 로마의 정
치가다. 푸블리우스 코르넬리우스 스키피오 나시카 세라피오의 아들
이다. 기원전 111년에 집정관이었다. 『브루투스』 128 참조.

201 이 구절은 문맥에 맞지 않기 때문에 삭제해서 읽는다. 크세노크라테
스는 칼케돈 출신의 철학자이고, 플라톤의 제자다.

202 로마 신화의 미네르바는 희랍 신화의 아테네다. 미네르바는 지혜, 기
술, 전쟁의 여신이다.

203 예컨대 티베리우스 알부키우스. 그는 희랍어 단어를 섞어 쓰기를 좋
아했다. 『최고선악론』 1권 8 이하 참조.

204 마르쿠스 포르키우스 카토(B.C. 95~B.C. 46)는 로마의 정치가다.
'소(小) 카토'라고 불린다. 노(老) 카토의 증손자이고, 엄격한 성격으

로 유명했다. 기원전 51년에 집정관이었다. 카이사르와 폼페이우스 사이에 내전이 벌어졌을 때 폼페이우스를 지지했지만, 우티카 전투 (B.C. 46)에서 카이사르에게 패하자 자살했다.

205 스토아철학에서 자살은 특별한 상황에서 요구되는 의무다. 소(小) 카 토에게 카이사르의 용서를 받는 것은 수치이지만, 자살은 자유의 보 전이다.

206 오뒤세우스의 라틴어 이름은 '울릭세스'다. 오뒤세우스는 트로이 전쟁 에서 트로이 목마의 계책을 냈고, 트로이 전쟁 이후 10년 동안 떠돌 다가 고향 이타카로 돌아와서 그의 아내 페넬로페의 구혼자들을 죽였 다. 트로이 전쟁에 참가한 희랍의 영웅들 가운데 꾀가 가장 많다.

207 키르케는 아이아이아의 요정이다. 1년 동안 오뒤세우스를 자기 곁에 두었다.

208 칼립소는 오귀기아의 요정이다. 7년 동안 오뒤세우스를 자기 곁에 두었다.

209 '큰 아이아스'라고 말해지는 아이아스는 매우 용감한 희랍의 영웅이 다. 소포클레스의 『아이아스』에서 아킬레우스의 무구를 놓고 오뒤세 우스와 경합했지만, 그 무구가 오뒤세우스에게 주어졌다. 자신의 공 적이 무시당한 데 심한 모욕감을 느껴 실성했고 곧 자살했다.

210 아키우스의 작품. 에피고노이는 테베를 공격하다가 폴뤼네이케스와 함께 죽은 7인의 우두머리의 후손들이자 복수자들이다.

211 파쿠비우스의 작품. 메도스는 할아버지인 아이에테스의 동생 페르세 스에 의해 죽을 뻔했지만, 그의 어머니 메데이아에 의해 구출되었다.

212 엔니우스의 작품. 멜라니페는 테살리아의 왕 아이올로스의 딸인데, 그녀의 두 아들이 감금된 멜라니페를 외할아버지 아이올로스로부터 구출했다.

213 아키우스의 작품. 클뤼타임네스트라는 아가멤논의 부인이다. 그녀는 정부 아이기스토스와 함께 트로이 전쟁에서 돌아온 남편을 죽이지 만, 나중에 아들 오레스테스에게 살해되었다.

214 루필리우스(B.C. 1세기)는 여기에만 언급된 배우다.

215 파쿠비우스의 작품. 안티오페는 숙부 뤼코스의 아내 디르케의 박해를 받다가 두 아들의 도움으로 박해에서 벗어났다.

216 아이소푸스(B.C. 1세기)는 로스키우스와 동시대의 비극 배우이고, 키케로의 절친한 친구다.

217 엔니우스의 작품.

218 1권 107에서 말한 모두에게 공통된 역할과 각자에게 고유한 역할.

219 푸블리우스 무키우스 스카이볼라(B.C. 2세기)는 로마의 법률가이자 정치가다. 기원전 133년에 집정관이었고, 기원전 130년부터 죽을 때(기원전 115년)까지 대제관이었다.

220 퀸투스 무키우스 스카이볼라(B.C. 2세기 말~B.C. 82)는 로마의 연설가이자 법률가이자 정치가다. 기원전 95년에 집정관이었고, 기원전 89년에 대제관이 되었다. 최초로 로마 시민법에 관한 체계적인 저술을 했다. 기원전 82년에 집정관 가이우스 마리우스의 명령에 의해 살해당했다.

221 루키우스 아이밀리우스 파울루스(B.C. 229~B.C. 160)는 로마의 장군이자 정치가다. 소(小) 스키피오의 생부다. 기원전 182년과 기원전 168년에 집정관이었다. 퓌드나 전투(B.C. 168)에서 제3차 마케도니아 전쟁(B.C. 171~B.C. 168)을 종식했는데, 페르세우스 왕의 장서만 전리품으로 가져갔다.

222 코논(B.C. 444~B.C. 392)은 아테네의 장군이다. 아이고스포타모이 해전(B.C. 405)에서 스파르타군에 패하였으나, 크니도스 해전(B.C. 394)에서 페르시아의 도움을 받아 스파르타군을 물리쳤다.

223 티모테오스(B.C. 4세기 말~B.C. 354)는 아테네의 정치가다. 코논의 아들이고, 이소크라테스의 제자다. 기원전 378년에 장군으로 선출되어 제2차 아테네 동맹을 확립했다.

224 크세노폰의 『소크라테스의 회상』 2권 1장 21~34. 크세노폰(B.C. 428~B.C. 354)은 아테네의 장군이자 소크라테스의 제자다. 기원전

401년에 페르시아의 왕위를 차지하려는 퀴로스의 원정에 동참했지만, 이로 인해 기원전 399년에 아테네에서 추방당하자 스파르타와 코린토스로 갔다. 역사와 철학에 관한 여러 작품을 썼다.

225 프로디코스(B.C. 5세기)는 소크라테스 당대의 소피스트다.

226 로마 신화의 유피테르는 희랍 신화의 제우스다. 유피테르는 로마의 신들 중 최고의 신이다.

227 출처가 불분명한 비극 작품에서 인용된 것으로 추정된다.

228 헤라클레스는 제우스(유피테르)의 아들이고, 희랍의 영웅이다. 열두 개의 고역을 치른 것으로 유명하다.

229 1권 110.

230 『라일리우스 우정론』 76 참조.

231 푸블리우스 코르넬리우스 스키피오 아프리카누스(B.C. 236~B.C. 184)는 로마의 장군이자 정치가이고, 제2차 카르타고 전쟁(B.C. 218~B.C. 201)의 영웅이다. '대(大) 스키피오'라고 불린다. 히스파니아에서 여러 차례 전투에 이긴 결과 기원전 205년에 집정관이 되었다. 원로원의 반대에도 불구하고 아프리카를 침공하여 기원전 202년에 자마 전투에서 한니발을 이겼다. 기원전 199년에 감찰관이 되었고, 기원전 194년에 두 번째로 집정관이 되었다.

232 대(大) 스키피오의 장남인 푸블리우스 코르넬리우스 스키피오(B.C. 2세기)는 로마의 연설가다. 건강이 나빠서 공직생활을 하지 않은 대신 뛰어난 연설가가 되었다. 루키우스 아이밀리우스 파울루스의 장남인 소(小) 스키피오를 입양했다.

233 대(大) 스키피오의 부친인 푸블리우스 코르넬리우스 스키피오.

234 "부친이 조부를 닮은 만큼" 대신에 "소(小) 스키피오가 부친(대 아프리카누스)을 닮은 만큼"으로도 번역할 수 있다.

235 견유학파는 소크라테스의 제자인 안티스테네스가 기원전 5세기에 창시한 철학 학파다. 학파의 이름은 아테네에 있는 '퀴노사르게스'에서 유래하는데, 이 말은 '개(kyōn)'와 관련이 있다. 견유학파는 관습을 거

부하고 수치를 모르며 개들처럼 생활한다.

236 스토아학파의 창시자인 제논은 원래 견유학파인 크라테스의 제자였
다. 디오게네스 라에르티오스의 『유명한 철학자들의 생애와 사상』 7권
4 참조.

237 훈련장(팔라이스트라)은 희랍에서는 체육장 또는 체육학교였는데, 로
마에서는 젊은이들이 멋을 부리는 방법을 가르치기도 했다.

238 플라우투스의 『허풍선이 병사』의 등장인물인 '허풍선이 병사' 퓌르고
폴리니케스.

239 그나이우스 옥타비우스(B.C. 2세기)는 로마의 장군이자 정치가다. 기
원전 168년에 법무관이었을 때, 사모트라케에서 마케도니아의 페르
세우스 왕의 항복을 받아냈다. 기원전 165년에 가문 최초로 집정관
이 되었다.

240 신인(novus homo)은 조상 가운데 원로원 의원이 아무도 없고, 본인이
처음으로 원로원 의원이 된 자다.

241 마르쿠스 아이밀리우스 스카우루스(B.C. 1세기)는 로마의 정치가다.
1권 76에서 언급된 마르쿠스 스카우루스의 아들이다. 기원전 65년
에 재무관, 기원전 58년에 조영관, 기원전 56년에 법무관이었다. 이
후 사르디니아의 총독이 되었고, 기원전 54년에 부당이득 취득 혐의
로 고발당했지만, 키케로의 변호에 힘입어 무죄 방면되었다. 기원전
52년에 집정관에 입후보했지만, 선거 부정행위로 고발당하여 추방
되었다.

242 "그리고(et)" 대신에 "아아(heu)"로 읽는다.

243 작자 미상의 시구. 키케로는 안토니우스가 마르쿠스 바로의 집을 차
지하는 것이 어울리지 않는데도 그 집을 차지했다는 이유로 그를 비
난했다. 『필리포스 연설』 두 번째 연설 104 참조.

244 내전이 끝나고 나서 카이사르파가 폼페이우스파의 집들을 차지했다.

245 루키우스 리키니우스 루쿨루스(B.C. 110~B.C. 57)는 로마의 장군이
자 정치가다. 젊어서 술라를 지지했다. 기원전 79년에 조영관, 기원

전 78년에 법무관, 기원전 74년에 집정관이 되었다. 집정관이었을 때 폰토스의 미트리다테스 왕 원정군을 지휘했다. 군사적인 성공을 많이 거두었지만, 결국 폼페이우스에게 명령권을 넘겨주었다. 은퇴 후 투스쿨룸에 호화 별장을 지었다. 『법률론』 3권 30 참조.

246 '에우탁시아'에는 '올바른 순서'와 '절제된 행동'이라는 두 가지 의미가 있다. 키케로는 '에우탁시아'를 라틴어 '모데스티아'로 번역하는데, 이때 '모데스티아'의 의미는 '절제된 행동'이 아니라 '올바른 순서'다.

247 1권 15, 18에서는 지혜와 현명함이 구분되지 않지만, 1권 153에서는 두 가지가 구분되는데, 이 대목에서 현명함의 정의는 서두에 언급된 정의가 아니라 1권 153에서 제시되는 정의와 동일하다.

248 키케로는 희랍어 '스트라테고스(stratēgos, 장군)'의 번역어로 '프라이토르(법무관)'를 사용한다. 페리클레스와 소포클레스는 기원전 441~기원전 440년에 사모스의 반란을 진압하러 갈 때 장군이었다.

249 소포클레스(B.C. 496~B.C. 406)는 아테네의 비극작가이자 장군이자 정치가다. 기원전 443~기원전 442년에 델로스 동맹의 재무관이었고, 장군을 두 차례 역임했다. 『안티고네』, 『오이디푸스 왕』 등 일곱 편의 비극이 현재 전해진다.

250 3권 75, 93에 광장에서 춤을 추는 행동이 나온다. 광장에서 노래를 부르거나 춤을 추는 것은 부적합한 행동으로 여겨진다.

251 아리스티포스(B.C. 5세기)는 퀴레네 출신의 철학자다. 퀴레네학파를 창시했고, 소크라테스의 친구다. 에피쿠로스의 선구자로서 인생의 목적이 쾌락이라고 가르쳤다.

252 테렌티우스의 『환관』 257.

253 "저속한 공연"으로 번역한 라틴어 'ludus talarius'는 문란한 노래, 춤, 음악이 곁들여진 저속한 공연이다. 이 단어를 '주사위 놀이'로 번역한 역자도 있다.

254 농사 이외의 다른 생업은 원로원 의원과 같은 귀족 신분에게 어울리지 않았다. 귀족 신분은 대토지 소유를 통해 안전하게 투자했다.

255 『노(老) 카토 노년론』 51 이하 참조.

256 1권 10 참조.

257 이 대목에서 키케로는 아리스토텔레스와 반대되는 주장을 펼친다. 아리스토텔레스는 『니코마코스 윤리학』 1176a 이하에서 지적인 덕과 관조적 삶이 성격적 덕과 실천적 삶보다 우선한다고 주장했다.

258 "인간 상호 간" 대신에 "신들과 인간들 상호 간"이라고도 번역할 수 있다.

259 키케로는 이 대목에서 논리적 오류를 범하는 것 같다. 왜냐하면 1) 어떤 하나의 덕이 최고의 덕이라는 전제와 2) 최고의 덕에서 도출된 의무가 최고의 의무라는 전제가 깔려 있을 때, 3) 지혜가 최고의 덕이라면 지혜에서 도출된 의무가 최고의 의무라는 결론이 도출되는데, 그는 4) "신들과 인간들의 공동체 및 인간 상호 간의 사회"가 지혜에서 도출된다는 전제를 무시한 채 공동체 의식에서 도출된 의무가 최고의 의무라고 말하기 때문이다.

260 뤼시스(B.C. 4세기)는 타렌툼 출신의 피타고라스학파 철학자다. 아카이아로 갔다가 다시 테베로 갔고, 거기에서 에파메이논다스의 스승이 되었다.

261 디온(B.C. 408~B.C. 354)은 시라쿠사 출신이고, 디오뉘시오스 2세의 삼촌이다. 기원전 389년에 플라톤이 시칠리아에 방문했을 때 그의 가르침에 감명을 받은 디온은 디오뉘시오스 2세를 철인왕으로 만들고자 했지만 실패하여 추방당했다. 아테네에 머물며 아카데미아에서 지내다가 시라쿠사로 되돌아가서 정권을 차지했다. 기원전 354년에 동료 칼리포스에게 암살당했다.

262 키케로는 10대 때 에피쿠로스 철학자인 파이드로스와 알게 되면서 철학에 관심을 가졌다. 스토아 철학자 디오도토스의 강의를 들었고, 유명한 아카데미아 철학자 필론의 영향을 강하게 받았다. 기원전 79~기원전 77년에 아테네에서 아카데미아 철학자 안티오코스와 우정을 맺고, 로도스에서 스토아 철학자 포세이도니오스의 강의를 들었다.

263 에피쿠로스 철학자. 스토아 철학자들은 사람들이 본성적으로 사회를 만들었다고 주장하는 반면, 에피쿠로스 철학자들은 사람들이 필요를 충족하고 서로를 보호하기 위해 사회를 만들었다고 주장한다. 『국가론』 3권 23, 폴뤼비오스의 『역사』 6권 5, 4 이하, 루크레티우스의 『사물의 본성에 관하여』 5권 1011 이하 참조.

264 키케로는 아마 키르케의 지팡이(호메로스의 『오뒤세이아』 10권, 238, 319 등)와 같은 사례를 염두에 두는 것 같다.

265 포세이도니오스(B.C. 135~B.C. 51)는 아파메아 출신인 스토아학파 철학자이고, 파나이티오스의 제자다. 자료 수집을 위해 지중해를 여행하다가 로도스에 정착했다. 폼페이우스와 키케로가 그의 가르침을 받았다.

266 여기서 논의된 의무의 등급은 1권 53~58에서 논의된 의무의 등급과 다르다. 1권 53~58에는 인류에 대한 의무가 있고 신에 대한 의무가 없는 반면, 여기에는 신에 대한 의무가 있고 인류에 대한 의무가 없다.

267 1권 10, 152.

2권

1 1권 10.

2 "어떤 좋은 사람들"은 역설적으로 정치에 헌신해서 학식이 없는 자들을 가리킨다.

3 카이사르.

4 폼페이우스, 소(小) 카토 등.

5 카이사르의 사후 그의 정책을 이어받은 안토니우스와 그 지지자들.

6 "철학"으로 번역된 희랍어 '필로소피아(philosophia)'의 뜻은 '지혜(sophia)를 사랑함(philō)'이다.

7 크세노폰의 『소크라테스 회상록』 4권 6장 7, 아리스토텔레스의 『니코마

코스 윤리학』 1141b, 디오게네스 라에르티오스의 『유명한 철학자들의
생애와 사상』 3권 63 등 참조.

8   『호르텐시우스』. 이 책은 기원전 45년에 쓰인 것으로 추정되지만, 현재
전해지지 않는다. 이 책은 아우구스티누스에게 큰 영향을 주었다. 아우
구스티누스의 『고백록』 3권 4 참조.

9   아카데미아학파인 키케로는 퓌론의 회의주의를 겨냥해서 말하고 있다.
아카데미아학파는 아무것도 알 수 없다는 퓌론의 회의주의를 받아들이
기에 불확실한 것에 대해서는 판단을 유보하지만, 실생활에서는 항상 결
정을 유보하며 살 수 없기 때문에 '그럴 법한 것'을 기준으로 내세운다.

10   소요학파, 스토아학파, 에피쿠로스학파.

11   "너의 뛰어난 학파의 창시자들"은 아리스토텔레스와 테오프라스토스,
"너희의 학설"은 소요학파, "우리의 학설"은 아카데미아학파를 말한
다. 윤리학에 한정하면 소요학파의 학설은 아카데미아학파의 학설과
가깝다.

12   1권 9~10 참조.

13   '세 가지 종류'는 '훌륭한 것', '유익한 것', '훌륭하고 유익한 것'(또는
'정의로운 것')을 말한다. 하지만 키케로가 2권 9에서 '훌륭한 것'과 '유
익한 것'만을 말했기 때문에 "세 가지 종류(tria genera)"를 "두 가지 종
류(duo genera)"로 수정하자는 제안도 있다.

14   스토아학파.

15   이 대목에서 식물은 무생물로 간주된다.

16   벌은 네 발 달린 가축이 아니고 지능을 지닌 것으로 여겨지기 때문에
"벌"을 삭제하자는 제안도 있다.

17   아키우스의 『프로메테우스』에서 인용된 것으로 추정된다.

18   "복구할(subvenire)" 대신에 "복구될(subveniri)"로 읽는다.

19   "먹이 및 생활 방식(victus et cultus)"의 직역은 "생필품 및 편의품"이다.

20   "권리의 공정한 분배"란 '각자에게 자기 것(재산)을 부여하는 권리'를
뜻한다.

21 "제공함으로써(commodandis)" 대신에 "이익(commodis)"으로 읽는다.

22 퀴로스 대왕(B.C. 6세기 초~B.C. 529)은 페르시아 제국의 창시자다. 소아시아에서 바빌로니아에 이르는 지역을 지배했다. 희랍인들은 지혜와 관용의 지배자로 알려진 그를 이상적인 지배자로 여겼다.

23 아게실라오스 2세(B.C. 444~B.C. 360)는 스파르타의 왕이다. 기원전 399년에 왕위에 올랐다. 페르시아인들과 보이오티아인들을 전투에서 이겼지만, 레욱트라 전투(B.C. 371)에서 에파메이논다스에게 패했다.

24 디카이아르코스(B.C. 326~B.C. 296)는 메사나 출신의 소요학파 철학자다. 다방면에 걸쳐 다작을 남겼지만, 현재는 그의 단편만 전해진다.

25 1권에서 제시된 훌륭함의 부분 가운데 지혜, 적합함(절제), 정의가 차례차례 제시되는 반면, 영혼의 위대함(용기)은 제시되지 않는다.

26 기원전 48년에 파르살루스에서 패망한 폼페이우스의 군대, 기원전 46년에 탑수스에서 패망한 퀸투스 카이킬리우스 메텔루스 스키피오의 군대, 기원전 45년에 문다에서 패망한, 폼페이우스 아들들의 군대. 세 군대 모두 카이사르에 의해 패망했다.

27 폼페이우스.

28 예컨대 키케로의 추방(B.C. 58~B.C. 57).

29 이 구절은 후대의 삽입으로 추정되고, 2권 21을 재서술하는 데 불과하다는 이유에서 이 구절을 삭제하자는 제안이 있다.

30 엔니우스의 『튀에스테스』에 있는 구절로 추정된다.

31 이 사실은 카이사르의 죽음으로 알려졌다. 그러나 실제로 카이사르는 다수의 증오로 인해 죽은 것이 아니라 귀족의 증오로 인해 죽었다.

32 카이사르.

33 "오랜 기간"은 구체적으로 '오래 지속되는 권력'을 뜻한다.

34 "무언의 판결"은 일반 시민의 발설되지 않은 의견이나 법정에서 심판인들의 평결을 뜻하고, "비밀투표"는 민회의 투표를 뜻한다.

35 노(老) 디오뉘시오스는 디오뉘시오스 1세(B.C. 430~B.C. 367)로서 시라쿠사의 참주다. 기원전 406년에 왕위에 올라 시라쿠사의 지배 영역

을 시칠리아와 남부 이탈리아로 넓혔다.

36 『투스쿨룸 대화』 5권 57 이하 참조.

37 알렉산드로스(B.C. 4세기 초~B.C. 358)는 페라이의 참주다. 조카 테베와 결혼했지만, 기원전 358년에 아내에게 살해당했다.

38 크세노폰의 『헬레니카』 6권 4장 35 이하에서는 알렉산드로스의 아내가 세 오빠의 도움을 받아 그를 살해했는데, 살해 동기는 남편에 대한 질투가 아니라 남편의 잔인한 성격에 대한 증오였다.

39 팔라리스(재위 B.C. 570~B.C. 554)는 아크라가스(라틴어로 아그리겐툼)의 참주다. '팔라리스의 소(크고 속이 비어 있는 청동 소)' 안에 살아 있는 사람을 굽는 등의 잔인한 행동으로 유명했다.

40 카이사르.

41 데메트리오스 폴리오르케테스(B.C. 336~B.C. 283)는 마케도니아의 왕이다. 기원전 294년에 아버지 안티고노스의 뒤를 이어 왕이 되었다. 알렉산드로스 대왕의 제국을 재정복하려 했으나, 기원전 288년에 뤼시마코스와 퓌로스가 마케도니아로 쳐들어왔을 때 반기를 든 마케도니아인들에게 버림받았다.

42 로마 공화정의 회복.

43 광장에 창을 세우는 것은 경매의 관행이다.

44 술라는 기원전 82년에 독재관이 되어 정적의 재산을 몰수하고 정적을 죽이거나 추방했다. 몰수한 재산을 그의 지지자에게 주거나 경매를 통해 판매했다.

45 카이사르.

46 "상태"로 번역한 라틴어 'ius'를 "권리(법)"로 번역할 경우, 이 부분은 "그는 파멸시킬 독점적인 권리(법)를 지니고서 모든 속주와 지역을 장악했다"로 번역될 수 있다.

47 갈리아족, 희랍인, 이집트인, 아프리카인, 히스파니아인 등.

48 마실리아는 로마의 전통적인 동맹시다. 기원전 49년에 카이사르는 히스파니아로 진군할 때 방해받자 마실리아를 포위하여 점령했고, 기원

전 46년에 갈리아 정복을 기념하여 마실리아를 상대로 개선식을 거행했다. 개선식이 거행될 때 점령당한 도시의 모형이 옮겨진다.

49 카이사르.

50 카이사르의 재산은 세 명, 즉 가이우스 옥타비우스, 루키우스 피나리우스, 퀸투스 페디우스가 상속받았다. 수에토니우스의 『황제 열전』 「카이사르전」 83 참조. 카이사르의 탐욕은 안토니우스와 그의 일파가 상속받았다.

51 푸블리우스 코르넬리우스 술라(B.C. 1세기 초~B.C. 45)는 독재관 술라의 조카다. 기원전 65년에 집정관으로 당선되었지만, 뇌물을 받은 혐의로 당선 무효가 되었다. 기원전 62년에 카틸리나 음모에 가담한 혐의를 받았지만, 키케로의 변호로 무죄 방면되었다. 카이사르와 폼페이우스 사이에 내전이 벌어졌을 때 카이사르의 편을 들어 몰수 재산으로 부를 축적했다.

52 코르넬리우스 술라는 술라의 피해방민이다. 술라가 독재관일 때 서기였고, 카이사르가 독재관일 때 도시 재무관이었다. 그에 대해 더 알려진 바는 없다.

53 키케로는 기원전 44년에 『영광론』을 집필했으나, 현재 전해지지 않는다.

54 2권 44~51 참조.

55 키케로가 말하는 선행은 변호인의 선행인데, 변호인은 수임료를 받는 것이 법으로 금지되었다.

56 『라일리우스 우정론』 50 참조.

57 이 구절을 삭제해서 읽는다. 왜냐하면 신의가 있는 사람들, 다시 말해 신뢰를 받을 만한 사람들이 신뢰를 받는 것은 당연하기 때문이다.

58 3권 13, 『투스쿨룸 대화』 3권 14 이하, 『최고선악론』 5권 66, 『아카데미아학파』 1권 38 참조.

59 『최고선악론』 4권 78~79 참조.

60 헤시오도스의 『일과 날』 296~297 참조. 이 말의 긍정적인 표현은 플

라우투스의 『허풍선이 병사』 684 참조.

61 결락된 부분을 "그들은 마땅히 칭송받는다(ii merito laudantur)"로 보충하자는 제안이 있다.

62 윈터바텀은 "불의한 자들이라고 여겨지면(iniusti habebuntur)"이라는 구절의 삭제를 제안하지만, 이 제안을 받아들이지 않는다.

63 플라톤의 『국가』 351c 참조.

64 테오폼포스(B.C. 4세기)는 키오스 출신의 희랍 역사가다. 투퀴디데스의 『펠로폰네소스 전쟁사』가 끝나는 기원전 411년부터 기원전 394년까지의 역사와 마케도니아의 필리포스 2세 시기의 역사를 썼다. 그의 작품은 현재 단편만 전해진다.

65 바르딜리스(B.C. 448~B.C. 358)는 기원전 4세기에 일뤼리아 왕국을 세웠다. 기원전 358년에 마케도니아의 필리포스 2세에게 패했다. 키케로는 그가 정규전이 아니라 게릴라전을 했기 때문에 그를 강도라고 말한다.

66 비리아투스(B.C. 2세기 초~B.C. 139)는 루시타니족의 목동이다. 루시타니족의 독립을 지키고자 로마군과 싸워서 여러 차례 로마군에게 승리를 거두었다. 기원전 140년에 로마와 강화 조약을 체결했지만, 이듬해에 퀸투스 세르빌리아누스 카이피오에게 암살당했다. 라일리우스가 기원전 145년에 비리아투스를 치러 원정을 간 것은 사실이지만, 그를 처부수어 섬멸했다는 키케로의 말은 과장되었다. 『브루투스』 84 참조.

67 헤로도토스의 『역사』 1권 96 이하 참조. 헤로도토스는 할리카르나소스 출신의 희랍 역사가이며, 희랍인과 페르시아인의 관계 및 페르시아 전쟁의 시작에서 페르시아의 패망에 이르는 사건들을 다룬 『역사』를 저술했다. 『역사』 1권 96 이하에서 메디아인들은 공정한 재판으로 유명한 데이오케스가 재판을 하지 않으면 범죄가 많아지고 무정부 상태가 될 것을 알았기 때문에 그를 왕으로 세웠다.

68 로마 왕이 정의를 보장하지 못하게 되자 법률이 제정되었다는 로마사에 대한 해석은 포세이도니오스의 해석이다. 세네카의 『도덕 서한』

90, 5~6 참조. 키케로는『국가론』2권에서 왕정 시절에도 법률은 존재
했지만, 자유가 수반된 법률의 지배가 정의로운 사회의 기초라고 주
장했다.

69 크세노폰의『소크라테스 회상』2권 6장 39.

70 티베리우스 셈프로니우스 그라쿠스(B.C. 210~B.C. 154)는 호민관 그
라쿠스 형제의 아버지다. 켈티베리인들을 정복했다. 기원전 177년에
집정관, 기원전 169년에 감찰관이었다.

71 형은 티베리우스 셈프로니우스 그라쿠스, 동생은 가이우스 셈프로니
우스 그라쿠스(B.C. 154~B.C. 121)다. 동생은 기원전 123~기원전
122년에 호민관일 때 토지개혁과 정치개혁 등을 시행하려 했으나, 귀
족의 반발로 기원전 121년에 암살되었다.

72 1권 20~41 참조.

73 여기서 말하는 전쟁은 카이사르와 폼페이우스의 내전이다. 너무 많은
범죄를 저지른 쪽은 카이사르이고, 너무 불운한 쪽은 폼페이우스다.

74 "다른(alteri)"을 삭제해서 읽는다.

75 키케로의 아들 마르쿠스는 17세(B.C. 48) 때 파르살루스에서 기병대를
지휘했다.

76 푸블리우스 루틸리우스 루푸스(B.C. 2세기 말~B.C. 1세기 초)는 로마
의 정치가다. 파나이티오스 밑에서 스토아철학을 공부했고, 간결한
문체를 구사했다. 기원전 105년에 집정관이었고, 기원전 92년에 부당
이득 취득 혐의로 부당하게 고발당해 추방당했다.

77 루키우스 크라수스는 21세(B.C. 119) 때 가이우스 파피리우스 카르보
를 살해 혐의로 고발했다.

78 데모스테네스는 18세 때 후견인들을 상대로 재산 반환 소송을 했다.

79 안티파트로스(B.C. 397~B.C. 319)는 마케도니아의 장군이다. 알렉산
드로스 대왕 사후에 마케도니아를 지배했다.

80 카산드로스(B.C. 358~B.C. 297)는 안티파트로스의 아들이다. 알렉산
드로스 대왕의 원정을 따라갔고, 아버지 사후에 그 뒤를 이어 마케도

니아를 지배했다.

81 안티고노스(B.C. 382~B.C. 301)는 알렉산드로스 대왕의 장군 중 한
    명이다. 알렉산드로스 대왕 사후에 그의 제국을 재통합하려 했지만 실
    패했다. 기원전 301년에 입소스 전투에서 패해 전사했다.

82 필리포스(B.C. 3세기 초~B.C. 2세기 말)는 안티고노스의 아들이다. 그
    에 대해 더 알려진 바는 없다.

83 "영광(gloriam)"을 삭제하자는 제안과 "영광" 대신 "대중(multitudinem)"
    으로 읽자는 제안도 있지만, "영광" 대신 "칭송(laudem)"으로 읽는다.

84 마르쿠스 안토니우스(B.C. 2세기 말~B.C. 87)는 로마의 연설가이자
    정치가다. 기원전 99년에 집정관, 기원전 97년에 감찰관이었다. 루키
    우스 리키니우스 크라수스와 함께 당대 제일가는 연설가였다. 기원전
    95년에 가이우스 노르바누스를 변호했고, 기원전 87년에 가이우스 마
    리우스가 로마로 돌아온 후 살해당했다. 젊은 시절인 기원전 112년에
    그나이우스 파피리우스 카르보를 고발했다.

85 푸블리우스 술피키우스 루푸스(B.C. 2세기 말~B.C. 1세기 초)는 로마
    의 연설가이자 정치가다. 루키우스 리키니우스 크라수스 밑에서 연설
    공부를 했고, 기원전 95년에 가이우스 노르바누스를 고발했다. 술라
    와 마리우스 사이에 내전이 벌어졌을 때 마리우스를 지지했기에 술라
    가 로마에 들어온 후 살해당했다.

86 가이우스 노르바누스(B.C. 2세기 말~B.C. 1세기 초)는 로마의 정치가
    다. 민중파였고, 기원전 103년에 호민관이었다. 기원전 95년에 반역
    혐의로 푸블리우스 술피키우스 루푸스에 의해 고발당했지만, 마르쿠스
    안토니우스의 변호에 힘입어 무죄 방면되었다. 술라와 마리우스 사이
    에 내전이 벌어졌을 때 술라에게 패해 로도스로 도망갔고 자살했다.

87 루키우스 리키니우스 루쿨루스와 마르쿠스 리키니우스 루쿨루스. 동
    생 마르쿠스 리키니우스 루쿨루스(B.C. 1세기)는 로마의 정치가다. 기
    원전 79년에 조영관, 기원전 76년에 법무관, 기원전 73년에 집정관이
    었다. 그들은 아버지를 추방한 조점관 세르빌리우스를 고발해서 그에

게 복수했다.

88 키케로는 기원전 70년에 시칠리아인들을 위해 시칠리아 총독인 가이우스 베레스를 부당이득 취득 혐의로 고발했다.

89 "마르쿠스 알부키우스의 변호를 위해(pro M. Albucio)"를 삭제해서 읽는다. 티투스 알부키우스는 기원전 105년에 사르디니아 총독이었는데, 기원전 103년에 부당이득 취득 혐의로 가이우스 율리우스 카이사르 스트라보 보피스쿠스에게 고발당해 추방되었다.

90 마니우스 아퀼리우스(B.C. 2세기 말~B.C. 88)는 로마의 장군이자 정치가다. 마리우스 밑에서 킴브리인들과 맞서 싸웠다. 기원전 101년에 집정관이 되었다. 기원전 98년에 루키우스 푸피우스에게 고발당했지만, 마르쿠스 안토니우스의 변호에 힘입어 무죄 방면되었다. 이후 아시아에서 미트리다테스에게 붙잡혀 죽었다.

91 루키우스 푸피우스(B.C. 2세기 말~B.C. 1세기 초)는 로마의 연설가다. 기원전 98년에 부당이득 취득 혐의로 마니우스 아퀼리우스를 고발했지만 실패했다. 키케로는 그를 평범한 연설가로 여긴다. 『브루투스』 222 참조.

92 아버지 마르쿠스 유니우스 브루투스는 시민법에 대한 세 권의 책을 펴낸 유명한 변호인이었다.

93 아들 마르쿠스 유니우스 브루투스(B.C. 2세기 말~B.C. 1세기 초)는 로마의 연설가다. 열정적인 고발자라는 악명 높은 명성을 얻었다. 『브루투스』130 참조.

94 섹스투스 로스키우스(B.C. 1세기)는 아메리아 출신의 로마 시민이다. 기원전 80년에 부친 살해 혐의로 고발당했으나, 키케로의 변호에 힘입어 무죄 방면되었다.

95 『로스키우스 변호 연설』.

96 키케로는 선행과 관후함을 이미 1권 42~60에서 훌륭함의 측면에서 논의했고, 이제부터는 유익의 측면에서 논의한다.

97 밀로, 쿠리오, 카이사르, 안토니우스 등.

98 고기 분배는 희생 제물로 바친 동물의 살을 모든 참석자에게 나누는 공동 축제다.

99 이 책은 현재 전해지지 않는다.

100 "그러나(at)" 대신에 "그가 말하기를(ait)"로 읽는다. 이 대목에서 언급되는 아리스토텔레스의 저술은 현재 전해지지 않는다.

101 약 0.5리터.

102 펠로폰네소스 전쟁 때 1므나(라틴어로 미나)는 아테네 배심원이 200일 동안 법정에 참석할 때 수당으로 받을 수 있는 금액이다.

103 조영관은 도시의 편의 시설(거리, 시장, 신전 등)과 화재 통제 등의 임무를 맡고, 공공 경기와 축제를 개최하며, 자기 재산을 써서 검투사 경기 등의 오락거리를 제공했다.

104 푸블리우스 리키니우스 크라수스 디베스(B.C. 2세기~B.C. 87)는 로마의 장군이자 정치가다. 마르쿠스 리키니우스 크라수스 디베스의 아버지다. 기원전 102년에 조영관, 기원전 97년에 집정관이었다. 그는 기원전 87년에 마리우스와 킨나에 맞서 로마를 지키려 했지만 그들이 승리하자 자살했다.

105 가이우스 클라우디우스 풀케르(B.C. 2세기~B.C. 1세기 초)는 로마의 정치가다. 기원전 99년에 조영관, 기원전 92년에 집정관이었다. 조영관 시절에 키르쿠스 막시무스(로마의 노천 경기장)에 코끼리를 들여왔다.

106 루쿨루스 형제는 기원전 79년에 조영관일 때 공연을 위한 회전 무대 및 코끼리와 소가 겨루는 시합을 도입했다.

107 퀸투스 호르텐시우스 호르탈루스(B.C. 114~B.C. 50)는 로마의 연설가이자 정치가다. 기원전 75년에 조영관, 기원전 69년에 집정관이었다. 키케로에게 압도되기 전에는 로마의 제일가는 연설가였다.

108 데키무스 유니우스 실라누스(B.C. 1세기)는 로마의 정치가다. 기원전 70년에 조영관, 기원전 62년에 집정관이었다.

109 푸블리우스 코르넬리우스 렌툴루스 스핀테르(B.C. 1세기)는 로마의

정치가다. 기원전 63년에 조영관, 기원전 57년에 집정관이었다. 기원전 57년에 추방당한 키케로가 로마로 돌아오도록 힘썼다.

110 스카우루스는 기원전 58년에 조영관일 때 호사스러운 축제를 개최했다.

111 기원전 55년. 폼페이우스는 로마에 석조 극장을 지었고, 성대한 축제를 개최했다.

112 마메르쿠스 아이밀리우스 레피두스 리비아누스(B.C. 1세기)는 로마의 정치가다. 조영관을 건너뛰었기에 집정관 선거에 처음 출마했을 때 낙선했지만, 기원전 77년에 집정관이 되었다.

113 키케로는 기원전 69년에 조영관일 때 세 번의 축제를 개최했다. 『무레나 변호 연설』 40 참조.

114 그나이우스 아우피디우스 오레스테스(B.C. 1세기)는 로마의 정치가다. 기원전 79년에 조영관, 기원전 77년에 법무관, 기원전 71년에 집정관이었다. 조영관 시절에 후히 베푼 덕분에 법무관과 집정관이 되었다.

115 마르쿠스 세이우스(B.C. 1세기)는 로마의 정치가다. 기원전 74년에 조영관이었을 때, 극심하게 곡물이 부족한 상황에서 정상가의 6분의 1 수준으로 곡물을 제공했다.

116 약 7리터.

117 아스는 매우 낮은 액수의 로마 동전이다.

118 티투스 안니우스 밀로(B.C. 1세기 초~B.C. 48)는 로마의 정치가다. 기원전 57년에 호민관이었을 때, 추방당한 키케로가 로마로 돌아오는 데 도움을 주었다. 기원전 52년에 정적인 클로디우스를 살해했다. 키케로가 밀로를 변호했지만, 폼페이우스에 의해 밀로는 유죄 판결을 받아 마실리아로 추방당했다. 기원전 48년에 코사에서 붙잡혀 처형되었다.

119 푸블리우스 클로디우스 풀케르(B.C. 92~B.C. 52)는 로마의 정치가다. 기원전 61년에 키케로는 카틸리나 사건에서 클로디우스에게 불

리한 증거를 제시했기 때문에, 클로디우스는 기원전 58년에 호민관일 때 키케로가 카틸리나 사건에서 위법 행위를 했다는 이유로 그를 추방해서 복수했다. 기원전 52년에 정적인 밀로가 고용한 검투사들에 의해 살해되었다.

120 가이우스 아우렐리우스 코타(B.C. 124~B.C. 73)는 로마의 연설가이자 정치가다. 어렸을 때 루키우스 리키니우스 크라수스의 친구였다. 추방당했다가 나중에 술라의 용서를 받았다. 기원전 75년에 집정관이 되자 호민관이 고위 공직에 오를 수 있는 법률을 통과시켜 민중의 불만을 달랬다.

121 가이우스 스크리보니우스 쿠리오(B.C. 1세기 초~B.C. 53)는 로마의 정치가다. 기원전 90년에 호민관이었고, 술라를 따라 동방으로 원정을 갔다. 기원전 76년에 집정관이었다.

122 키케로는 공직자 적격 최저 연령인 31세에 재무관, 37세에 조영관, 40세에 법무관, 43세에 집정관이 되었지만, 마지막 고위 공직인 감찰관은 되지 못했다.

123 폼페이우스는 대극장, 승리의 여신인 베누스 신전, 주랑, 회당을 건립했다.

124 프로퓔라이아는 아테네 아크로폴리스의 기념비적인 문이다. 기원전 437년에 건축가인 페이디아스가 지휘해서 건축이 시작되어 기원전 432년에 완공되었다. 페리클레스는 아테네가 동맹국들로부터 거둬들인 돈 2012탈란톤을 썼다. 1탈란톤은 60므나, 즉 1만 2000일의 배심원 참여 수당에 해당하는 금액이다.

125 엔니우스의 알려지지 않은 비극에 있는 구절이다.

126 원로원 의원 신분.

127 루키우스 리키니우스 크라수스가 기원전 106년에 세르빌리우스 법 (집정관 세르빌리우스가 원로원 의원 신분과 기사 신분의 심판인 수를 동수로 하자고 제안한 법)을 지지할 때 했던 연설. 『클루엔티우스 변호 연설』 140 참조.

128 키몬(B.C. 510~B.C. 450)은 아테네의 장군이자 정치가다. 군사적으로는 기원전 476년부터 기원전 463년까지 델로스 동맹을 성공적으로 이끌었고, 정치적으로는 민중파에 맞서 귀족파를 이끌었다.

129 라키아다이는 아테네에 있는 150개의 구(데모스) 가운데 하나다. 아리스토텔레스의 『아테네 정체』 27의 3, 플루타르코스의 『영웅전』 「키몬전」 10 참조.

130 무료 변론 활동.

131 세르비우스 술피키우스 루푸스(B.C. 106~B.C. 43). 로마의 연설가이자 법률가이자 정치가다. 기원전 51년에 집정관이었다. 학식 있는 법률가로 알려졌고, 키케로의 친구였다.

132 "또한(quoque)"은 삭제해서 읽는다.

133 기원전 204년에 제정된 킨키우스 법은 법정 변호의 대가로 돈이나 선물을 받는 것을 금지했다. 타키투스의 『연대기』 11권 5장 참조. 그러나 이 법이 제정된 이후에도 사례금은 지급되었다.

134 키케로 당대에 웅변의 쇠퇴와 젊은 웅변가를 향한 키케로의 부정적인 시각에 대해서는 『브루투스』 21, 157, 330 이하, 『연설가』 23~24, 28 이하, 89~90, 234 이하 등 참조.

135 플루타르코스의 『영웅전』 「테미스토클레스전」 18 참조.

136 기원전 123년에 가이우스 그라쿠스는 곡물가가 크게 요동치는 문제에 대처하기 위해 1모디우스(약 7리터)당 6과 3분의 1아스의 가격으로 매월 시민에게 5모디우스의 곡물을 파는 법안을 제출했다.

137 마르쿠스 옥타비우스(B.C. 2세기)는 로마의 정치가다. 호민관일 때 가이우스 그라쿠스의 곡물법을 개정했다.

138 시민들에게 부과된 재산세는 마케도니아가 정복되고 나서 기원전 167년에 폐지되었는데, 속주에서 거두어들인 세금이 충분히 많았기 때문이다.

139 "'어떤 나라'라고(직역은 '그렇게') 말하고(ita dicere)"를 추가해서 읽는다.

140 가이우스 폰티우스(B.C. 4세기)는 삼니움의 장군이다. 제2차 삼니움

전쟁(B.C. 326~B.C. 304) 중인 기원전 321년에 로마군을 카우디움 갈림길에 가두어 격파했다. 그러나 29년 후에 포로가 되어 개선행렬로 끌려다니다 처형되었다.

141 키케로는 이 해악이 기원전 149년에 시작되었다고 본다. 이 시기는 전통적으로 로마의 도덕적 타락이 시작되었다고 여겨지는 기원전 146년에 가깝다.

142 루키우스 칼푸르니우스 피소 프루기(B.C. 2세기)는 로마의 역사가이자 정치가다. 기원전 149년에 호민관일 때 부당이득 반환법을 제정했다. 기원전 133년에 집정관, 기원전 120년에 감찰관이었다. 로마의 창건부터 그의 당대까지의 로마사를 망라한 『연대기』를 저술했다.

143 이 말을 삭제해서 읽는다.

144 동맹시 전쟁(B.C. 91~B.C. 88). 동맹시 전쟁은 로마의 시민권을 두고 로마와 이탈리아 동맹시 사이에 벌어진 전쟁이다.

145 소(小) 스키피오.

146 루키우스 뭄미우스 아카이쿠스(B.C. 2세기)는 로마의 장군이자 정치가다. 기원전 146년에 집정관이 되어 아카이아 동맹에 맞서 전쟁을 지휘했다. 아카이아 동맹을 패배시킨 후 가장 부유한 도시인 코린토스를 멸망시켰고 아카이아 동맹을 해체했다. 이탈리아와 로마를 치장하기 위해 코린토스의 전리품을 보냈다. 기원전 142년에 소(小) 스키피오와 함께 감찰관이 되었다.

147 2권 75.

148 델포이의 신탁소에서 내린 이 경고는 기원전 8세기 스파르타의 왕인 알카메네스와 테오폼포스를 겨냥한 것이었다. 플루타르코스의 『모랄리아』 239f 참조.

149 2권 73.

150 감독관은 매해 다섯 명씩 선출되는 1년 임기의 스파르타 공직으로, 행정권과 사법권을 지니고, 왕을 일정 정도 통제한다. 뤼산드로스는 1권 76에서 언급된 뤼산드로스가 아니라 기원전 3세기에 살았던 리

뷔스의 아들이다.

151 아기스 4세(B.C. 262~B.C. 241)는 스파르타의 왕이다. 기원전 244년 에 왕위에 올라 빚을 차감하고 토지를 균등 분배하는 등의 개혁을 하 려 했으나, 기원전 241년에 감독관들의 명령으로 처형당했다. 플루 타르코스의 『영웅전』 「아기스전」 6 이하 참조.

152 아기스 4세의 개혁이 기원전 241년에 끝나고 클레오메네스 3세의 개 혁이 기원전 222년에 끝난 이후 스파르타는 참주의 지배를 받게 되 었고, 기원전 195년에 로마에 정복되었다.

153 대(大) 스키피오.

154 아라토스(B.C. 271~B.C. 213)는 시퀴온의 장군이자 정치가다. 기원 전 251년에 시퀴온을 참주 니코클레스로부터 해방했고, 프톨레마이 오스 2세의 자금 원조를 통해 경제 문제를 해결했다. 이후에 아카이 아 동맹의 지도자가 되었다. 플루타르코스의 『영웅전』 「아라토스전」 6 이하 참조.

155 니코클레스(B.C. 3세기)는 시퀴온의 참주다. 기원전 251년에 아라토 스에 의해 제거되었다.

156 프톨레마이오스 2세 필라델포스(B.C. 308~B.C. 246)는 이집트의 왕 이다. 알렉산드로스 대왕 사후에 이집트를 통치한 프톨레마이오스 1세 소테르의 아들이며, 기원전 283년에 왕위에 올랐다.

157 술라와 카이사르의 경우. 2권 27 참조.

158 카이사르는 기원전 48년에 소작인들에게 1년 동안 소작료를 면제하 는 조치를 취했다. 카이사르의 『내전기』 3권 20~21 참조.

159 기원전 63년에 카틸리나의 음모가 있었던 시기.

160 카이사르는 키케로와 카틸리나가 집정관 선거를 할 때 키케로에게 패한 카틸리나를 지지했다. 이후 갈리아 정복과 몰수 재산 판매를 통 해 빚에서 벗어나자 빚을 탕감하는 조치 등을 취했다.

161 안티파트로스(B.C. 1세기)는 튀로스 출신의 스토아 철학자다. 소(小) 카토에게 스토아철학을 소개했다고 알려져 있다.

162 아들 키케로가 21세이므로, 키케로는 21세이던 기원전 85년에 크세노폰의 『경영론』을 번역했을 것이다.

163 로마 광장 동쪽에 세 개의 문이 있는데, 대금업자는 세 개의 문 가운데 중문(中門)에서 활동했다.

164 외적인 것은 자기 안에 있는 영혼, 신체와 달리 자기 바깥에 있고 운에 좌우되는 것인데, 예를 들어 부가 있다.

165 카토의 이 일화는 카토의 『농업론』 6권 서문 4~5, 플리니우스의 『박물지』 18권 29~30 참조.

3권

1 노(老) 카토.

2 대(大) 스키피오.

3 이 말은 역설적으로 '한가할 때에도 한가하지 않고, 홀로 있을 때도 홀로 있지 않음'을 의미한다. 『국가론』 1권 27 참조.

4 키케로는 안토니우스를 두려워해서 거주지를 옮겨 다니고 있었다.

5 원로원과 법정은 정치가와 연설가가 각각 활동하는 장소다. 안토니우스는 무력으로 원로원을 포위했고, 두 명의 법무관인 브루투스와 카시우스가 도주해서 법정은 열리지 않았다.

6 아리스토텔레스의 『니코마코스 윤리학』 1109a.

7 이 말은 홀로 연구하는 것보다는 저술을 통해 다른 사람들에게 배움을 전수하는 것을 우선시하는 1권 156의 내용과 배치된다.

8 키케로는 많은 철학서와 수사학 이론서를 기원전 46년부터 집필했다.

9 1권 6, 2권 60 참조.

10 플리니우스의 『박물지』 35권 92 참조.

11 아펠레스(B.C. 4세기)는 희랍의 유명한 화가다. 마케도니아의 필리포스 2세와 알렉산드로스 대왕의 초상화를 그렸다.

12 이 말을 삭제해서 읽는다.

13 3권 34, 『법률』 1권 33 참조. 이 말은 스토아 철학자 클레안테스가 한 말이다.

14 에피쿠로스주의자. 아리스티포스와 에피쿠로스의 평가 기준은 '쾌락' 이고, 히에로뉘모스의 평가 기준은 '고통의 부재'다.

15 키케로는 파나이티오스에게 전통적인 스토아철학의 입장, 즉 덕만이 최고선이라는 입장을 부여한다. 그러나 디오게네스 라에르티오스에 따르면 파나이티오스는 덕뿐만 아니라 건강, 금전, 힘도 필요하다고 주장한다. 디오게네스 라에르티오스의 『유명한 철학자들의 생애와 사상』 7권 128 참조.

16 훌륭함과 유익의 비교.

17 1권 8 참조.

18 수(數)는 요소를 뜻한다. '모든 수'라는 말은 피타고라스의 완전수나 음악 이론 등에서 유래한다. 키케로의 『최고선악론』 3권 24, 세네카의 『편지』 95의 5 등 참조.

19 아리스테이데스(B.C. 6세기 말~B.C. 467)는 아테네의 장군이자 정치가다. 기원전 490년에 장군, 기원전 489년에 아르콘이었다. 기원전 482년에 테미스토클레스와 갈등을 빚다가 도편추방을 당했지만, 2년 후에 돌아와서 살라미스 전투에서 승리하는 데 기여했고, 델로스 동맹의 설립을 주도했다. 정의로운 자였기에 '정의로운 자'가 그의 별명이었다. 플루타르코스의 『영웅전』 「아리스테이데스전」 6 이하 참조.

20 노(老) 카토.

21 프리에네의 비아스, 스파르타의 킬론, 린도스의 클레오불로스, 뮈틸레네의 피타코스, 코린토스의 페리안드로스, 아테네의 솔론, 밀레토스의 탈레스.

22 에피쿠로스주의자.

23 카이사르 살해.

24 "따랐다(secuta est)"를 삭제해서 읽는다. 『라일리우스 우정론』 51 참조.

25 "규칙"으로 번역한 라틴어 'formula'는 로마법에서 '방식서'를 뜻한다. 방식서는 원고와 피고가 법무관과 함께 모여 작성한 공문서로서 사실 관계, 재판의 쟁점, 심리 방침을 규정한다.

26 "훌륭한 것은 뭐든지 간에 유익하고 훌륭하지 않은 것은 어떤 것도 유익하지 않다고 생각하는 사람들"은 스토아학파이고, "훌륭하지만 유익하지 않은 것도 있고 유익하지만 훌륭하지 않은 것도 있다고 생각하는 사람들"은 아카데미아학파와 소요학파다.

27 신(新)아카데미아학파.

28 리비우스의『로마사』2권 32 참조.

29 헤라클레스의 12개의 고역. 아폴로도로스의『희랍 신화』2권 참조.

30 반론이 3권 30에서 제기되기 때문에 후대의 삽입으로 추정되는 이 구절을 삭제해서 읽는다.

31 『국가론』2권 48 참조.

32 '마무리 작업'을 비유.

33 건강, 부 등을 스토아학파는 좋지도 나쁘지도 않은 것으로 여기는 반면, 소요학파는 좋은 것으로 여긴다.

34 "이것"은 '훌륭함이 그 자체로 제일 많이 추구되어야 한다'는 소요학파의 입장이고, "저것"은 '오직 훌륭함만이 그 자체로 추구되어야 한다'는 스토아학파의 입장이다.

35 스토아 철학자인 파나이티오스의 입장에서 훌륭한 것과 유익한 것은 충돌할 수 없다.

36 "자력으로"라고 옮긴 라틴어 'Marte nostro'는 '다른 나라의 구원군에 의존하지 않고, 자국의 군대로 전쟁을 수행하는 것'을 뜻하는 말이다.

37 키케로는 카이사르와 안토니우스를 염두에 두고 있다.

38 플라톤의『국가』359c 이하, 헤로도토스의『역사』1권 7 이하 참조. 귀게스(B.C. 716~B.C. 678)는 칸다울레스 왕을 죽인 후에 뤼디아의 왕이 되었다(재위 B.C. 685~B.C. 657). 귀게스는 플라톤의 이야기에서 목동이었고, 헤로도토스의 이야기에서 호위병이었다.

39 에피쿠로스학파.

40 "비록(quamquam)" 대신에 "결코 ~ 불(nequaquam)"로 수정해서 읽는다.

41 루키우스 유니우스 브루투스(B.C. 6세기)는 로마 공화정의 창시자 중 한 명이다. 기원전 509년에 타르퀴니우스 왕을 축출한 다음 콜라티누스와 함께 최초로 집정관이 되었다.

42 루키우스 타르퀴니우스 콜라티누스(B.C. 6세기)는 로마 공화정의 창시자 중 한 명이다. 아내 루크레티아가 타르퀴니우스 왕의 아들에게 강간을 당해 자결하자 브루투스를 도와 타르퀴니우스 왕을 축출한 다음 브루투스와 함께 집정관이 되었다. 하지만 인민이 '타르퀴니우스'라는 이름을 싫어하는 데다가 왕이 축출되었는데도 타르퀴니우스 가문 사람인 콜라티누스가 권력을 갖는 것을 불안하게 여겼기 때문에 브루투스가 그를 집정관직에서 물러나게 했다. 리비우스의 『로마사』 2권 2 참조.

43 루키우스 타르퀴니우스 수페르부스(B.C. 6세기~B.C. 510)는 로마의 마지막 왕(재위 B.C. 534~B.C. 510)이다. '오만왕(수페르부스)'으로 불렸다. 브루투스와 콜라티누스가 그를 왕위에서 쫓아냈다.

44 로물루스(B.C. 8세기)는 로마의 창시자다. 동생 레무스가 새로 지어진 로마 성벽을 뛰어 건너갔다는 구실을 내세워 그를 살해한 후에 로마의 초대 왕이 되었다. 40년을 통치한 후 하늘로 승천해서 퀴리누스 신이 되었다고 전해진다. 『국가론』 2권 17~18, 20, 33~34, 『법률론』 1권 3, 리비우스의 『로마사』 1권 7 참조.

45 크뤼시포스(B.C. 280~B.C. 207)는 희랍의 스토아 철학자다. 스토아학파의 세 번째 수장이었고, 수많은 저술을 했다.

46 아리스토텔레스의 『니코마코스 윤리학』 1169a 참조.

47 키케로는 법무관에서 물러나기 전에 재판을 주재하기 위해 친구인 호민관 마닐리우스의 재판일을 12월 29일로 지정했다.

48 『라일리우스 우정론』 38 이하 참조.

49 다몬과 핀티아스의 우정이 전형적인 우정의 사례다. 디오뉘시오스 2세

가 핀티아스에게 음모 혐의로 사형을 선고하자 핀티아스는 자기 가족을 친구들에게 부탁하기 위해 며칠을 달라고 요구했고, 다몬이 핀티아스의 출두 보증인이 되었다. 핀티아스가 정해진 날에 돌아오자 디오뉘시오스 2세는 그들의 우정에 감명받아 핀티아스를 용서하고 그들의 우정에 자기도 끼워 달라고 요청했다. 『투스쿨룸 대화』 5권 63 참조.

50 디오뉘시오스 2세(B.C. 4세기)는 시라쿠사의 참주(재위 B.C. 367~B.C. 344)다. 디오뉘시오스 1세의 아들이다. 플라톤은 그를 철인왕으로 만들려 했으나 실패했다.

51 아이리아누스의 『희랍 기담집』 2권 9 참조. 결의의 시기는 불분명하다.

52 아이기나는 아테네 근처에 있는 섬으로, 페리클레스가 말하듯 아테네의 외항인 "페이라이에우스의 눈엣가시"(플루타르코스의 『영웅전』 「페리클레스전」 8)였다.

53 마르쿠스 유니우스 펜누스(B.C. 2세기)는 기원전 126년에 호민관이었다. 호민관일 때 시민이 아닌 자들이 로마에 거주하지 못하게 하고 로마에 거주하는 경우 이들을 로마에서 추방하는 법률을 통과시켰다.

54 가이우스 파피우스(B.C. 1세기)는 기원전 65년에 호민관이었다. 호민관일 때 이탈리아 밖에 사는 자들이 로마로 이주하는 것을 금하는 법률을 통과시켰다.

55 루키우스 리키니우스 크라수스와 퀸투스 무키우스 스카이볼라가 기원전 95년에 제정한 리키니우스 무키우스 법은 외국인이 시민의 권리를 주장하지 못하게 했다. 이 법으로 인해 기원전 91년에 동맹시 전쟁이 벌어졌다.

56 크세르크세스 1세(B.C. 519~B.C. 465)는 다레이오스 대왕의 아들이다. 아버지로부터 페르시아 제국을 물려받아 기원전 484~기원전 465년에 지배했다. 희랍을 침공했지만 기원전 480년에 살라미스 해전에서, 기원전 479년에 플라타이아 전투에서 대패했다.

57 테미스토클레스가 아테네를 비우자고 설득했다. 데모스테네스의 『왕관에 관하여』 204 참조. 같은 이야기가 헤로도토스의 『역사』에 나오는데,

반역자의 이름은 뤼키데스였다. 헤로도토스의 『역사』 9권 4~5 참조.

58 플루타르코스의 『영웅전』 「테미스토클레스전」, 20 참조.

59 펠로폰네소스반도 남단의 라코니아만에 있는 스파르타군 해군기지.

60 폼페이우스는 기원전 67년에 지중해에서 2만 명이 넘는 해적들을 소탕한 다음 그들을 킬리키아에 정착시켰는데, 그들한테서 세금을 거두어들이지 않았다.

61 3권 40.

62 디오게네스(B.C. 240~B.C. 152)는 바빌론 출신의 스토아 철학자다. 그는 크뤼시포스의 제자이자 안티파트로스의 스승이고, 크뤼시포스의 뒤를 이어 스토아학파의 수장이 된다. 기원전 156~기원전 155년에 로마에 방문해서 스토아철학에 대한 큰 관심을 불러일으켰다.

63 안티파트로스(B.C. 2세기)는 타르소스 출신의 스토아 철학자다. 디오게네스의 제자이자 파나이티오스의 스승이고, 디오게네스의 뒤를 이어 스토아학파의 수장이 된다.

64 자연법. 3권 23, 27~28 참조.

65 디오게네스의 주장과 달리 안티파트로스는 모든 재산을 공유해야 한다고 주장하는 것이 아니라, 판매자와 구매자가 공정하게 거래해야 한다고 주장한다.

66 『학설휘찬』 18권 1장 43 참조. 『학설휘찬』은 533년에 동로마제국의 유스티니아누스 1세가 공포한 로마법학자들의 학설집이다.

67 가이우스 카니우스에 대해 더 알려진 바는 없다. 그의 재치에 대해서는 『연설가론』 2권 280 참조.

68 가이우스 아퀼리우스 갈루스(B.C. 1세기)는 로마의 법률가이자 정치가이고, 퀸투스 무키우스 스카이볼라의 제자다. 기원전 66년에 키케로와 함께 법무관이었다. 악의적 사기에 대한 방식서를 만들었다.

69 『신들의 본성에 관하여』 3권 74 참조.

70 『12표법』 5표의 3. "어떤 자가 자신의 금원과 자신의 재물에 관한 후견에 관하여 종의처분(終意處分)한 바가 있으면 그대로 법으로 한다."(최

병조, 「12표법(대역)」 인용)

71 "라이토리우스 법률(lege Laetoria)" 대신에 "플라이토리우스 법률(lege Plaetoria)"로 읽는 경우도 있다. 라이토리우스 법률은 14세 이상 25세 미만의 젊은이에 대해 계약의 무효를 인정하는 법률이다. 플라이토리우스 법률은 기원전 192년에 제정된 법률로서, 25세 이하의 젊은이와 25세 이상의 어른을 구분한다. 젊은이를 상대로 사기를 친 자는 무거운 벌금과 시민권 박탈로 처벌받았다.

72 "아내의 재산 관련 재정"은 남편이 죽거나 이혼할 때 아내의 혼인 지참금의 반환에 관한 것이고, "신탁"은 나중에 반환받는 조건으로 재산을 다른 사람에게 맡기는 일에 관한 것이다. 『토피카』 66 참조.

73 엔니우스의 『메데이아』에서 인용된 시구다.

74 헤카톤(B.C. 2세기 말~B.C. 1세기 초)은 로도스 출신의 스토아 철학자이고, 파나이티오스의 제자다. 많은 저술을 했지만 현재 단편만 전해진다.

75 퀸투스 아일리우스 투베로(B.C. 2세기 말)는 스토아 철학자이고, 파나이티오스의 제자다. 그의 스토아주의가 엄격한 만큼 그의 삶도 엄격했다. 『브루투스』 117 참조.

76 『12표법』 6표의 1. "어떤 자가 구속행위(동형식(銅衡式)소비대차)와 악취행위(동형식매매)를 하는 경우에는, 구술로 언명한 바가 있으면 그것을 법으로 한다."(최병조, 「12표법(대역)」 인용)

77 『12표법』 6표의 2.

78 티베리우스 클라우디우스 켄투말루스에 대해 더 알려진 바는 없다.

79 조점관은 새의 울음소리나 날아가는 방향을 보고 국가일의 길흉을 점치던 관리다. 조점관들은 조점을 치기 위해 카피톨리움 언덕에서 새들이 날아다니는 것을 관찰했다. 카일리우스 언덕에 있는 집이 조점관들의 시야를 방해했던 것 같다.

80 "팔았다(vendidit)"를 삭제해서 읽는다.

81 푸블리우스 칼푸르니우스 라나리우스(B.C. 2세기 말~B.C. 1세기 초)는

로마의 장군이다. 기원전 81년에 퀸투스 세르토리우스를 따라 히스파
니아에서 싸웠다.

82   마르쿠스 포르키우스 카토(B.C. 2세기 말~B.C. 1세기 초)는 로마의 정
치가다. 노(老) 카토의 손자이고, 소(小) 카토의 아버지다. 기원전 99년
에 호민관이었고, 기원전 92년에 법무관직 선거 도중 죽었다.

83   마르쿠스 마리우스 그라티디아누스(B.C. 2세기 말~B.C. 1세기 초)는
로마의 정치가다. 키케로의 육촌이고 가이우스 마리우스의 조카였다.
마리우스와 술라의 내전에서 마리우스 편을 들었지만, 기원전 82년에
술라가 로마로 들어온 후 살해되었다.

84   가이우스 세르기우스 오라타(B.C. 1세기)는 로마의 상인이다. 바이아
이 호수에서 판매용 굴을 길러 성공했다.

85   이 말을 삭제해서 읽는다.

86   용익권 설정은 집의 소유주가 아닌 자가 그 집에 대한 일정한 권리를
갖는 것을 말한다.

87   악취행위(mancipium, mancipatio)는 증인인 성인 로마 시민 다섯 명과
저울을 가진 로마 시민 한 명 앞에서 공식적으로 소유권을 양도하는
행위다. 판매자가 물건(예컨대 노예)을 손에 쥐고 "나는 이자를 나의 것
으로 선언한다. 나는 이자를 동화(銅貨)와 저울에 의해 팔았다"라고 말
하면서 저울 위에 동화를 올려놓은 다음 구매자에게 물건을 양도한다.

88   오라타는 루키우스 리키니우스 크라수스가 변호했고, 그라티디아누스
는 마르쿠스 안토니우스가 변호했다. 안토니우스가 이긴 것 같다.

89   "하자 때문에 집을 파는(domum propter vitia vendas)"이라는 구절이 후
대에 삽입되었기 때문에 삭제하자는 제안도 있다.

90   1권 50~58 참조.

91   『법률론』 2권 10~11 참조.

92   『연설가』 9~10, 플라톤의 『국가』 476a, 514a 이하 참조.

93   이는 『학설휘찬』 21권 1장 1에 언급되어 있다.

94   상속인은 상속받은 노예의 결함을 사전에 알고 있다고 보기 어렵다.

95 『법률론』1권 16~17 참조.

96 루키우스 미누키우스 바실루스(B.C. 2세기 말~B.C. 1세기 초)는 로마의 장군이다. 술라 밑에서 복무했고, 제1차 미트리다테스 전쟁(B.C. 88~B.C. 84)에서 미트리다테스 6세와 맞서 싸웠다.

97 키케로가 사랑했던 자는 호르텐시우스이고, 그가 증오하지 않은 자는 크라수스다.

98 마르쿠스 사트리우스(B.C. 1세기)는 로마의 장군이자 정치가다. 삼촌인 루키우스 미누키우스 바실루스의 양자가 되고 나서 그의 이름은 루키우스 미누키우스 바실루스 사트리아누스가 되었다. 기원전 45년에 법무관이었고, 기원전 44년에 피케눔과 사비니 지방의 보호인으로 임명되었다. 키케로는 안토니우스의 심복인 그가 무력을 써서 보호인이 되었기에 그를 비난했다. 『필리포스 연설』두 번째 연설 107 참조.

99 "시대의 얼룩, 〔그런 보호인을 지닌〕 저 지역들의 추한 이름이여!(o turpe notam temporum nomen illorum)" 대신에 "우리 시대의 추한 얼룩이여!(o turpem notam temporum nostrorum)"라고 읽는다. A. R. Dyck(1996), pp. 590~591 참조.

100 1권 23, 28~29 참조.

101 '손가락으로 딱 소리를 낸다(digitis concrepare)'는 말은 노예를 부를 때 쓰는 것으로, 여기서는 아주 작은 노력을 기울임을 의미한다.

102 『아카데미아학파』 2권 21, 『토피카』 31 참조.

103 가이우스 플라비우스 핌브리아(B.C. 2세기 말~B.C. 1세기 초)는 로마의 정치가다. 신인(novus homo)이었으며, 기원전 104년에 집정관이었다. 그의 좋은 성품에 대해서는 『브루투스』 129와 『플란키우스 변호 연설』 12 참조.

104 마르쿠스 루타티우스 핀티아에 대해 더 알려진 바는 없다.

105 재판 이후에 승소한 측의 공탁금은 반환되고, 패소한 측의 공탁금은 국고로 들어간다.

106 어둠 속에서 한 사람이 몇 개의 손가락을 내밀면 다른 사람이 거의

동시에 같은 수의 손가락을 내밀어서 알아맞히는 놀이. 『최고선악론』 2권 52 참조.

107 3권 38 참조.

108 퀸투스 카이킬리우스 메텔루스 누미디쿠스(B.C. 2세기 말~B.C. 1세기 초)는 로마의 장군이자 정치가다. 기원전 109년에 집정관이었고, 유구르타를 상대로 전쟁을 했다. 부사령관인 가이우스 마리우스가 기원전 107년에 집정관이 되어 전쟁을 대신 지휘했다. 메텔루스는 재판을 받았으나 무죄 방면되었다.

109 유구르타(B.C. 160~B.C. 104)는 누만티아의 왕이다. 기원전 118년에 세 명의 공동 지배자 중 하나가 되자 그중 한 명을 죽이고 다른 한 명을 공격했다. 로마는 기원전 109년에 퀸투스 카이킬리우스 메텔루스 누미디쿠스를 보내 그와 싸우게 했다. 기원전 105년에 붙잡혔고, 마리우스의 개선식 이후에 처형되었다.

110 마르쿠스 마리우스 그라티디아누스는 기원전 85년에 법무관이었다. 3권 80~81에서 언급되는 "마리우스"는 81에서 언급되는 "저 마리우스"(가이우스 마리우스)를 제외하면 마르쿠스 마리우스 그라티디아누스를 가리킨다.

111 기원전 85년 당시 법무관은 여섯 명이었다.

112 후대의 삽입으로 추정되는 이 구절은 문맥에 어울리지 않기 때문에 삭제해서 읽는다.

113 폼페이우스는 기원전 59년에 집정관인 카이사르의 딸 율리아와 결혼했다.

114 에우리피데스의 『포이니케 여인들』 524~525.

115 오이디푸스의 아들.

116 에우리피데스(B.C. 485~B.C. 406)는 아테네의 비극작가다. 현재 19편의 비극이 전해진다.

117 카이사르. 실제로 왕은 아니었지만, 그의 정적들이 그를 참주라는 의미에서 왕이라 불렀다.

118 키케로는 기원전 63년에 카틸리나 음모를 진압하여 '자유로운' 로마 인민에 의해 '조국의 아버지'라고 불렸지만, 카이사르는 기원전 45년에 폼페이우스를 이겨 '억압받는' 로마 인민에 의해 '조국의 아버지'라고 불렸다.

119 "부드럽게 해야(derigo)" 대신에 "따라야(dirigo)"로 읽는다.

120 아키우스(B.C. 170~B.C. 90)는 로마의 시인이다. 그의 비극 단편만 전해진다. 키케로는 어렸을 때 그를 만난 적이 있었다.

121 아키우스의 알려지지 않은 비극에 있는 구절.

122 탄탈로스와 펠롭스는 부자지간이다. 탄탈로스는 아트레우스 집안의 시조이고, 펠롭스는 뮈케네 왕조의 창건자다.

123 카이사르.

124 아리스테이데스와 파브리키우스는 '정의로운 자'라는 점에서 비슷하다.

125 제1차 미트리다테스 전쟁(B.C. 88~B.C. 84) 때 술라는 아시아의 국가들로부터 지지를 받는 대신 이들에게 조세를 면제했다. 조세는 나중에 다시 부과되었다.

126 로마 원로원은 제1차 미트리다테스 전쟁 때 로마를 지원한 아시아의 국가들에 조세를 다시 부과한 반면, 해적은 몸값을 받으면 포로를 풀어 주었다.

127 소(小) 카토는 기원전 61년에 징세업자들의 세금 감액 요청을 거부했다.

128 파두스강(지금의 포강) 이북의 주민들.

129 동맹시 전쟁(B.C. 91~B.C. 88) 이후 포강 남쪽의 공동체들은 완전한 시민권을 받았지만, 북쪽의 공동체들은 기원전 89년에 폼페이우스 법으로 라티움 식민지의 지위를 부여받았다. 기원전 49년에 카이사르가 로스키우스 법으로 이들에게 완전한 시민권을 주었다.

130 『국가론』 3권 30 참조.

131 1권 160에서 제시된 우선순위(신, 조국, 부모)와 이 대목에서 제시된

우선순위(조국, 부모)는 다르다.

132 1권 32 참조.

133 오비디우스의 『변신 이야기』 2권 1∼333 참조.

134 1권 32 참조.

135 로마 신화의 디아나는 희랍 신화의 아르테미스다. 디아나는 달, 사
     냥, 순결의 여신이다.

136 아가멤논이 맹세한 해에 이피게네이아가 태어난 것처럼 쓰여 있지
     만, 신화에서 그녀는 제물로 바쳐질 때 소녀로 추정된다. 희랍군이
     트로이 원정을 위해 아울리스항에 모였는데, 아르테미스 여신이 희
     랍군의 사령관 아가멤논에게 분노해서 희랍군의 출항을 지연시키자
     아가멤논은 자기의 딸인 이피게네이아를 제물로 바쳐 아르테미스 여
     신의 분노를 누그러뜨렸다. 아이스퀼로스의 『아가멤논』 184 이하, 에
     우리피데스의 『이피게네이아』 87 이하, 258 이하, 1541 이하, 루크레
     티우스의 『사물의 본성에 관하여』 1권 184 이하 참조.

137 1권 31 참조.

138 플라톤의 『국가』 331c 참조.

139 3권 40∼95 참조.

140 예컨대 소포클레스, 에우리피데스, 파쿠비우스, 아키우스.

141 팔라메데스는 오뒤세우스가 트로이 원정에 가지 않기 위해 미친 척을
     하고 있다는 사실을 밝혀내서 트로이 원정을 가게 만든 장본인이다.

142 파쿠비우스 또는 아키우스의 『무구의 심판』에 있는 시구.

143 호메로스의 『오뒤세이아』 5권 365 이하 참조.

144 키케로는 한니발의 아버지인 하밀카르와 바그라다스 전투(B.C. 255)
     에서 카르타고군의 총사령관인 하밀카르를 혼동하고 있다.

145 크산티포스(B.C. 3세기)는 스파르타 출신의 용병이다. 카르타고를 도
     와 레굴루스와 맞서 싸웠고, 코끼리와 기병을 사용해 바그라다스 전
     투(B.C. 255)에서 로마군을 격파하고 레굴루스를 포로로 잡았다.

146 레굴루스는 기원전 261년과 기원전 256년에 집정관이었다. 기원전

255년에 포로가 되었다.

147 파노르무스 전투(B.C. 250)에서 루키우스 카이킬리우스 메텔루스가
    귀족들인 13인의 카르타고 장군을 포로로 잡았다.

148 "신은 스스로 골치 아픈 일에서 벗어나 있고 다른 사람에게 골치 아
    픈 일을 부과하지 않는다고 말하는 철학자들"은 에피쿠로스학파이
    고, "신은 항상 뭔가 하고 또 애쓴다고 주장하는 철학자들"은 스토아
    학파다. 전자에 대해서는 『신들의 본성에 관하여』 1권 45, 85, 에피
    쿠로스의 『중요한 가르침』 1, 후자에 대해서는 『신들의 본성에 관하
    여』 2권 76 참조.

149 3권 3 참조.

150 아키우스의 『아트레우스』에 있는 시구. "당신은 신의를 파기했습니
    까?"는 튀에스테스의 대사이고, "나는 신의가 없는 자에게 신의를 주
    지도 않았고 주고 있지도 않다"는 아트레우스의 대사다.

151 1권 32 참조.

152 엔니우스의 『튀에스테스』에 있는 시구.

153 노(老) 카토의 소실된 연설.

154 기원전 249년에 유피테르 신전 근처에 있는 카피톨리움 언덕에 신의
    의 여신을 위한 신전이 세워졌다.

155 에피쿠로스학파의 주장.

156 스토아학파.

157 "이 문제를 엄격하게 논의하는 자들"은 스토아학파이고, "이 문제를
    느슨하게 논의하는 자들"은 소요학파다.

158 아키우스.

159 1권 97 참조.

160 1권 35~38 참조.

161 에우리피데스의 『히폴뤼토스』 612.

162 티투스 베투리우스 칼비누스(B.C. 4세기)와 스푸리우스 포스투미우
    스 알비누스(B.C. 4세기)는 로마의 장군이자 정치가다. 기원전 334년

과 기원전 321년에 집정관이었다. 카우디움 전투(B.C. 321)에서 삼니움인 가이우스 폰티우스의 계략에 걸려 대패하여 삼니움인들과 평화협정을 체결했으나, 원로원이 이를 거부했다. 삼니움인들에게 넘겨졌지만, 삼니움인들은 그들을 받아들이지 않았다.

163 티베리우스 미누키우스(B.C. 4세기)와 퀸투스 마일리우스(B.C. 4세기)는 로마의 정치가다. 기원전 321년에 호민관이었는데, 티투스 베투리우스 칼비누스와 스푸리우스 포스투미우스 알비누스가 삼니움인들과 체결한 평화협정을 지지했다. 삼니움인들에게 넘겨졌지만, 삼니움인들은 그들을 받아들이지 않았다. 참고로 "미누키우스" 대신에 "누미키우스"로 읽는 판본도 있다.

164 리비우스의 『로마사』 9권 8 이하 참조.

165 가이우스 호스틸리우스 만키누스(B.C. 2세기)는 로마의 장군이자 정치가다. 기원전 137년에 집정관이었는데, 스페인에서 누만티아인들에게 패했다. 누만티아인들과 평화협정을 체결했지만, 원로원이 이를 거부했다. 누만티아인들에게 넘겨졌지만, 누만티아인들이 그를 받아들이지 않았다.

166 루키우스 푸리우스 필루스(B.C. 2세기)와 섹스투스 아틸리우스 세라누스(B.C. 2세기)는 로마의 정치가다. 기원전 136년에 집정관이었을 때 가이우스 호스틸리우스 만키누스가 누만티아인들과 체결한 평화협정을 거부하고, 그를 누만티아인들에게 넘기자고 제안했다. 『국가론』 3권 28 참조.

167 퀸투스 폼페이우스(B.C. 2세기)는 로마의 정치가다. 기원전 141년에 집정관이었고, 기원전 140년에 누만티아인들과 전쟁을 해서 기원전 139년에 그들과 평화협정을 체결했지만, 후임 지휘관이 오자 이를 거부하여 원로원이 자기를 누만티아인들에게 넘기지 못하게 했다. 『국가론』 3권 28 참조.

168 키케로는 3권 101에서 말한 반론으로 돌아간다.

169 "더 옳게는 훌륭한 것이 매우 유익하게 된다고 말해야 한다(rectius

dicendum est valde utile fieri quod sit honestum)"라는 구절은 삽입해서 읽지 않는다.

170 2권 76 참조.

171 『12표법』8표의 23. "12표법에 의하여 허위의 증언에 관하여 정해진 저 처벌을 또한 폐지하지 않았었더라면, 그래서 이제 또한 전과 같이 허위의 증언을 한 것으로 책임이 밝혀진 자가 타르페이우스 암반(바위)에서 밀어 떨어뜨려진다면 (중략)."(최병조, 「12표법(대역)」 인용)

172 신성법(leges sacratae)은 고대 이탈리아 민족들에게 있는 제도이다. 신성법은 이를 어긴 당사자, 가족, 재산에 신의 분노가 미치는 서약과 결부되었다. 로마에서 신성법은 호민관에게 신성불가침의 권리를 보장했다. 리비우스의 『로마사』 2권 33 참조.

173 루키우스 만리우스 카피톨리누스 임페리오수스(B.C. 4세기)는 로마의 정치가다. 아울루스 만리우스 카피톨리누스의 아들이고, 티투스 만리우스 임페리오수스 토르콰투스의 아버지다. 기원전 363년에 역병을 다스리기 위해 독재관으로 임명되었다. 헤르니키족과 전쟁을 하기 위해 징병을 구실로 임기를 연장하자 마르쿠스 폼포니우스에게 고발당했다. 리비우스의 『로마사』 7권 3 이하 참조.

174 마르쿠스 폼포니우스(B.C. 4세기)는 로마의 정치가다. 기원전 362년에 호민관이었는데, 루키우스 만리우스 카피톨리누스 임페리오수스를 독재관직의 불법 연장 혐의 및 그의 아들인 티투스 만리우스 임페리오수스 토르콰투스에 대한 학대 혐의로 고발했다.

175 티투스 만리우스 임페리오수스 토르콰투스(B.C. 4세기)는 로마의 장군이자 정치가다. 기원전 361년에 갈리아인을 죽이고 그의 목에서 목걸이를 빼앗아 '토르콰투스'라는 별명을 얻게 되었다. 기원전 340년에 집정관을 세 번째로 역임할 때 아들이 자기의 명령 없이 베세리스에서 라티니인들과 교전했다는 이유로 아들을 처형했다.

176 아니오는 티베르강의 지류인 사비눔 지방의 강이다. 기원전 340년에 아니오 전투가 벌어졌고, 이 전투를 통해 로마는 라티움 지방 전체를

손아귀에 넣었다.

177 베세리스는 베수비오산 근처의 작은 개울이다.

178 1권 40 참조.

179 폴뤼비오스(B.C. 200~B.C. 118)는 희랍의 역사가다. 퓌드나 전투에서 마케도니아의 왕 페르세우스가 로마인들에게 패하고 나서 기원전 168년에 볼모로 로마에 보낸 많은 아카이아 귀족 중 한 명이었다. 로마에 17년 동안 머무르면서 소(小) 스키피오와 친구가 되었다. 로마가 세워질 때부터 지중해의 패권을 장악할 때까지를 다룬 40여 권의 『역사』를 저술했다.

180 1권 40, 폴뤼비오스의 『역사』 6권 58 참조.

181 루키우스 아이밀리우스 파울루스(B.C. 3세기)와 가이우스 테렌티우스 바로(B.C. 3세기)는 로마의 장군이자 정치가다. 기원전 216년에 집정관이었는데, 칸나이 전투에서 한니발에게 패했다. 파울루스는 전사하고, 바로는 도주했다.

182 기병 1인의 몸값은 500데나리우스, 보병 1인의 몸값은 300데나리우스, 노예 1인의 몸값은 100데나리우스였다. 1미나와 100데나리우스가 거의 같은 액수다. 1데나리우스는 노동자의 하루 일당에 해당하는 돈이었다.

183 폴뤼비오스의 『역사』 6권 58 참조.

184 가이우스 아킬리우스(B.C. 2세기)는 로마의 역사가이자 정치가다. 희랍어에 능통해서 기원전 155년에 로마에 방문한 아테네 철학자들을 위해 통역을 했다. 로마가 세워질 때부터 그의 당대까지의 로마사를 희랍어로 저술했는데, 지금은 일부 단편만 전해진다.

185 안니케리스학파는 퀴레네학파인 안니케리스(B.C. 3세기 초~B.C. 283)를 추종하는 학파다. 온건한 쾌락주의를 옹호했다.

186 에피쿠로스(B.C. 341~B.C. 271)는 사모스 출신의 에피쿠로스 철학자다. 기원전 307년에 아테네에서 에피쿠로스학파를 창시했다. 데모크리토스의 원자론을 받아들였고, 쾌락이 삶의 목적이라고 가르쳤다.

187 『아카데미아학파』 2권 131 참조.

188 이 말은 '온갖 수단과 방법을 총동원하여'를 뜻한다.

189 메트로도로스(B.C. 331~B.C. 277)는 람프사코스 출신의 에피쿠로스 철학자다. 에피쿠로스의 매우 중요한 제자였고, 에피쿠로스보다 신체적 쾌락을 더 중시했다. 지금은 일부 단편만 전해진다.

190 이 말은 '제한된 시간이 다 되어 난처하게 되었음'을 뜻한다.

191 현명함, 용기, 절제.

192 칼리폰과 디노마코스에 대해 더 알려진 바는 없다. 쾌락과 훌륭함의 결합을 시도한 희랍 철학자다. 『아카데미아학파』 2권 139, 『최고선악론』 5권 21 참조.

193 『최고선악론』.

194 키케로는 기원전 44년 6월 말에 투스쿨룸을 떠나 시칠리아에 갔지만, 시라쿠사에서 역풍을 만났다. 아티쿠스의 편지를 읽고, 브루투스와 만난 후에 이탈리아를 떠나면 안 된다고 결심했다. 이탈리아로 되돌아오고 나서 9월 2일에 안토니우스를 비난하는 연설(『필리포스 연설』 첫 번째 연설)을 했다.

작품 안내

키케로의 생애와 작품

마르쿠스 툴리우스 키케로(B.C. 106~B.C. 43)는 기원전 106년 1월 3일에 아르피눔에서 태어났다. 그의 아버지는 기사 신분이었다. 어린 시절부터 배우기를 좋아한 그는 철학과 수사학, 법학을 공부했다. 기원전 88년에 로마에서 신(新)아카데미아학파의 수장인 라리사 출신 필론의 강의를 들었고, 기원전 87년에 스토아 철학자인 디오도토스의 가르침을 받았으며, 퀸투스 무키우스 스카이볼라 밑에서 로마법을 공부했다.

키케로는 기원전 81년에 퀸크티우스를 변호하면서 변론 활동을 시작했다. 기원전 80년에 부친 살해 혐의로 고발당한 섹스투스 로스키우스를 변호했다. 로스키우스를 고발한 자는 독재관 술라의 총애를 받은 크뤼소고누스였기 때문에 술라의 미움을 살까 봐 아무도 로스키우스를 돕지 않았지만, 키케로는 그를 변호하여 무죄 판결을 받아 냈다.

키케로는 로스키우스를 변호하는 데 성공해서 명성을 얻었지만, 술라가 두려워 기원전 79년에 로마를 떠나 아테네로 갔다. 아테네에서 구(舊)아카데미아 철학자인 아스칼론 출신 안티오코스의 가르침을 받았고, 이후 로도스로 가서 수사학자인 아폴로니오스 몰론과 스토아 철학자인 포세이도니오스의 가르침을 받았다.

키케로는 술라가 죽고 나서 기원전 77년에 로마로 돌아왔다. 기원전 75년에 재무관으로 선출되어 시칠리아에서 공직 생활을 시작했다. 기원전 70년에 전직 시칠리아 총독인 베레스를 고발해서 유죄를 선고받게 하여 큰 명성을 얻었다. 이후 그는 기원전 69년에 조영관, 기원전 66년에 법무관, 기원전 63년에 집정관이 되는 등 승승장구했다.

키케로는 집정관일 때 정적 카틸리나의 음모를 적발했다. 집정관 선거에서 키케로에게 패한 카틸리나는 집정관 선거에서 또 낙선하자 키케로를 제거하려는 음모를 꾸몄다. 키케로는 카틸리나의 음모를 알게 되자 원로원 회의에서 그의 음모를 밝힌 다음 그의 일당을 처형했다. 카틸리나는 원로원에서 국적(國賊)으로 선언되기 전에 로마에서 도망쳐 처형을 면했지만, 기원전 62년에 토벌군과 싸우다 전사했다. 키케로는 카틸리나의 음모를 제압한 덕분에 '국부(pater patriae)'로 칭송받았다.

키케로는 카틸리나의 음모를 제압하는 과정에서 그의 일당을 재판 없이 처형했는데, 기원전 58년에 호민관 클로디우스가 이를 문제 삼아 키케로를 고발하자 키케로는 로마를 떠나 망명했다. 이듬해인 기원전 57년에 폼페이우스가 클로디우스를 직위에서 물러나게 한 다음 키케로를 로마로 돌아오게 했다. 키케로는 기원전 51년에 킬리키아의 총독이 될 때까지 공직 생활을 하지 못해 그 기간에 저술 활동에 전념했다.

기원전 49년에 로마로 돌아온 키케로는 카이사르와 폼페이우스를 중재하려 했지만, 두 사람 사이에 내전이 발생하자 고민 끝에 폼페이우스 편을 들었다. 카이사르가 파르살루스 전투(기원전 48년 8월 9일)에서 폼페이우스에게 승리하자 폼페이우스는 달아났으며, 키케로는 폼페이우스군의 지휘를 사양하고 브룬디시움으로 갔다. 기원전 47년에 그가 브룬디시움에 온 카이사르를 환영하자 카이사르는 그를 용서하고 호의적으로 대했다. 키케로는 로마로 돌아온 후에는 더 이상 공직 생활을 하지 못한 채 저술 활동에 전념했다. 기원전 45년에 사랑하는 딸 툴리아를 잃자 딸을 잃은 슬픔을 잊기 위해 저술 활동에 더욱 매진했다.

키케로는 기원전 44년에 아테네에서 소요학파 철학자 크라티포스 밑에서 배우고 있는 아들 마르쿠스를 만나고자 했다. 그해

3월 15일에 카이사르가 브루투스에게 암살당하고, 안토니우스가 권력을 장악하자 키케로는 아테네로 가지 않고 로마로 돌아와서 연설(『첫 번째 필리포스 연설』)로 안토니우스를 공격했다. 그는 카이사르의 양자인 옥타비아누스와 손잡고 안토니우스를 권력에서 몰아내려 했으나, 옥타비아누스가 안토니우스, 레피두스와 2차 삼두정치에 합의하고 나서 키케로는 숙청 대상자 명단에 올랐다. 결국 그는 기원전 43년 12월 7일에 살해당했는데, 그의 나이 64세였다.

키케로의 작품은 크게 네 가지 분야, 즉 수사학, 연설문, 철학, 편지로 나뉜다. 주요 작품의 저술 연도는 다음과 같다.

1) 수사학

『발견론(*De Inventione*)』(B.C. 85)

『연설가론(*De Oratore*)』(B.C. 55)

『브루투스(*Brutus*)』(B.C. 46)

『연설가(*Orator*)』(B.C. 46)

『연설술의 부분(*De Partitione Oratoria*)』(B.C. 46)

『토피카(*Topica*)』(B.C. 44)

2) 연설문

『섹스투스 로스키우스 변호 연설(*Pro Roscio Amerino*)』(B.C. 81)

『베레스 고발 연설(*In Gaium Verrem*)』(B.C. 70)

『무레나 변호 연설(*Pro Murena*)』(B.C. 63)

『카틸리나 고발 연설(*In Catilinam*)』(B.C. 63)

『시인 아르키아스 변호 연설(*Pro Archia*)』(B.C. 62)

『밀로 변호 연설(*Pro Milone*)』(B.C. 52)

『필리포스 연설(*Philippicae*)』(B.C. 43)

3) 철학

『국가론(*De Re Publica*)』(B.C. 51)

『법률론(*De Legibus*)』(B.C. 51)

『스토아 철학의 역설(*Paradoxa Stoicorum*)』(B.C. 48)

『아카데미아학파(*Academica*)』(B.C. 45)

『최고선악론(*De Finibus Bonorum et Malorum*)』(B.C. 45)

『투스쿨룸 대화(*Tusculanae Disputationes*)』(B.C. 45)

『신들의 본성에 관하여(*De Natura Deorum*)』(B.C. 45)

『노(老) 카토 노년론(*Cato Maior de Senectute*)』(B.C. 44)

『예언에 관하여(*De Divinatione*)』(B.C. 44)

『운명론(*De Fato*)』(B.C. 44)

『라일리우스 우정론(*Laelius de Amicitia*)』 (B.C. 44)

『의무론(*De Officiis*)』(B.C. 44)

4) 편지

『아티쿠스에게 보내는 서한(*Epistulae ad Atticum*)』(B.C. 68~B.C. 43)

『친구에게 보내는 서한(*Epistulae ad Familiares*)』(B.C. 62~B.C. 43)

『아우 퀸투스에게 보내는 서한(*Epistulae ad Quintum Fratrem*)』(B.C. 60~B.C. 54)

『브루투스에게 보내는 서한(*Epistulae ad Brutum*)』(B.C. 43)

『의무론』의 저술 배경

키케로가 기원전 44년 10월 25일에 친구 아티쿠스에게 보낸 편지에 따르면 그는 이 무렵 『의무론』 집필에 착수했다. 같은 해 11월 5일에 보낸 편지에 따르면 그는 이미 『의무론』 1~2권을 집필했다. 아마도 『의무론』은 기원전 44년 10~11월에 저술된 것 같다.

키케로가 『의무론』을 저술한 기원전 44년은 격변의 나날이었다. 3월 15일에 최고 권력자 카이사르가 브루투스에게 암살당했다. 기원전 509년에 왕정이 붕괴된 이후 로마의 정체는 공화정이었지만, 기원전 44년에 공화정은 붕괴되기 일보 직전이었다. 카이사르는 폼페이우스 일파와 대적한 내전(B.C. 49~B.C. 45)에서 승리해서 아무도 카이사르를 견제하지 못하는 상황이었다. 그는 기원전 44년 2월에 '종신 독재관'의 칭호를 얻었다. 공화정을 끝까지 지키려 했던 사람들(카시우스, 브루투스 등)은, 왕은 아니지만 왕과 다름없는 권력을 지닌 카이사르가 공화정을 없앨까 봐 두려워서 60명이 넘는 원로원 의원들을 규합해 카이사르를 암살하려는 음모를 꾸며 거사에 성공했다.

카시우스와 브루투스 등은 카이사르를 암살하면 공화정이 유지되리라 생각했지만, 집정관 마르쿠스 안토니우스가 카이사르의 장례일에 피로 흠뻑 적셔지고 난도질한 칼자국이 도처에 널려 있는 카이사르의 옷과 시신을 보여 주자 대중은 분노와 광기에 휩싸였다. 대중은 카이사르의 암살 공모자들을 색출하고자 거리로 쏟아져 나왔고, 이를 감지한 카시우스와 브루투스 등은 로마를 떠나 자신의 속주로 가거나 라티움의 소도시에서 미적거렸다.

카이사르가 암살당한 이후 막강한 권력을 갖게 된 안토니우스는 모든 일을 독단적으로 처리했다. 키케로는 안토니우스가 카이사르처럼 법을 무시하고 로마 공화정의 전복을 꿈꾼다고 확신했기 때문에 아들을 만나러 아테네로 가려는 계획을 철회하고서 로마로 돌아와 기원전 44년 9월 2일에 안토니우스를 공격하는 연설(『첫 번째 필리포스 연설』)을 했다. 이 연설을 전해 들은 안토니우스는 키케로를 맹렬히 비난했다. 키케로는 『두 번째 필리포스 연설』에서 안토니우스를 독재자, 깡패, 주정뱅이, 겁쟁이 등으로 낙인찍고 조롱했다. 그는 공화정을 없애려는 안토니우스와 정치적으로 맞서는 상황에서 『의무론』을 저술했다.

'의무'에 대하여

'의무'라는 말은 라틴어 'officium'의 번역어다. 국립국어원 『표준국어대사전』에 나오는 의무의 의미는 세 가지, 즉 첫째, "사람으로서 마땅히 하여야 할 일. 곧 맡은 직분", 둘째, "규범에 의하여 부과되는 부담이나 구속", 셋째, "도덕적으로 강제력이 있는 규범에 근거하여 인간의 의지나 행위에 부과되는 구속"이다. 이처럼 의무의 첫째 의미는 일상적 의미, 둘째 의미는 법률상 의미, 셋째 의미는 철학적 의미다. '부모가 자식을 키워야 할 의무를 지고 있다'에서 볼 수 있듯 일상적 의미의 의무든, '납세의 의무'에서 볼 수 있듯 법률상 의미의 의무든, 의무는 '사람으로서 또는 법률에 의해 마땅히 해야 하는 일 또는 행위'라고 말할 수 있다. 의무를 행하지 않는 사람은 사람으로서 해야 할 일을 하지 못했다고 비난받거나 법률을 위반해서 처벌받는다.

『의무론』에 나오는 'officium'이 '마땅히 해야 하는 일 또는 행위'를 뜻한다면, 'officium'을 '의무'로 번역하는 것이 옳을 것이다. 키케로는 『의무론』에서 두 가지 의무를 제시하는데, 하나는 '완전 의무(perfectum officium)' 또는 '올바른 의무(rectum officium)'이고, 다른 하나는 '중간 의무(medium officium)'다(1권 8, 3권 14~16). 완전 의무는 오직 현자(완전한 사람)의 의무이고, 중간 의무는 평범한 사람의 의무다. 완전 의무와 중간 의무 모두 희랍어에서 유래했는데, '완전 의무'는 '카토르토마(katorthōma)', '중간 의무'는 '카테콘(kathēkon)'의 번역어다. '옳은 행위'를 뜻하는 '카토르토마'를 라틴어로 '완전 의무'라고 부르는 것은 문제가 없지만, '적합한 행위'를 뜻하는 '카테콘'을 라틴어로 '중간 의무'라고 부르는 것은 잘 이해되지 않는다. 그렇다면 '카테콘'을 '중간 의무'라고 불러도 될까?

디오게네스 라에르티오스가 쓴 『유명한 철학자들의 생애와 사상』에는 '카테콘'이라는 말을 최초로 쓴 스토아학파의 '카테콘'에 대한 요약 정리가 있는데(7권 107~110), 다음과 같다.

107 더 나아가 그들(스토아 철학자들)은 '카테콘'이란 행위가 이루어졌을 때 이치에 맞는 설명을 할 수 있는 것이라 말한다. 예를 들면 삶에서 순응하는 것이 그런 것으로, 그것은 식물과 동물에까지 확장되는 것이다. 이것들에서까지 '카테콘'이 보이기 때문이라는 것이다. **108** 한편 '카테콘'은 최초로 제논에 의해서 이름이 그렇게 붙었다고 하는데, '누군가에게 이르는 것'으로부터 명칭이 얻어졌다고 한다. 그것은 본성(자연)에 따라 준비된 상태들에 친숙한 활동이라고 한다.

충동에 따라 이루어지는 활동들 중에서 어떤 것들은 '카테콘'이고, 어떤 것들은 '카테콘'에서 어긋나며 어떤 것들은 '카테콘'도 아니고 '카테콘'에서 어긋나지도 않는 것들이다. 그런 점에서 '카테콘'은 부모, 형제, 조국을 공경하고 친구들과 친하게 지내는 것처럼 이성이

하기로 선택하는 것들이다. '카테콘'에서 벗어나는 것은 이성이 선택하지 않는 것으로서, 부모를 보살피지 않고 형제들에게 신경 쓰지 않고 친구들을 사귀지 않으며 **109** 조국을 경시하는 것 등이다. '카테콘'도 아니고 '카테콘'에서 어긋나는 것도 아닌 것은 이성이 하기로 선택하지도 않고 금하지도 않는 것으로서, 예를 들면 잔가지를 꺾는다거나 필기구나 긁개를 손에 잡는다거나 이와 유사한 것들이다.

또한 '카테콘' 중 어떤 것들은 상황과 무관하고 어떤 것들은 상황에 의존한다. 상황에 무관한 것들은 건강과 감각기관들을 돌보는 것 등이다. 상황에 따르는 것은 자신을 불구로 만든다거나 재산을 버리는 일이다. '카테콘'에서 어긋나는 것도 대비해서 볼 수 있다. 더 나아가 '카테콘' 중에서 어떤 것들은 언제나 '카테콘'하게 해야 하고 어떤 것들은 언제나 '카테콘'하게 해야 하는 것은 아니다. 그래서 덕에 따라 사는 것은 언제나 '카테콘'하게 해야 하지만 묻고 대답하고 산책하는 등의 일은 언제나 '카테콘'하게 해야 하는 것은 아니다. 같은 이치가 '카테콘'에서 어긋나는 것들에도 **110** 적용된다. 한편 아이들이 보호자 노예들의 말에 따르는 것처럼 ('카테콘'과 '카테콘'에서 어긋나는 것의) 중간에 있는 것들에도 일종의 '카테콘'이 있다.[1]

1 디오게네스 라에르티오스, 『유명한 철학자들의 생애와 사상』, 김주일, 김인곤, 김재홍, 이정호 옮김(나남출판, 2021), pp. 81~83. '마땅한 것'을 '카테콘'으로 바꾸는 등 일부 수정해서 인용한다.

'카테콘'은 기본적으로 '본성(자연)에 따르는 행위'라고 말할 수 있다.[2] 식물과 동물이 자기를 보존하기 위해 자기 본성에 따르는 행위, 즉 자기에게 적합한 행위를 하는 것이 카테콘에 포함된다. 자기 보존을 위해 자기에게 적합한 행위를 하는 식물과 동물의 경우에는 '카테콘'을 '의무'라고 말하기가 곤란하기 때문에, '카테콘'을 '의무'보다 '적합한 행위'('적합한 것')로 번역하는 것이 더 합당할 것이다.

인간의 경우로 한정하면 인간이 자기에게 적합한 행위를 할 때, '카테콘'을 '의무'라고 불러야 하는가? 인간은 인간의 본성에 따르는 행위를 할 수 있고, 더 나아가 이성을 지니고 있어서 이성의 선택에 따르는 행위를 할 수 있다. 부모, 형제, 조국을 공경하는 것처럼 이성의 선택에 따르는 행위는 카테콘인데, 인간이 마땅히 해야 하는 행위이기 때문에 '의무'로 불릴 수 있다. 이처럼 카테콘이 '의무'로 불리는 행위를 포함하고 있어서 '카테콘'을 일종의 '의무'라고 부를 수 있다. 어쩌면 키케로는 이런 이유로 '카테콘'을 일종의 의무인 '중간 의무'라고 번역했을지도 모른다. 하지만 재산을 버리는 일처럼 상황에 따라 '카테콘'이 되는 경우

---

2 '카테콘'에 대한 자세한 논의는 키케로의 『최고선악론』 3권 20~26, 58~61과 A. A. Long, D. N. Sedley, *The Hellenistic Philosophers*(Cambride University Press, 1987), Ch. 59 참조. '카테콘'과 '카토르토마'의 관계에 대한 자세한 논의는 이창대, 「스토아 윤리학에서 적합한 행위와 옳은 행위」, 『철학』 74집(2003) 참조.

가 있고, 묻고 대답하는 일처럼 언제나 '카테콘'하지 않아도 되는 경우가 있다. 이런 경우에도 '카테콘'을 '의무'로 부를 수 있을까? 결국 인간의 경우에도 '의무'로 불릴 수 없는 '카테콘'이 많이 있기 때문에, '카테콘'을 '의무'보다 '적합한 행위'로 번역하는 것이 더 합당할 것이다.

키케로가 『의무론』에서 말하는 'officium'이 '카테콘'이면, 책 제목도 『의무론』이 아니라 『적합한 행위에 대하여』가 더 합당할 것이다. 내용상의 오해를 줄이려면 'officium'을 '의무'가 아니라 '적합한 행위'로 번역하고, 책 제목도 『의무론』이 아니라 『적합한 행위에 대하여』로 바꿔야 하지만, 지금까지 오랜 기간 '의무'와 『의무론』이라는 표현을 계속 써왔기 때문에 용어 변경에서 야기되는 혼란을 피하고자 '의무'와 『의무론』이라는 표현을 바꾸지 않고 쓴다.[3]

『의무론』을 왜 읽어야 하는가?

『의무론』의 주제는 '의무'다. 의무는 '완전 의무'와 '중간 의무'로

---

3 '의무'를 '적합한 행위'로 번역하지 않은 또 다른 이유가 있다. 'officium'과 외연이 같은 'decus'가 '적합함'으로 번역되기 때문에, 'officium'을 '적합한 행위'로 번역하면 'officium'과 'decus'의 번역어가 혼동되는 문제가 발생한다. 'decus'에 관한 자세한 논의는 1권 93~151 참조.

나뉘는데, 완전 의무는 현자만의 의무이고, 중간 의무는 평범한 사람의 의무다. 완전 의무는 으뜸가는 의무이고, 중간 의무는 완전 의무와 비슷하나 이에 못 미치는 버금가는 의무다. 『의무론』에서 논의되는 의무가 완전 의무가 아니라 중간 의무라면 도대체 왜 『의무론』을 읽어야 하는지 의문이 든다. 모든 사람이 현자가 되어 완전 의무를 이행하면 가장 좋겠지만, 불행하게도 모든 사람이 현자가 될 수는 없다. 왜냐하면 현자가 되기 위해서는 완전한 덕을 지녀야 하는데, 덕을 완전하게 지니는 일은 거의 불가능하기 때문이다. 거의 모두, 아니 어쩌면 모두가 현자가 아니기 때문에 현실적으로 완전 의무가 아니라 중간 의무를 잘 이행해야 할 것 같다. 『의무론』을 읽는 독자들은 거의 대부분 평범한 일상인이기에 중간 의무를 잘 이행할 필요가 있다. 중간 의무의 이행을 위한 여러 지침이 『의무론』에 제시되어 있으므로 이를 위해 『의무론』을 읽을 필요가 있다.

키케로가 말하듯(1권 5) 우리의 삶은 의무를 이행하면 훌륭하고 이를 소홀히 하면 추하기 때문에 훌륭하게 살기 위해서는 의무를 이행해야 한다. 의무가 무엇인지를 잘 알고 있다면 의무의 이행은 어려운 일이 아니지만, 실제로는 의무가 무엇인지 잘 모르기 때문에 행위를 할 때, 그 행위가 첫째, 훌륭한지 추한지, 둘째, 유익한지 무익한지, 셋째, 훌륭한지 유익한지 숙고한다. 일단 무엇이 훌륭한지, 또 무엇이 유익한지를 알게 되면, 훌륭한 행위나 유익한 행위를 해서 의무를 이행할 수 있다. 키케로는 무엇이 훌륭하고, 무엇이 유익한지를 밝히기 위해 『의무론』 1권에서 훌륭함, 2권에서 유익을 논의한다.

그러면 먼저 '훌륭함(honestas, honestum)'이란 무엇인가? 키케로는 『의무론』에서 훌륭함이 무엇인지를 명시적으로 말하지 않고, '추함(turpitudo, turpe)'과 대비한다. 라틴어 'honestas'와 'turpitudo'의 대비는 희랍어 'kalon(아름다움, 고귀함, 훌륭함)'과 'aischron(추함, 수치스러움)'의 대비에서 유래한다. 외모의 측면에서 대비되는 'kalon'과 'aischron'은 도덕과 행위의 측면에서도 대비된다. 'honor(명예)'에서 파생된 'honestas'는 원래 '명예(명예로움)'로 번역되는 말이지만, 행위나 성격의 측면에서는 '훌륭함'으로 번역된다. '추함'과 대비되는 '훌륭함'이란 도대체 무엇인가?

『의무론』에서 '훌륭함'의 모습은 구체적으로 희랍에서 전해진 네 가지 덕, 즉 지혜, 정의, 용기(『의무론』에서는 영혼의 위대함(magnitudo animi)), 절제(『의무론』에서는 적합함(decus))를 통해 드러난다. 키케로가 말하듯(1권 15), 네 가지 덕은 서로 다른 이유에서 생긴다. 지혜는 진리를 인식하고 통찰할 때, 정의는 인간 사회를 보호하고, 각자에게 자기 것을 부여하고, 계약에 대한 신의를 준수할 때, 영혼의 위대함은 고상하고 굽힐 줄 모르는 영혼이 위대하고 강인할 때, 적합함은 행위나 말에 질서와 한도가 있을 때 생긴다. 지혜란 진리 탐구와 발견이고(1권 15), 정의란 다른 사람에게 해를 끼치지 않고, 공공의 것은 공공을 위해, 개인의 것은 자기를 위해 사용하는 것이며(1권 20), 영혼의 위대함이란 외적인 것들을 경멸하고, 위대하고 매우 유익한 일을 하면서도 동시에 대단히 힘들고 위험한 일을 하는 것이며(1권 66), 적합함이란 인간 본성과 일치하여 그 부분에서 자유인다운 모습과 함께 절도와 절제가 드러나는 것이다(1권 96). 훌륭함은 네 가지 덕 모두를 아우르지만, 그 모습은 단번에 드러나지 않고 네 가지 덕 각각을 통해 일부만 드러난다. 결국 네 가지 덕 각각을 통해 훌륭함의 각 부분이 무엇인지 밝혀졌지만, 훌륭함 전체가 무엇인지는 여전히 불분명하다.

그다음으로 '유익(utilitas, utile)'이란 무엇인가? 키케로는 『의무론』에서 유익이 무엇인지를 명시적으로 말하지 않지만, 인간이 살아가는 데 도움이 되는 것(부, 권력, 건강, 영광 등)을 유익한 것으로 여긴다. 인간은 이로움을 얻기 위해 유익한 것을 추구한다. 그런데 유익을 항상 추구해야 할까? 예컨대 남의 돈을 착복해야 할까? 남의 돈을 착복하면 나의 재산이 늘어나므로 나에게 유익하지만, 남에게 손해를 끼치면서까지 남의 돈을 착복해야 할까? 남에게 손해를 끼치더라도 나의 재산이 늘어나면 좋으니까 남의 돈을 착복해야 할까, 아니면 남에게 손해를 끼치기에 남의 돈을 착복하지 말아야 할까?

유익에 관한 이러한 문제의 연장선에서 키케로는 『의무론』 3권에서 훌륭함과 유익의 충돌을 논의한다. 훌륭함과 유익이 서로 다르면 이 두 가지가 충돌할 때 하나를 선택할 수밖에 없다. 예컨대 유익을 중시하는 사람은 남의 돈을 착복하겠지만, 훌륭함을 중시하는 사람은 남의 돈을 착복하지 않을 것이다. 사람들은 보통 훌륭함과 유익이 서로 다르다고 여긴다. 하지만 키케로는 훌륭함과 유익이 서로 다르지 않기 때문에 이 두 가지가 충돌할 수 없고, '유익'과 '유익해 보이는 것'을 구분하여 훌륭함과 유익해 보이는 것이 서로 다르다고 주장한다. 그가 볼 때 남의 돈을 착복하는 것은 유익하지 않고, 유익해 보이는 데 불과하다. 남의 돈을 착복하면 남에게 재산상의 피해를 끼쳐 훌륭하지 않은 행위, 즉 추한 행위를 할 뿐만 아니라, 돈을 빼앗긴 자와 적이 되어 언제든지 그한테서 공격을 받으리라는 두려움 속에서 살게 되고, 더 나아가 그의 공격을 받아 착복한 돈을 빼앗길 수도 있다. 결국 남의 돈을 착복하는 행위는 일시적으로 유익해 보이지만, 결국 훌륭하지 않으므로 유익하지도 않다.

훌륭함과 유익이 서로 다르지 않다고 주장하는 키케로의 말이 옳다면 우리가 볼 때 유익한 것은 상당 부분, 아니 대부분 유익해 보이는 것에 불과하다. 유익과 유익해 보이는 것을 구분하지 않는 우리는 훌륭한 행위와 유익해 보이는 행위가 충돌할 때 유익해 보이는 행위를 유익한 행위라고 생각한 채 유익해 보이는 행위를 선택하지만 이는 잘못된 선택이다. 훌륭함과 유익이 서로 다르지 않고, 유익과 유익해 보이는 것이 서로 다르다는 사실을 깨닫는다면, 훌륭한 행위와 유익해 보이는 행위가 충돌할 때 유익해 보이는 행위를 선택하지 않을 것이다. 유익과 유익해 보이는 것을 구분할 필요가 있고, 유익해 보이는 것이 아니라 유익, 더 나아가 훌륭함을 선택해야 한다는 것을 잘 알기 위해서도 『의무론』을 읽을 필요가 있다.

『의무론』의 줄거리

1권: 훌륭함

키케로가 『의무론』을 쓰고 있던 당시에 그의 아들 마르쿠스는 아테네에서 소요학파 철학자 크라티포스 밑에서 철학을 공부하고 있었다. 그는 아들에게 희랍어와 라틴어를 동등하게 구사할 수 있도록 희랍어와 라틴어를 병용해서 철학을 공부하라고, 또 연설의 문체와 철학의 문체를 모두 익히도록 자기의 연설문과 철학책을 열심히 읽으라고 권한다(1권 1, 3).[4]

키케로는 아들의 나이와 자기의 권위에 가장 알맞은 주제에서 논의를 시작하고자 '의무'를 주제로 택했다. 의무에 대한 지침들이 현실에서 가장 널리 적용되는데, 인생의 단 한순간도 의무에

---

4   이후 권에 대한 언급(예: 1권)은 생략한다.

서 벗어날 수 없기 때문이다(4). 의무에 대한 지침을 전수하는 스토아학파, 아카데미아학파, 소요학파 가운데 주로 스토아학파의 입장에서 '의무'의 문제를 다룬다(6).

의무에 대한 논의는 파나이티오스가 키케로보다 먼저 했지만, 파나이티오스는 의무가 무엇인지를 정의하지 않았다(7). 키케로는 의무를 구분하는데, 그것은 완전 의무(올바른 의무)와 중간 의무(그것이 왜 행해졌는지 그럴 법한 이유가 제시될 수 있는 의무)로 구분된다(8). (완전 의무와 중간 의무에 대해서는 3권 14~16에서 다시 논의된다.)

파나이티오스는 행동할 때 세 가지, 즉 행위가 훌륭한지 유익한지, 유익해 보이는 것과 훌륭한 것의 충돌을 숙고해야 한다고 말하지만, 키케로는 그가 두 가지, 즉 훌륭한 행위들 중에서 어느 것이 더 훌륭한지, 유익한 행위들 중에서 어느 것이 더 유익한지를 간과했다고 말한다. 따라서 키케로는 『의무론』에서 의무에 대해 다음과 같은 다섯 가지 논의를 한다(9~10). 첫째, 행위가 훌륭한지 추한지(1권 11~151), 둘째, 훌륭한 행위들 중에 어느 것이 더 훌륭한지(1권 152~161), 셋째, 행위가 유익한지 무익한지(2권 1~87), 넷째, 유익한 행위들 중에 어느 것이 더 유익한지(2권 88~89), 다섯째, 훌륭함과 유익의 비교(3권).

키케로는 훌륭함과 네 가지 덕이 자연에서 유래한다고 말한다. 자연은 특별히 인간에게 이성을 부여했다. 인간은 이성을 통해 진리를 탐구하고, 사회를 이루며, 위대한 영혼을 갖고, 질서와 적합함을 감지한다(11~14). 인간이 진리를 탐구하면서 지혜가, 사회를 이루면서 정의가, 위대한 영혼을 가지면서 영혼의 위대함이, 질서와 적합함을 감지하면서 적합함이 형성되고, 네 가지 덕, 즉 지혜, 정의, 영혼의 위대함, 적합함으로부터 훌륭함이 형성된다(14). 네 가지 덕은 서로 긴밀하게 연결되어 있지만, 각각의 덕마다 고유한 임무를 지닌다. 지혜의 임무는 진리 탐구와 진리 발견이고, 정의의 임무는 인간 사회와 유대의 보존이며, 영혼의 위대함의 임무는 인간사에 대한 경멸이고, 적합함의 임무는 일상 활동에 질서와 한도의 부여다(15~17).

키케로는 네 가지 덕 각각에 대해 논의한다. 가장 먼저 지혜에 대해 논의하는데, 이에 관한 두 가지 잘못을 피해야 한다고 말한다. 첫째, 인식되지 않은 것을 인식된 것으로 여겨 이에 경솔하게 동의하지 말아야 하고, 둘째, 모호하고 어려우며 불필요한 것들에 너무 많은 열의와 노력을 쏟지 말아야 한다. 이 두 가지 잘못을 피한다면 훌륭하고 인식에 합당한 것들에 쏟아진 관심과 노력은 칭송받을 것이다(18~19).

키케로는 두 번째로 정의에 대해 논의하는데, 정의를 다시 정의와 선행으로 구분한다(20). 그는 두 가지 정의를 말하는데, 첫째는 불의를 당하지 않는 한 어느 누구도 다른 사람에게 해를 끼치지 않는 정의이고, 둘째는 공공의 것은 공공을 위해, 개인의 것은 자기를 위해 사용하는 정의다(20). 그다음으로 두 가지 불의를 말하는데, 첫째는 불의를 저지르는 자들의 불의이고, 둘째는 불의를 당하고 있는 이들한테서 불의를 물리칠 수 있는데도 물리치지 않는 자들의 불의다(23).

두 가지 정의와 두 가지 불의가 밝혀진 이상 각각의 상황마다 의무가 무엇인지를 판단하기가 쉬울 것 같지만, 상황이 바뀌면 의무가 바뀌는 경우도 있다(30~31). 테세우스는 아들 히폴뤼토스의 죽음을 소원했는데, 넵투누스(포세이돈)가 테세우스와의 약속을 지켜 히폴뤼토스가 죽자 테세우스가 극도의 슬픔에 빠진 경우처럼, 약속의 이행이 약속받은 사람이나 약속한 사람에게 무익하면 약속을 이행하지 않아도 의무에 반하지 않는다(32).

키케로는 이어서 불의를 저지른 자, 적, 노예에 대한 의무를 말한다. 불의를 저지른 사람에 대한 복수와 처벌에는 한도가 있어야 한다(34). 최대한 전쟁법을 지켜야 하고, 공식적인 배상 요구 후에 또는 사전 통고와 선전포고 후에 전쟁을 해야 한다(34~36). 적과 맺은 신의는 지켜야 하고, 독살과 같은 범죄를 통해 적을 살해해서는 안 된다(39~40). 노예에게 강제된 노동에 대한 정당한 대가를 줌으로써 노예를 임금노동자처럼 대해야 한다(41).

키케로는 정의의 두 번째 부분인 선행에 대해 말한다. 선행에는 세 가지 주의점이 있는데, 첫째, 다른 사람에게 해가 되지 않게 선행을 베풀어야 한다. 둘째, 자기의 재력에 맞게 선행을 베풀어야 한다. 셋째, 선행을 받을 사람의 가치에 맞게 선행을 베풀어야 한다(42~45). 선행을 받을 사람의 가치와 관련하여 주목할 점은 네 가지, 즉 선행을 받을 사람의 성품, 그가 우리를 대하는 마음, 그가 이전에 우리의 유익을 위해 행한 의무, 그의 공동체다(45). 키케로는 인류 사회에서 시작해서 친족 사회에 이르는 여러 가지 공동체(인류 사회, 같은 종족의 사회, 같은 나라의 사회, 친족 사회 등)를 언급하고 나서(53) 의무가 이행되어야 하는 대상 간에 우선순위가 있는데, 1순위는 조국과 부모, 2순위는 자식과 가족, 3순위는 친척이라고 말한다(58).

키케로는 세 번째로 영혼의 위대함에 대해 말하는데, 영혼의 위대함은 용기와 밀접한 관련이 있다. 영혼의 위대함은 위험을 무릅쓰고 고난을 감당하면서 드러나는데, 정의를 필요로 한다. 왜냐하면 위대한 영혼을 지니더라도 최고 권력에 대한 집착이나 과도한 욕망으로 인해 불의한 행동을 하기가 쉽기 때문이다(62, 64~65). 영혼의 위대함이 가진 특징은 두 가지로, 첫째, 외적인 것에 대한 경멸, 둘째, 위험과 고난 속에서 대단히 힘든 일을 하는 것이다(66). 위대한 영혼을 지닌 사람은 인간사를 하찮게 여기고, 쾌락, 욕망 등의 격정에서 해방되어 평정한 상태의 영혼을 추구한다(67, 69). 철학자들뿐만 아니라 위정자들도 인간사에 대한 경멸과 평정한 상태의 영혼을 보여 주어야 한다(72).

이처럼 위정자들은 영혼의 위대함을 보여 주어야 하는데, 대부분의 사람이 생각하듯이 내정(內政)보다 군사(軍事)가 더 중요하다면 군사에서 영혼의 위대함을 더 많이 보여 주어야 하지만, 키케로가 솔론의 사례(살라미스에서 테미스토클레스의 승리보다 더 중요한 아레이오스 파고스 의회를 설립한 솔론의 계획) 등을 들어 주장하듯이 내정이 더 중요하기 때문에 내정에서 영혼의 위대함을 더 많이 보여 주어야 한다(73~75, 78). 키케로는 위정자가 두 가지 지침, 첫째, 위정자 자신의 이익은 잊고 시민의 유익을 보호하라는 지침, 둘째, 국가 전체를 보살피라는 지침을 지켜야 한다고 말한다(85). 위정자는 국가에 매우 치명적인 사태, 즉 분쟁과 불화를 초래하지 않고, 분노하기보다는 온화함을 보여야 하며, 오만하지 않고, 친구의 말을 더 많이 따르고 더 존중함으로써 영혼의 위대함을 보여 준다(85, 88, 90).

키케로는 네 번째로 적합함에 대해 말하는데, 적합함에는 두 가지, 즉 훌륭함 전체에 관계된 적합함과 훌륭함의 한 부분인 절제에 관계된 적합함이 있다(96). 적합함은 정의, 용기 등 각각의 덕에서 드러날 만큼 훌륭함 전체에 관계되면서도, 주로 절제에서 드러날 만큼 절제에 관계된다. 그래서 키케로는 적합함의 본질이 절제에 있다고 말한다(100).

적합함에서 도출되는 의무를 이행하기 위해서는 인간에게 부여된 네 가지 역할을 잘 수행해야 한다. 네 가지 역할이란 첫째, 모든 인간에게 공통된 역할, 둘째, 각자에게 고유하게 부여된 역할, 셋째, 우연이나 상황이 부과한 역할, 넷째, 자신의 판단에 따라 자신에게 부여한 역할이다(107, 115). 모든 인간이 지니고 있는 이성에 따르는 것, 각자의 고유한 본성에 따르는 것(예컨대 자신의 재능을 발휘하는 것), 신분이나 부처럼 우연에 좌우되는 것에 따르는 것(예컨대 아들이 아버지와 동일한 분야에서 영광을 얻는 것), 숙고와 판단을 통해 내린 자신의 결정에 따르는 것이 각각 적합하다.

키케로는 이어서 여러 종류의 적합함을 말한다. 우선 젊은이, 노인, 정무관, 사인(私人), 외국인의 적합함을 말하고(122~125), 그다음에 신체, 말, 집의 적합함을 말한다(126~140). 그는 적합함에 대한 세 가지 지침을 제시한다. 첫째, 욕구는 이성에 복종해야 하고, 둘째, 성취하고 싶은 것이 얼마나 중요한지 주목해서 정확히 필요한 만큼 주의하고 노력해야 하며, 셋째, 자유인다운 모습과 위엄에 관한 것들이 절도를 지키도록 주의해야 한다. 이 중에서 첫 번째 지침이 가장 중요하다(141).

키케로는 의무가 훌륭함의 부분인 네 가지 덕으로부터 어떻게 도출되는지를 설명한 다음에, 네 가지 덕을 비교하면서 훌륭한 것 중에서 어느 것이 더 훌륭한지를 논의한다(152). 공동체 의식(정의)은 인식(현명함)보다 우위에 있고(153~158),[5] 영혼의 위대함

5 키케로는 1권 15에서 구분하지 않은 지혜와 현명함을 1권 153에서 구분한다.

보다 우위에 있지만(157), 적합함보다 우위에 있지는 않다. 그럼에도 키케로는 공동체 의식(정의)으로부터 도출되는 의무가 우위에 있다고 주장한다(159~160). 마지막으로 그는 불멸의 신에 대한 의무, 조국에 대한 의무, 부모에 대한 의무 순으로 의무의 순서를 제시한다(160).

2권: 유익

키케로는 2권에서 의무가 유익으로부터 어떻게 도출되는지를 논의한다(1). 그는 유익에 대한 논의를 본격적으로 하기에 앞서 철학에 헌신한 이유와 철학 방법론을 제시한다. 공직에서 물러난 그는 철학으로 복귀해서 철학책을 집필하는 데 매진했다(2~6). 아카데미아학파의 방법론을 따르는 그에게 아무것도 파악할 수 없는데도 불구하고 의무의 지침(확실한 것)을 탐구하는 것은 일관되지 않다는 반론이 제기되지만, 그는 확실한 것만을 파악할 수 있을지라도 의무는 삶과 관련된 것인 만큼 의무의 지침이 그럴 법한 것이면 이를 따르는 것만으로도 충분하다고 말함으로써 반론에 대해 반박한다(7).

1권 153 이하의 논의에 따르면, 정의는 현명함보다 우위에 있다. 하지만 "지혜가 최고의 덕"(153)이라면, 정의가 현명함보다 우위에 있다고 해서 정의가 지혜보다 우위에 있다고 말할 수는 없다.

키케로는 본격적으로 유익에 대해 논의한다. 그는 무생물, 짐승, 인간 중에서 무엇이 인간에게 유익하고 무엇이 인간에게 해로운지를 말한다(11~16). 신을 제외하면 인간이 인간에게 가장 많은 이로움을 주기 때문에 인간의 유익을 위해 인간의 협력을 이끌어 내는 방안을 논의할 필요가 있다(17, 20).

그런데 키케로는 인간의 협력을 이끌어 내는 방안 대신, 사람들이 누군가에게 뭔가 베푸는 것을 말한다. 베푸는 동기에는 여섯 가지, 즉 호의, 명예, 자기를 잘 돌본다는 생각, 두려움, 베풂에 대한 기대, 뇌물이 있다(21). 그는 이 여섯 가지 동기 중에서 사랑받음(호의)이 가장 적절하고, 두려움을 받는 것이 가장 부적절하다고 말한다(23). 그는 사람들이 두려워하는 대상이 되기를 원하는 자들이 사람들을 두려워할 수밖에 없다고 말하고 나서 시라쿠사의 참주인 디오뉘시오스 1세, 페라이의 알렉산드로스 등의 사례를 제시한다(24~26). 두려움의 힘은 약한 반면, 호의와 사랑의 힘은 크기 때문에 그는 사랑의 획득 방식을 논의한다(29). 그는 우리를 사랑하는 친구와 믿음직한 친분을 맺는 것이 가장 필요하다고 말한다(30). 사랑의 획득을 위해서는 우정이 중요한데, 우정은 『라일리우스 우정론』에서 논의되었기 때문에 키케로는 영광에 대해 상세히 논의한다(31).

키케로는 중요한 일들을 처리하는 데 영광이 아주 큰 도움이 된다고 말한다. 영광은 세 가지 조건, 즉 대중의 사랑, 대중의 신뢰, 누군가가 명예를 누릴 자격이 있다고 여기며 경탄하는 대중의 생각에 달려 있다(31). 첫째, 대중의 사랑(호의)은 선행, 선행을 베풀려는 의지, 덕을 갖고 있다는 명성과 평판을 통해 획득되거나 촉발된다(32). 둘째, 우리가 정의롭거나 현명할 때 대중의 신뢰를 받게 되는데, 정의가 현명함보다 신뢰를 받는 데 더 강력하다(33~34). 셋째, 사람들은 덕에서 타인을 능가하고, 수치와 결함에서 벗어나 있다고 생각되는 자들을 경탄한다(37). 이 세 가지는 모두 정의에 의해 성취된다(38). 정의의 위력은 강도조차 정의 없이 살아갈 수 없을 만큼 대단하기 때문에 참된 영광을 얻고 싶은 사람은 정의의 의무들을 수행해야 한다(40, 43). 그는 이어서 젊은이의 영광 획득을 위해 군사적인 일에서 영광의 획득, 적도, 부모에 대한 효심과 자기 가족 및 친구들에 대한 호의, 웅변(특히 변호 연설)을 추천한다(44~51).

키케로는 선행에 대해 말하는데, 선행은 이미 1권 42~60에서 논의되었다. 다만 선행은 1권에서는 훌륭함, 덕의 측면에서 논의되었고, 2권에서는 유익의 측면에서 논의된다. 선행은 후히 베풂과 봉사로 나뉘는데, 그는 봉사가 후히 베풂보다 더 훌륭하고 더 널리 적용되며 더 많은 사람에게 이로움을 줄 수 있다고 말한다(52~54). 봉사가 후히 베풂보다 더 바람직하지만, 때로는 후히 베풂이 필요할 때가 있다(54). 후히 베풂은 낭비와 관후함으로 나뉜다(55). 낭비는 연회나 호화로운 경기 등 짧게만 기억에 남거나 전혀 기억에 남지 않을 것들에 돈을 쓰는 것이고, 관후함은 친구 등이 재산을 늘리거나 어려움에 빠졌을 때 도움을 주는 것이다(55). 낭비는 그 자체로 결함이 있지만, 필요한 경우 재력에 맞게 후히 베풀어야 한다(60). 반면 관후하게 후히 베풀면 받은 사람뿐만 아니라 그의 자식과 후손 등도 관후하게 후히 베푸는 데 감사하기 때문에 가산을 탕진하지 않으면서 관후하게 베풀어야 한다(63~64).

그다음으로 키케로는 봉사에 대해 말한다. 봉사는 개인에 대한 봉사와 국가에 대한 봉사로 나뉜다. 법적인 지식이나 웅변 등으로 개인에게 봉사할 수 있는데, 봉사를 받는 사람의 처지보다 성품을 고려해서 봉사해야 한다(65~71). 위정자도 국가에 봉사할 수 있는데, 탐욕을 피해야 한다(75). 시퀴온의 아라토스는 사익을 추구하지 않고 국가를 위해 봉사해서 원래의 소유자와 현재의 소유자 사이에서 발생한 소유권 문제를 해결하여 국가의 화합을 이루어 냈다(81~82). 반면 농지 점유자를 거처에서 내쫓고자 하거나 채무자의 빚을 탕감해야 한다고 생각하는 자들은 재산을 뺏긴 사람들의 적이 되어 국가의 화합을 깨뜨리고 국가를 파괴한다(78~79).

키케로는 유익의 비교가 종종 필요하다고 말하고 나서 신체적인 이점(예컨대 건강)과 외적인 이점(예컨대 부), 신체적인 이점과 신체적인 이점, 외적인 이점과 외적인 이점을 비교한다(88). 그는 흔히 유익이 비교되고, 유익의 비교가 의무에 대한 네 번째 탐구로 추가되는 것이 옳다고 말한다(89).

3권: 훌륭함과 유익의 비교

키케로는 3권에서 본격적인 논의를 하기에 앞서 자신의 한가함과 대(大) 스키피오의 한가함을 비교한다. 대 스키피오는 공무에 종사하다가 휴식이 필요할 때 한가한 시간을 가진 데 비해, 키케로는 공무에 종사할 수 없어서 한가한 시간을, 그것도 많은 철학책을 저술하며 보내고 있다(1~4). 그는 아들에게 다시 한번 철학 공부를 권한다(5~6).

키케로는 의무에 대한 논의로 되돌아가는데, 파나이티오스가 간과한 훌륭함과 유익의 충돌 문제를 논의한다(7). 그는 파나이티오스가 이 문제를 다루고자 계획했지만 실제로 다루지 않았다고 주장한다(9). 파나이티오스는 훌륭한 것은 뭐든지 유익하다고(즉, 훌륭함과 유익은 충돌하지 않는다고), 또 유익해 보이지만 훌륭함과 상충하는 것은 삶이 좋아지는 것과 무관하다고 생각했기 때문에 훌륭함과 유익해 보이는 것을 비교할 필요가 없었다(11~12).

키케로는 훌륭함과 유익의 충돌 문제를 논의하기에 앞서 훌륭함 자체와 훌륭함과 유사한 것을 구분한다. 훌륭함 자체는 오직 현자에게만 있는 반면, 현자가 아닌 사람은 훌륭함과 유사한 것만을 가질 수 있다. 그래서 현자만이 올바른 의무를 이행할 수 있고, 현자가 아닌 사람은 중간 의무만을 이행할 수 있을 뿐이다 (13~14).『의무론』에서 논의되는 의무는 인류 전체가 공유하는 중간 의무에 불과하고, 현자가 아닌 우리는 훌륭함 자체가 아니라 훌륭함과 유사한 것만을 가질 수 있지만, 우리는 훌륭함과 유사한 것조차 보호하고 지켜야 하며, 이것이 유익과 충돌한다고 생각하면 안 된다(17).

키케로가 말하듯 훌륭함은 유익을 능가한다(19). 하지만 훌륭함과 유익이 충돌하는 것처럼 보일 때, 오류 없이 판단할 수 있도록 어떤 규칙을 세워야 한다(19). 자기를 위해 다른 사람의 이익을 빼앗고 다른 사람의 것을 탈취할 경우 인간 사회는 전복되기 때문에 자기의 이익을 위해 다른 사람에게 해를 끼쳐서는 안 된다는 규칙이 있어야 한다(22~23). 굶어 죽을 지경인 현자가 쓸모없는 사람한테서 음식을 빼앗는 경우를 이 규칙의 적용 사례로 들었을 때, 현자가 살아남아 국가와 인간 사회에 많은 유익을 가져다주면 음식을 빼앗아도 되지만, 그렇지 않으면 다른 사람의 이익을 빼앗기보다는 자기의 손해를 감수해야 한다(29~30).

파나이티오스의 입장을 따르는 키케로는 충돌할 수 있는 것은 유익과 훌륭함이 아니라 유익해 보임과 훌륭함이라고 말한다. 유익과 훌륭함의 충돌은 실제로는 있지 않고 있어 보일 뿐인데, 왜냐하면 훌륭한 것은 유익하기 때문이다. 유익은 훌륭함과 결합되고, 유익해 보이는 것은 추함과 결합된다(34~35).

키케로는 본격적으로 훌륭함과 유익해 보이는 것의 충돌 문제를 다룬다. 유익해 보이는 것이 크기 때문에 훌륭함, 다시 말해 정의를 포기하는 경우가 있다. 예컨대 로물루스는 동생 레무스와 함께 지배하기보다는 자기 혼자 지배하는 것이 더 유익하다고 생각해서 동생을 살해했다. 키케로는 로물루스가 유익해 보일 뿐 유익하지도 훌륭하지도 않은 행위를 했다고 비판한다(41). 우정의 경우에는 의무가 가장 많이 혼동되는데, 우정보다 유익해 보이는 것을 우선시하면 안 되지만, 우정에서 훌륭하지 않은 것이 요구되면 우정보다 양심과 신의를 우선시해야 한다(43, 46). 국가 간의 사안에서는 로마가 코린토스를 파괴했듯 유익해 보이는 것 때문에 많은 잘못이 저질러지지만, 스파르타의 함대를 몰래 불태우자는 테미스토클레스의 제안을 거절한 아리스테이데스가 했듯 유익해 보이는 것을 경시하고 훌륭함을 추구해야 한다(46~49).

키케로는 계속해서 훌륭함과 유익해 보이는 것의 충돌 문제를 다루는데, 이번에는 현명함으로 가장한 유익해 보이는 것과 정의의 충돌 문제를 다룬다. 예컨대 집에 하자가 있는데도 불구하고 좋은 집이라고 광고하며 집을 비싸게 파는 사람의 행위에 대해 스토아 철학자인 안티파트로스와 디오게네스의 입장은 서로 다르다. 안티파트로스의 입장에서 판매자는 고의로 구매자를 착오에 빠뜨리기 때문에 불의하게 행동한 반면, 디오게네스의 입장에서 판매자는 구매를 강제해서 구매자를 기만한 것이 아니기 때문에 불의하게 행동하지 않았다(54~55). 키케로는 판매자가 자기의 이득을 위해 구매자에게 숨기는 사실이 없어야 한다고 말함으로써 안티파트로스의 편을 든다(57). 이처럼 자기에게 이득이 되는 사실을 숨기는 사람이 비난받아야 한다면 거짓말을 한 사람은 더욱 비난받아야 한다(58). 평소와 달리 별장 앞에서 물고기가 많이 잡히는 척해서 별장을 판매한 카니우스처럼 어떤 일을 가장하면서 이와 다른 일을 하는 행위는 악덕에 물들었기 때문에 유익하지 않다(58~60). 게다가 판매자가 물건의 하자를 구매자에게 알리는 것이 선량한 신의와 관련되는 반면, 하자에 대한 판매자의 침묵은 간교함 및 악의와 관련된다. 키케로가 말하듯 악의는 현명함인 것처럼 보이지만 현명함과 매우 다른데, 현명함은 좋은 것의 선택에 달린 반면, 악의는 추하고 나쁜 것을 우선시하기 때문이다. 따라서 간교함과 악의는 없어져야 한다(67, 71).

훌륭함과 유익은 서로 다른 것처럼 보일 뿐 다르지 않다. 좋은 사람, 즉 정의로운 사람은 다른 사람의 것을 착복하기 위해 그에게서 빼앗을 일을 하지 않겠지만, 훌륭함과 유익이 다르다고 생각하는 사람은 잘못을 저지를 것이다(74~75). 특히 집정관 당선을 위해 대중의 인기를 가로챈 그라티디아누스처럼 막대한 보상이 있으면 신의와 정의를 저버린 채 잘못을 저지를 것이다 (79~81). 하지만 유익해 보이는 것이 아무리 크게 보일지라도 추하면 결코 유익하지도 훌륭하지도 않다(81~82).

키케로는 정의에 반하면서도 현명함으로 가장하여 유익해 보이는 것에 대해 말하고 나서, 영혼의 위대함과 관련된 유익해 보이는 것에 대해 말한다. 카르타고의 포로가 된 레굴루스는 포로 교환 협상을 위해 로마로 돌아오고 나서 카르타고로 되돌아가지 않을 수 있었는데도 불구하고 서약을 지키기 위해 카르타고로 되돌아갔다. 그에게 로마에 남아 편안한 여생을 보내는 것은 유익해 보이는 것인 반면, 서약을 지키는 것은 훌륭한 것이다 (99~100). 반면 기만을 통해 서약에서 벗어났다는 이유로 로마에 남은 한니발의 포로는 훌륭한 것이 아니라 유익해 보이는 것을 행했다(113). 영혼의 위대함과 관련해서도 훌륭함이 유익해 보이는 것을 압도한다(114).

마지막으로 키케로는 적합함(절제)과 관련된 유익해 보이는 것에 대해 말한다. 쾌락을 최고선으로 여기는 에피쿠로스의 입장에서 훌륭함은 쾌락에 종속되고, 현명함, 용기, 절제는 가능하더라도 정의는 불가능하다(117~118). 그래서 키케로는 쾌락은 훌륭함에 반대되고 유익해 보이는 것에 불과하다고 말한다(119~120).

키케로는 아들이 있는 아테네로 가려 했으나, 이탈리아를 떠나면 안 되는 정치적 상황으로 인해 아테네로 가기를 포기하고 이탈리아에 남았다. 그는 아들에게 『의무론』을 선물로 주고서 가능한 시간에 『의무론』을 읽으라고 권고하며 글을 마무리한다(121).

후대에 끼친 영향[6]

『의무론』은 오랫동안 후대에 많은 영향을 주었다. 로마에서 호라티우스의 『서정시』와 세네카의 『도덕 서한』에 『의무론』의 영향을 받은 대목이 있다. 대(大) 플리니우스는 『박물지』(서문 22)에서 『의무론』을 매일 읽어야 할 뿐만 아니라 기억해야 한다고 말했다.

교부들은 4세기에 키케로의 작품을 비롯한 라틴 문헌에 관심을 갖게 되었다. 락탄티우스가 교부 중에서 가장 먼저 『의무론』에 관심을 가졌다. 그 후 암브로시우스는 기독교의 입장에서 『의무론』을 재해석하여 『성직자의 의무』를 저술했는데, 『성직자의 의무』 1권에 『의무론』을 80번, 2권에 30번, 3권에 40번 정도 인용하는 등 『의무론』의 영향을 크게 받았다.

중세에도 『의무론』에 관심이 높았다. 12세기에 라바르댕 출신 일데베르의 저서 『훌륭한 것과 유익한 것에 대한 도덕 철학』, 콩

---

6 이 부분은 Cicero, *On Obligations*, trans. by Patrick G. Walsh(Oxford Univerty Press, 2000)의 서론과 Andrew R. Dyck, *A Commentary on Cicero, De Officiis*(University of Michigan Press, 1996)의 서론을 참고하여 썼다.

슈 출신 기욤의 저서 『도덕 철학자들의 교설』, 릴 출신 알랭의 저서 『악덕과 덕 및 성령의 선물에 대하여』 등은 『의무론』의 영향을 받아 저술되었다. 13세기에 아퀴나스의 『신학대전』에서 정의, 용기, 절제 등의 덕이 논의될 때 여러 차례 언급될 만큼 『의무론』은 인기가 있었다. 단테도 『의무론』의 영향을 받아 『신곡』, 『제정론』 등을 저술했다.

14세기에 르네상스가 시작하면서 키케로의 영향력이 더 커졌고, 그만큼 『의무론』은 대중적으로 더 많이 읽혔다. 키케로 신봉자인 인문주의자 페트라르카가 프란체스코에게 쓴 편지를 보면, 그가 『의무론』에서 얼마나 많은 영향을 받았는지 알 수 있다. 라틴어 책 중에서 『의무론』이 『스토아 철학의 역설』과 함께 1465년에 최초로 인쇄되었고, 이후에도 여러 차례 인쇄되었다. 로테르담 출신 에라스뮈스는 1501년에 주석을 붙여 『의무론』 편집본을 출판했고, 『의무론』을 비롯한 키케로의 저작을 '황금서(黃金書)'라고 칭송했다. 16세기에는 『의무론』을 주제로 한 강의가 대학교에서 열리기 시작했다.

17세기에도 『의무론』의 영향력은 계속됐는데, 예컨대 그로티우스의 『전쟁과 평화의 법』에서 이를 엿볼 수 있다. 18세기에 『의무론』은 이전보다 더 많이 칭송되었다. 몽테스키외는 키케로의 『의무론』과 『법률론』의 영향을 받아 『법의 정신』을 저술했다. 프로이센의 프리드리히 대왕은 『의무론』의 독일어 번역본을 출판하게 했다. 데이비드 흄과 애덤 스미스도『의무론』의 영향을 받아 흄은『자연 종교에 관한 대화』를, 애덤 스미스는『도덕감정론』,『국부론』을 저술했다. 칸트는 키케로의 스토아주의에 대해 비판적인 입장을 취했지만, 적어도 그의 '정언명령' 개념은 인류 공동체를 상정하는 스토아 철학, 특히『의무론』에서 강한 영향을 받았다.

하지만 19세기 들어 희랍 문헌에 대한 관심이 많아지고 고평가되자, 이와 반대로 라틴 문헌에 대한 관심은 줄어들고 저평가되었다. 그리하여『의무론』에 대한 관심은 이전보다 더 줄어들고 더 저평가되었다. 이러한 추세는 20세기 전반까지 계속되었다. 그러나 20세기 후반부터 헬레니즘 철학이 다시 부상하면서 키케로의 철학, 더 나아가『의무론』에 대한 관심도 다시 많아지고 있다. 아울러『의무론』에 대한 평가도 이전보다 더 공정하게 이루어지고 있다. 점점 더『의무론』은 주목받고 있다.

참고 문헌

원문, 번역서, 주석서

Cicero, Marcus Tullius, *Cicero on Moral*, trans. by John Higginbotham (University of California Press, 1967).

_____, *M. Tulli Ciceronis De Officiis*, ed. by Michael Winterbottom(Oxford University Press, 1994).

_____, *M. Tullii Ciceronis de Officiis libri tres*, ed. by Herbert A. Holden(Cambridge University Press, 1899).

_____, *On Duties*, trans. by M. T. Griffin, and E. M. Atkins(Cambridge University Press, 1991).

_____, *On Duties*, trans. by Walter Miller(Harvard University Press, 1913).

_____, *On Duties*, trans. by Benjamin P. Newton(Cornell University Press, 2016).

_____, *On Obligations*, trans. by Patrick G. Walsh(Oxford University Press, 2000).

Dyck, Andrew R., *A Commentary on Cicero, De Officiis*(University of Michigan Press, 1996).

キケロ, 『キケロー選集 9: 義務について』, 高橋宏幸 訳(岩波書店, 1999).

「십이표법(대역)」, 『서울대학교 법학』 32권 1, 2호, 최병조 옮김(서울대학교 법학연구소, 1991), pp. 157~176.

디오게네스 라에르티오스, 『유명한 철학자들의 생애와 사상』, 김주일, 김인곤, 김재홍, 이정호 옮김(나남출판, 2021).

암브로시우스, 『성직자의 의무』, 최원오 옮김(아카넷, 2020).

키케로, 『국가론』, 김창성 옮김(한길사, 2021).

_____, 『노(老)카토 노년론』, 김남우 옮김(아카넷, 2023).

_____, 『라일리우스 우정론』, 김남우 옮김(아카넷, 2022).

_____, 『법률론』, 성염 옮김(한길사, 2021).

_____, 『설득의 정치』, 김남우, 성중모, 이선주, 임성진, 이상훈 옮김(민음사, 2015).

_____, 『스토아 철학의 역설』, 이기백 옮김(아카넷, 2022).

_____, 『신들의 본성에 관하여』, 강대진 옮김(그린비, 2019).

_____, 『아카데미아 학파』, 양호영 옮김(아카넷, 2021).

_____, 『예언에 관하여』, 강대진 옮김(그린비, 2023).

_____, 『최고선악론』, 김창성 옮김(서광사, 1999).

_____, 『키케로의 의무론』, 허승일 옮김(서광사, 2006).

_____, 『토피카』, 성중모 옮김(아카넷, 2022).

_____, 『투스쿨룸 대화』, 김남우 옮김(아카넷, 2022).

연구서, 연구 논문

Atkins, E. M., "'Domina et Virtutum': Justice and Societas in *De Officiis*", *Phronesis* 35(1990), pp. 258~289.

Barlow, J. J., "Cicero on Property and the State", *Cicero's Practical Philosophy*, ed. by W. Nicgorski(University of Notre Dame Press, 2012), pp. 212~241.

Colish, M. L., "Cicero's *De Officiis* and Machiavell's *Prince*", *Sixteenth Century Journal* 9(1978), pp. 80~93.

Dyck, A. R., "Notes on Composition, Text, and Sources of Cicero's *De Officiis*", *Hermes* 112(1984), pp. 215~228.

Holton, J. E., "Marcus Tullius Cicero", *History of Political Philosophy*, eds. by L. Strauss and J. Cropsey(University of Chicago Press, 1987), pp. 155~175 [『서양정치철학사 1』, 김영수 외 옮김(인간사랑, 2010)].

Kries, D. "On the Intention of Cicero's 'De Officiis'", *Review of Politics* 65(2003), pp. 375~393.

Long, A. A., "Cicero's Politics in *De Officiis*", *Justice and Generosity: Studies in Hellenistic Social and Political Philosophy; Proceedings of the Sixth Symposium Hellenisticum*, eds. by A. Laks and M. Schofield(Cambridge University Press, 1995), pp. 213~240.

Marquez, X., "Between *Urbs* and *Orbis*: Cicero's Conception of the Political Community", *Cicero's Practical Philosophy*, ed. by W. Nicgorski(University of Notre Dame Press, 2012), pp. 181~211.

Nicgorski, W, "Cicero and the Rebirth of Political Philosophy", *Political Science Reviewer* 8(1978), pp. 63~101.

Nicgorski, W., "Cicero's Paradoxes and His Idea of Utility", *Political Theory* 12(1984), pp. 557~578.

Rawson, E., *Cicero: A Portrait*(Cornell University Press, 1975).

Schofield, M., "Two Stoic Approaches to Justice", *Justice and Generosity: Studies in Hellenistic Social and Political Philosophy; Proceedings of the Sixth Symposium Hellenisticum*, eds. by A. Laks and M. Schofield(Cambridge University Press, 1995), pp. 191~212.

Walcot, P., "Cicero on Private Property: Theory and Practice", *Greece and Rome* 22(1975), pp. 120~128.

West, T. G., "Cicero's Teaching on Natural Law", *St. John's Review* 32(1981), pp. 74~81.

신동룡, 「키케로의 재산권론에 대한 연구:『의무론』을 중심으로」,『법학연구』 32권 2호(2022), pp. 219~257.

이선주, 「로마 여성의 덕목 '관후'(Liberalitas)의 사례: CIL VI 1527 cf, CIL VI 31670+ CIL VI 37053= CIL VI 41062= ILS 8393 (frag. a~e)= FIRA III^2 69를 중심으로」,『서양고전학연구』 60권 1호(2021), pp. 157~177.

이창대, 「스토아 윤리학에서 적합한 행위와 옳은 행위」,『철학』74집(2003), pp. 79~104.

이창우, 「나의 인격은 몇 가지인가?: 키케로의『적합한 행위에 관하여』(de Officiis), 제1권 107~21」,『인간연구』13호(2007), pp. 120~145.

_____, 「시민이 된다는 것과 사람이 된다는 것」,『서양고전학연구』54권 1 호(2015), pp. 87~113.

_____, 「키케로의 두 윤리학 저서」,『서양고전학연구』15권(2000), pp. 129~146.

임성철, 「키케로의『의무론』에 나타난 gloria 개념의 윤리적 기반에 관한 소 고」,『인문학연구』82호 (2011), pp. 373~402.

최병조, 『로마법 강의』(박영사, 2006).

하재홍, 「스토아 자연법과 키케로의 자연법 이론」,『서울법학』30권 3호 (2022), pp. 35~76.

한승수, 「키케로의『의무론』과 매매에 있어서의 고지 의무: 현행법적 시각에 서의 분석을 중심으로」,『법학연구』31권 4호(2021), pp. 51~91.

허승일, 「서양의 고전적 윤리 실천 사상: 키케로의『의무론』을 중심으로」, 『서울대학교 사대논총』49집(1994), pp. 85~107.

찾아보기

아라비아숫자는 권과 문단 번호를 가리킨다. 예를 들어 '1.25'는 『의무론』1권 25를 가리킨다.

주요 용어

주요 용어(라틴어 – 한국어)

beneficium 선행

benevolentia 호의

benignitas 선심

bona fides 선량한 신의

bonitas 선량함, 선의

bonus 좋은, 선, 선량한

bonus vir 좋은 사람

civile ius 시민법

civis 시민

civitas 나라

cogitatio 사유, 생각

cognitio 인식

commodum 이익

communitas 공동체, 공동체 의식

coniunctio 결속, 유대

consilium 계획, 조언, 슬기

constantia 한결같음, 지조

consuetudo 관행, 습관

contentio 논쟁

copia 영향력

cupiditas 욕망

decorus 적합한

decus 적합함

dedecus 수치

deliberation 숙고

despicientia 경멸

deus 신

divisio 구분

divitiae 부

dolor 고통

dolus malus 악의적 사기

eloquentia 웅변

emolumentum 이득

exercitus 군대

fabula 이야기, 극, 신화

factum 행위

facultas 재력, 능력

familiaris res 가산

fides 신의, 신뢰

forma 형상

formula 규칙, 방식서

fortitudo 용기

fortuna 운, 운명, 재산, 행운

fraus 기만

gloria 영광

gratia 감사, 인기

honestas 훌륭함

honestum 훌륭한

honor 명예, 공직

humanitas 인간성

imitatio 본받음

imperium 명령권, 패권

ingenium 재능

iniuria 불의

iniustitia 부정의

investigatio 탐구
invidia 반감
ira 분노
iracundia 분노
iudicium 법정, 재판, 판단
ius 법, 권리
iusiurandum 서약
iustitia 정의
iuvenis 청년

largitio 후히 베풂
lex 법률
lex naturae 자연법
liberalitas 관후함
libertas 자유
libido 욕정

magnitudo animi 영혼의 위대함
malus 나쁜, 악
mediocritas 중용
mens 정신
metus 공포
moderatio 절도
modestia 적도
modus 한도
mors 죽음
mos 관습, 성품
multitudo 대중
munus 임무, 공연

natura 자연, 본성

notio 개념
novus homo 신인

officium 의무
opera 노력, 봉사
opinio 의견, 평판, 생각
ops 영향력
optimates 귀족
optimi 귀족
oratio 말, 언어, 연설문
ordo 질서, 순서, 신분

pax 평화
pecunia 돈
peregrinus 외국인
periuium 거짓 서약
perturbatio 격정
philosophia 철학
philosophus 철학자
pietas 경건
populares 민중파
possessio 소유물
potentia 권력
praeceptum 지침
principatus 최고 지위
probabilis 그럴 법한
prudentia 현명함
pugna 전투
pulchritudo 아름다움

ratio 이성, 이유, 방법, 분류

regnum 왕권
res publica 국가, 공화국
rex 왕

sapiens 현자, 지혜로운
sapientia 지혜
scelus 범죄
scientia 지식
senex 노인
sententia 생각, 견해
sermo 대화
servitus 예속
servus 노예
simulatio 가장
societas 사회

temperantia 절제
timor 두려움
turpis 추한
turpitudo 추함
tyrannus 참주

urbs 도시
utile 유익한
utilitas 유익

valetudo 건강
verecundia 염치
veritas 진리, 진실
verum 진리
virtus 덕

vis 힘, 무력, 폭력, 본질, 의미
vita 삶, 생활, 목숨, 인생
vitium 잘못, 결함, 하자, 악덕
voluptas 쾌락
vulgus 군중

고유명사

옮긴이의 말

2011년 1월에 한국서양고전학회에서 주최한 동계 고전어 집중 코스 라틴어 중급 강좌에서 『의무론』 원문을 처음 접했고, 뒤이어 2011년 1학기에 서울대학교 서양 고전학 협동 과정에서 『의무론』 수업을 들었다. 이후 박사 논문을 집필하느라 거의 10년 동안 『의무론』을 잊고 살았다. 2019년에 한국연구재단의 인문사회연구소 지원사업에 정암학당 소속의 키케로 연구 번역팀이 선정되면서 『의무론』 번역에 착수했다. 2019년 8월부터 2021년 4월까지 『의무론』을 강독했고, 2021년 11월부터 2022년 10월까지 그것을 윤독했으며, 2023년 4~5월에 최종적으로 윤독했다. 『의무론』 번역에 착수한 지 4년이 지나서야 최종 결과물이 나오게 되었다.

『의무론』은 내가 읽어 본 키케로 작품 중 번역하기가 가장 어려운 작품인 것 같다. 키케로가 두 달 만에 써서 그런지『의무론』의 라틴어는 키케로의 다른 작품에 쓰인 라틴어에 비해 복잡하고 덜 정돈되어 보인다. 처음에는 단어 하나까지 놓치지 않고 최대한 원문에 가깝게 옮기려 했지만, 윤독 작업을 거치면서 가독성을 좀 더 신경을 쓰게 되었다. 가독성을 고려해서 번역해도 크게 문제가 되지 않는 부분은 읽기 쉽게 번역했지만, 정확한 내용 전달이 중요한 부분은 우리말로는 어색하더라도 원문에 가깝게 번역했다. 혹 쉽게 이해되지 않는 부분이 있으면 여러 번 읽으면서 그 의미를 곱씹어 보면 좋겠다. 작품 안내에 쓴 줄거리를 참고하면『의무론』을 이해하는 데 도움이 될 것이다.

『의무론』을 번역하는 과정에서 많은 분의 도움을 받았다. 우선『의무론』수업을 통해 많은 가르침을 준 강상진 선생님께 감사드린다. 그다음으로 정암학당의 원문 강독과 윤독에 참여한 모든 분, 특히 윤독 과정에서 번역문의 가독성과 정확성을 높이는 데 많은 도움을 준 김진식, 김선희, 김기영, 성중모, 송유레, 양호영, 이선주, 이호섭 선생님께 감사드린다. 아울러 정암고전총서를 기획하고 물심양면으로 지원을 아끼지 않은 이정호 이사장님과 정암학당의 여러 선생님께 감사드린다. 마지막으로 출판을 맡은 아카넷 출판사의 임직원 여러분께 감사드린다.

2024년 1월 임성진

사단법인 정암학당을 후원해 주시는 분들

정암학당의 연구와 역주서 발간 사업은 연구자들의 노력과 시민들의 귀한 뜻이 모여 이루어집니다. 학당의 모든 연구는 시민들의 자발적인 후원을 바탕으로 하기 때문입니다. 그 결실을 담은 '정암고전총서'는 연구자와 시민의 연대가 만들어 내는 고전 번역 운동의 산물이라고 할 수 있습니다. 이 같은 학술 운동의 역사적 의미를 기리고자 이 사업에 참여한 후원회원 한 분 한 분의 정성을 이 책에 기록합니다.

평생후원회원

Alexandros Kwanghae Park 강대진 강상진 강선자 강성훈 강순전 강승민
강창보 강철웅 고재희 공기석 권세혁 권연경 권장용 기종석 길명근
김경랑 김경현 김귀녀 김기영 김남두 김대겸 김대오 김미성 김미옥
김상기 김상수 김상욱 김상현 김석언 김석준 김선희(58) 김성환 김숙자
김영균 김영순 김영일 김영찬 김옥경 김운찬 김유순 김율 김은자
김은희 김인곤 김재홍 김정락 김정란 김정례 김정명 김정신 김주일
김지윤(양희) 김진성 김진식 김창완 김출곤 김태환 김헌 김현래
김현주 김혜경 김혜자 김효미 김휘웅 도종관 류한형 문성민 문수영
문우일 문종철 박계형 박금순 박금옥 박명준 박병복 박복득 박상태
박선미 박선희 박세호 박승찬 박윤재 박 정수 박정하 박종민 박종철
박진우 박창국 박태일 박현우 반채환 배인숙 백도형 백영경 변우희
서광복 서동주 서명 성염 서지민 설현석 성중모 손병석 손성석
손윤락 손효주 송경순 송대현 송성근 송순아 송유레 송정화 신성우
심재경 안성희 안욱 안재원 안정옥 양문흠 양호영 엄윤경 여재훈
염수균 오서영 오지은 오흥식 유익재 유재민 유태권 유혁 유형수
윤나다 윤신중 윤정혜 윤지숙 은규호 이광영 이기백 이기석 이기연
이기용 이도헌 이두희 이명호 이무희 이미란 이민숙 이민정 이상구
이상원 이상익 이상인 이상희(69) 이상희(82) 이석호 이순이 이순정 이승재
이시연 이영원 이영호(48) 이영환 이옥심 이용구 이용술 이용재 이용철
이원제 이원혁 이유인 이은미 이임순 이재경 이정선(71) 이정선(75) 이정숙
이정식 이정호 이종환(71) 이종환(75) 이주형 이지민 이지수 이진 이창우
이창연 이창원 이충원 이춘매 이태수 이태호 이필렬 이한주 이향섭
이향자 이황희 이현숙 이현임 임대윤 임보경 임성진 임연정 임창오
임환균 장경란 장동익 장미성 장영식 전국경 전병환 전헌상 전호근
정선빈 정세환 정순희 정연교 정은정 정일 정정진 정제문 정준영(63)
정준영(64) 정해남 정흥교 정희영 조광제 조대호 조병훈 조성대 조익순
조준호 지도영 차경숙 차기태 차미영 채수환 최미 최미연 최세용
최수영 최병철 최영임 최영환 최온규 최원배 최윤정(77) 최은영 최인규
최지호 최화 표정태 풍광섭 하선규 하성권 한경자 한명희 허남진
허선순 허성도 허영현 허용우 허정환 허지현 홍섬의 홍순정 홍훈
황규빈 황예림 황유리 황희철

가지런e류 교정치과　　나와우리 〈책방이음〉　　도미니코수도회　　도바세
방송대문교소담터스터디　　방송대영문과07학번미아팀　　법률사무소 큰숲
부북스출판사(신현부)　　생각과느낌 정신건강의학과　　이제이북스
카페 벨라온
(개인 271, 단체 11, 총 282)

후원위원

강성식　강용란　강진숙　강태형　고명선　곽삼근　곽성순　구미희　권소연
권영우　길양란　김경원　김나윤　김대권　김명희　김미란　김미선　김미향
김백현　김병연　김복희　김상봉　김성민　김성윤　김순희(1)　김승우　김양희
김애란　김연우　김영란　김용배　김윤선　김장생　김지수(62)　김진숙(72)　김현자
김현제　김형준　김형희　김희대　맹국재　문영희　박미라　박수영　박우진
박태준　박현주　백선옥　사공엽　서도식　성민주　손창인　손혜민　송민호
송봉근　송상호　송찬섭　신미경　신성은　신영옥　신재순　심명은　안희돈
양은경　오현주　오현주(62)　우현정　원해자　유미소　유효경　이경선　이경진
이명옥　이봉규　이봉철　이선순　이선희　이수민　이수은　이승목　이승준
이신자　이은수　이재환　이정민　이주완　이지희　이진희　이평순　임경미
임우식　장세백　장영재　전일순　정삼아　정은숙　정태흡　정현석　조동제
조명화　조문숙　조민아　조백현　조범규　조성덕　조정희　조진희　조태현
주은영　천병희　최광호　최세실리아　　최승렬　최승아　최이담　최정옥
최효임　한대규　허광　　허민　　홍순혁　홍은규　홍정수　황경화　황정숙
황훈성　정암학당1년후원
문교경기 〈처음처럼〉　　문교수원3학년학생회　　문교안양학생회
문교경기8대학생회　　문교경기총동문회　　문교대전충남학생회
문교베스트스터디　　문교부산지역7기동문회　　문교부산지역학우일동(2018)
문교안양학습관　　문교인천동문회　　문교인천지역학생회
방송대동아리 〈아노도스〉　　방송대동아리 〈예사모〉　　방송대동아리 〈프로네시스〉
사가독서회
(개인 127, 단체 16, 총 143)

후원회원

강경훈　강경훈　강경희　강규태　강보슬　강상훈　강선옥　강성만　강성심
강신은　강유선　강은미　강은정　강임향　강주완　강창조　강항　　강희석
고강민　고경효　고복미　고숙자　고승재　고창수　고효순　공경희　곽범환
곽수미　구본호　구익희　권강　　권동명　권미영　권성철　권순복　권순자
권오성　권오영　권용석　권원만　권정화　권해명　권혁민　김건아　김경미
김경원　김경화　김광석　김광성　김광택　김광호　김귀종　김길화　김나경(69)
김나경(71)　김남구　김대영　김대훈　김동근　김동찬　김두훈　김들　　김래영
김명주(1)　김명주(2)　김명하　김명화　김명희(63)　김문성　김미경(61)　김미경(63)　김미숙
김미정　김미형　김민경　김민웅　김민주　김범석　김병수　김병옥　김보라미

김봉습	김비단결	김선규	김선민	김선희(66)	김성곤	김성기	김성은	김성은(2)
김세은	김세원	김세진	김수진	김수환	김순금	김순옥	김순호	김순희(2)
김시인	김시형	김신태	김신판	김승원	김아영	김양식	김영선	김영숙(1)
김영숙(2)	김영애	김영준	김영효	김옥주	김용술	김용한	김용희	김유석
김은미	김은심	김은정	김은주	김은파	김인식	김인애	김인욱	김인자
김일학	김정식	김정자	김정현	김정현(96)	김정화	김정현	김정훈	김정희
김종태	김종호	김종희	김주미	김중우	김지수(2)	김지애	김지열	김지유
김지은	김진숙(71)	김진태	김철한	김태식	김태옥	김태헌	김태훈	김태희
김평화	김하윤	김한기	김현규	김현숙(61)	김현숙(72)	김현우	김현정	김현정(2)
김현중	김현철	김형규	김형전	김혜숙(53)	김혜숙(60)	김혜원	김혜정	김홍명
김홍일	김희경	김희성	김희정	김희준	나의열	나춘화	나혜연	남수빈
남영우	남원일	남지연	남진애	노마리아	노미경	노선이	노성숙	노채은
노혜경	도진경	도진해	류다현	류동춘	류미희	류시운	류연옥	류점용
류종덕	류지아	류진선	모영진	문경남	문상흠	문순현	문영식	문정숙
문종선	문준혁	문찬혁	문행자	민영	민용기	민중근	민해정	박경남
박경수	박경숙	박경애	박귀자	박규철	박다연	박대길	박동심	박명화
박문영	박문형	박미경	박미숙(67)	박미숙(71)	박미자	박미정	박믿음	박배민
박보경	박상선	박상윤	박상준	박선대	박선영	박성기	박소운	박수양
박순주	박순희	박승억	박연숙	박영찬	박영호	박옥선	박원대	박원자
박유정	박윤하	박재준	박정서	박정오	박정주	박정은	박정희	박종례
박주현	박주형	박준용	박준하	박지영(58)	박지영(73)	박지희(74)	박지희(98)	박진만
박진헌	박진희	박찬수	박찬은	박춘례	박태안	박한종	박해윤	박헌민
박현숙	박현자	박현정	박현철	박형전	박혜숙	박홍기	박희열	반덕진
배기완	배수영	배영지	배제성	배효선	백기자	백선영	백수영	백승찬
박애숙	백현우	변은섭	봉성용	서강민	서경식	서근영	서두원	서민정
서범준	서봄이	서승일	서영식	서옥희	서용심	서월순	서정원	서지희
서창립	서회자	서희승	석현주	설진철	성윤수	성지영	소도영	소병문
소상욱	소선자	손금성	손금화	손동철	손민석	손상현	손정수	손지아
손태현	손한결	손혜정	송금숙	송기섭	송명화	송미희	송복순	송석현
송연화	송염만	송요중	송원욱	송원희	송유철	송인애	송진우	송태욱
송효정	신경원	신기동	신명우	신민주	신성호	신영미	신용균	신정애
신지영	신혜경	심경옥	심복섭	심은미	심은애	심재윤	심정숙	심준보
심희정	안건형	안경화	안미희	안숙현	안영숙	안정숙	안정순	안진구
안진숙	안화숙	안혜정	안희경	안희돈	양경엽	양미선	양병만	양선경
양세규	양예진	양지연	양현서	엄순영	오명순	오승연	오신명	오영수
오영순	오유석	오은영	오진세	오창진	오혁진	옥명희	온정민	왕현주
우남권	우람	우병권	우은주	우지호	원만희	유두신	유미애	유성경
유승현	유정모	유정원	유철	유향숙	유희선	윤경숙	윤경자	윤선애
윤수홍	윤여훈	윤영미	윤영선	윤영이	윤에스더	윤옥	윤은경	윤재은
윤정만	윤혜영	윤혜진	이건호	이경남(1)	이경남(72)	이경미	이경아	이경옥

이경원	이경자	이경희	이관호	이광로	이광석	이군무	이궁훈	이권주
이나영	이다연	이덕제	이동래	이동조	이동춘	이명란	이명순	이미옥
이민희	이병태	이복희	이상규	이상래	이상봉	이상선	이상훈	이선민
이선이	이성은	이성준	이성호	이성훈	이성희	이세준	이소영	이소정
이수경	이수련	이숙희	이순옥	이승훈	이시현	이양미	이연희	이영민
이영숙	이영실	이영신	이영애	이영애(2)	이영철	이영호(43)	이옥경	이용숙
이용안	이용웅	이용찬	이용태	이원용	이윤주	이윤철	이은규	이은심
이은정	이은주	이이숙	이인순	이재현	이정빈	이정석	이정선(68)	이정애
이정임	이종남	이종민	이종복	이준호	이중근	이지석	이지현	이진아
이진우	이창용	이철주	이춘성	이태곤	이태목	이평식	이표순	이한솔
이혁	이현주(1)	이현주(2)	이현호	이혜영	이혜원	이호석	이호섭	이화선
이희숙	이희정	임미정	임석희	임솔내	임정환	임창근	임현찬	장모범
장선희	장시은	장영애	장오현	장재희	장지나	장지원(65)	장지원(78)	장지은
장철형	장태순	장해숙	장호순	전경민	전다록	전미래	전병덕	전석빈
전영석	전우성	전우진	전종호	전진호	정경회	정계란	정금숙	정금연
정금이	정금자	정난진	정미경	정미숙	정미자	정상묵	정상준	정선빈
정세영	정아연	정양민	정양욱	정연	정연화	정영목	정영훈	정옥진
정용백	정우정	정유미	정일순	정재연	정재웅	정정녀	정지숙	정진화
정창화	정하갑	정현진	정은교	정해경	정현주	정현진	정호영	정환수
조권수	조길자	조덕근	조미선	조미숙	조병진	조성일	조성혁	조수연
조슬기	조영래	조영수	조영신	조영연	조영호	조예빈	조용수	조용준
조윤정	조은진	조정란	조정미	조정옥	조중윤	조창호	조황호	주봉희
주연옥	주은빈	지정훈	진동성	차문송	차상민	차혜진	채장열	천동환
천명옥	최경식	최명자	최미경	최보근	최석묵	최선희	최성준	최수현
최숙현	최연우	최영란	최영순	최영식	최영아	최원옥	최유숙	최유진
최윤정(66)	최은경	최일우	최자련	최재식	최재원	최재혁	최정욱	최정호
최정환	최종희	최준원	최지연	최진욱	최혁규	최현숙	최혜정	하승연
하혜용	한미영	한생곤	한선미	한연숙	한옥희	한윤주	한호경	함귀선
허미정	허성준	허양	허웅	허인자	허정우	홍경란	홍기표	홍병식
홍성경	홍성규	홍성은	홍영환	홍은영	홍의중	홍지흔	황경민	황광현
황미영	황미옥	황선영	황신해	황은주	황재규	황정희	황주영	황현숙
황혜성	황희수	kai1100	익명					

리테라 주식회사 문교강원동문회 문교강원학생회
문교경기 〈문사모〉 문교경기동문 〈문사모〉 문교서울총동문회
문교원주학생회 문교잠실송파스터디 문교인천졸업생
문교전국총동문회 문교졸업생 문교8대전국총학생회
문교11대서울학생회 문교K2스터디 서울대학교 철학과 학생회
(주)아트앤스터디 영일통운(주) 장승포중앙서점(김강후)
책바람
(개인 723, 단체 19, 총 742)

2023년 12월 31일 현재, 1,121분과 46개의 단체(총 1,167)가 정암학당을 후원해 주고 계십니다.

▎옮긴이

임성진

서울대학교 정치학과를 졸업했고, 같은 학교 철학과(서양철학 전공)에서 석사 학위와 박사 학위를 받았다. 현재 정암학당 연구원과 서울대 강사로 있다. 옮긴 책으로 『설득의 정치』 (공역), 『세네카의 대화: 인생에 관하여』(공역), 『아리스토텔레스 선집』(공역)이 있으며, 지금은 키케로의 『국가론』을 번역하고 있다. 주요 논문으로 「트라시마코스 정의(正義) 규정의 일관성 고찰」, 「글라우콘의 도전」, 「아리스토텔레스 『정치학』에서 정치가의 지배와 법의 지배」가 있다.

정암고전총서는 정암학당과 아카넷이 공동으로 펼치는 고전 번역 사업입니다. 고전의 지혜를 공유하여 현재를 비판하고 미래를 내다보는 안목을 키우는 문화적 기반을 마련하고자 합니다.

정암고전총서 키케로 전집

의무론

1판 1쇄 찍음 2024년 1월 25일
1판 1쇄 펴냄 2024년 2월 20일

지은이 키케로
옮긴이 임성진
펴낸이 김정호

책임편집 임정우
디자인 이대응

펴낸곳 아카넷
출판등록 2000년 1월 24일(제406-2000-000012호)
주소 10881 경기도 파주시 회동길 445-3 2층
전화 031-955-9510(편집) · 031-955-9514(주문)
팩시밀리 031-955-9519
www.acanet.co.kr

ISBN 978-89-5733-913-8 94160
ISBN 978-89-5733-746-2 (세트)

이 저서는 2022년 대한민국 교육부와 한국연구재단의 지원을 받아 수행된 연구입니다.
(NRF-2022S1A5C2A02092200)